La maldición del titán

Rick Riordan

WITHDRAWN

La maldición del titán

Percy Jackson y los dioses del Olimpo
— Libro Tercero —

Traducción del inglés de
Santiago del Rey

Título original: *Percy Jackson and the Olympians III: The Titan's Curse*

Ilustración de la cubierta: John Rocco

Copyright © Rick Riordan, 2007
Publicado por acuerdo con Nancy Gallt Literary Agency
y Sandra Bruna Agencia Literaria, SL
Copyright de la edición en castellano © Ediciones Salamandra, 2009

Publicaciones y Ediciones Salamandra, S.A.
Almogàvers, 56, 7º 2ª - 08018 Barcelona - Tel. 93 215 11 99
www.salamandra.info

ISBN: 978-84-9838-292-1
Depósito legal: B-2.539-2012

1ª edición, abril de 2010
13ª edición, noviembre de 2013
Printed in Spain

Impresión: Romanyà-Valls, Pl. Verdaguer, 1
Capellades, Barcelona

a Topher Bradfield, un campista
que ha desempeñado un papel crucial

Contenido

1. Mi operación de rescate sale fatal. 11
2. El subdirector saca un lanzamisiles 25
3. Bianca di Angelo toma una decisión delicada 35
4. Thalia incendia Nueva Inglaterra 48
5. Hago una llamada submarina 59
6. Una vieja amiga muerta nos visita. 75
7. Todos me odian, salvo el caballo 89
8. Hago una promesa arriesgada 107
9. Aprendo a criar zombis 116
10. Me cargo unas cuantas naves espaciales 131
11. Grover se agencia un Lamborghini 139
12. Practico *snowboard* con un cerdo 150
13. Visitamos la chatarrería de los dioses 162
14. Me meto en una batalla de burritos 183
15. Lucho a brazo partido con el primo malvado
    de Papá Noel 201
16. Encontramos al dragón
    del mal aliento perpetuo 219
17. Me pongo encima unos
    millones de kilos de más 237
18. Una amiga dice adiós 249
19. Los dioses deciden por votación
    cómo matarnos 256
20. En Navidad me gano un nuevo enemigo 270

1

Mi operación de rescate sale fatal

El viernes antes de las vacaciones de invierno, mi madre me preparó una bolsa de viaje y unas cuantas armas letales y me llevó a un nuevo internado. Por el camino recogimos a mis amigas Annabeth y Thalia.

Desde Nueva York a Bar Harbor, en Maine, había un trayecto de ocho horas en coche. El aguanieve caía sobre la autopista. Hacía meses que no veía a aquellas amigas, pero entre aquella ventisca y lo que nos esperaba, estábamos demasiado nerviosos para decirnos gran cosa. Salvo mi madre, claro. Ella, si está nerviosa, todavía habla más. Cuando llegamos finalmente a Westover Hall estaba oscureciendo y mi madre ya les había contado las anécdotas más embarazosas de mi historial infantil, sin dejarse una sola.

Thalia limpió los cristales empañados del coche y escudriñó el panorama con los ojos entornados.

—¡Uf! Esto promete ser divertido.

Westover Hall parecía un castillo maldito: todo de piedra negra, con torres y troneras y unas puertas de madera imponentes. Se alzaba sobre un risco nevado, dominando por un lado un gran bosque helado y, por el otro, el océano gris y rugiente.

—¿Seguro que no quieres que os espere? —preguntó mi madre.

—No, gracias, mamá. No sé cuánto tiempo nos va a llevar esto. Pero no te preocupes por nosotros.

—Claro que me preocupo, Percy. ¿Y cómo pensáis volver?

Rogué no haberme ruborizado. Bastante incómodo era ya tener que recurrir a ella para que me llevase en coche a mis batallas.

—Todo irá bien, señora Jackson —terció con una sonrisa Annabeth, que llevaba el pelo rubio recogido bajo una gorra. Sus ojos brillaban con el mismo tono gris del mar revuelto—. Nosotras nos encargaremos de mantenerlo a salvo.

Mi madre pareció calmarse un poco. Annabeth es para ella la semidiosa más sensata que ha llegado jamás a octavo curso. Está convencida de que, si no me han matado, más de una vez ha sido gracias a Annabeth. Lo cual es cierto, pero eso no significa que me guste reconocerlo.

—Muy bien, queridos —dijo mi madre—. ¿Tenéis todo lo que necesitáis?

—Sí, señora Jackson —respondió Thalia—. Y gracias por el viaje.

—¿Jerséis suficientes? ¿Mi número de móvil?

—Mamá...

—¿Néctar y ambrosía, Percy? ¿Un dracma de oro por si tenéis que contactar con el campamento?

—¡Mamá, por favor! Todo va a ir bien. Vamos, chicas.

Pareció algo dolida por mi respuesta, lo cual me sentó mal, pero ya tenía ganas de bajarme del coche. Antes que oír otra historia sobre lo mono que estaba en la bañera a los tres años, prefería excavar una madriguera en la nieve y morir congelado.

Annabeth y Thalia me siguieron. El viento me atravesaba el abrigo con sus dagas heladas.

—Tu madre es estupenda, Percy —dijo Thalia en cuanto el coche se perdió de vista.

—Pse, bastante pasable —reconocí—. ¿Qué me dices de ti? ¿Tú estás en contacto con tu madre?

Me arrepentí en cuanto lo dije. A Thalia se le dan muy bien las miradas fulminantes. Cómo se le iban a dar mal con toda esa ropa punk que lleva —chaqueta del ejército rota, pantalones de cuero negro, cadenas plateadas—, y sobre todo con esos ojos azules maquillados con una gruesa raya negra. La mirada que me lanzó esta vez fue tremebunda.

—Eso no es asunto tuyo, Percy...

—Será mejor que entremos ya —la interrumpió Annabeth—. Grover debe de estar esperándonos.

Thalia echó un vistazo al castillo y se estremeció.

—Tienes razón. Me pregunto qué habrá encontrado aquí para verse obligado a pedir socorro.

Yo alcé la vista hacia las negras torres de Westover Hall.

—Nada bueno, me temo.

Las puertas de roble se abrieron con un siniestro chirrido y entramos en el vestíbulo entre un remolino de nieve.

—Uau —fue lo único que logré decir.

Aquello era inmenso. En los muros se alineaban estandartes y colecciones de armas, con trabucos, hachas y demás. Yo sabía que Westover era una escuela militar, pero quizá se habían pasado con la decoración.

Me llevé la mano al bolsillo, donde siempre guardo mi bolígrafo letal, *Contracorriente*. Percibía algo extraño en aquel lugar. Algo peligroso. Thalia se había puesto a frotar su pulsera de plata, su objeto mágico favorito. Los dos estábamos pensando lo mismo: se avecinaba una pelea.

—Me pregunto dónde... —empezó Annabeth.

Las puertas se cerraron con estruendo a nuestra espalda.

—Bueeeno —murmuré—. Me parece que vamos a quedarnos aquí un rato.

Me llegaban los ecos de una música desde el otro extremo del vestíbulo. Parecía música de baile.

Escondimos nuestras bolsas tras una columna y empezamos a cruzar la estancia. No habíamos llegado muy lejos cuando oí pasos en el suelo de piedra y un hombre y una mujer surgieron de las sombras.

Los dos llevaban el pelo gris muy corto y uniformes negros de estilo militar con ribetes rojos. La mujer tenía un ralo bigote, mientras que el tipo iba perfectamente rasurado, lo cual resultaba algo anómalo. Avanzaban muy rígidos, como si se hubiesen tragado el palo de una escoba.

—¿Y bien? —preguntó la mujer—. ¿Qué hacéis aquí?

—Pues... —Caí en la cuenta de que no tenía nada previsto. Sólo había pensado en reunirme cuanto antes con Grover para averiguar qué sucedía, ni siquiera se me había ocurrido que tres chicos colándose de noche en un colegio podían despertar sospechas. Durante el viaje tampoco habíamos planeado nada. Así que farfullé—: Mire, señora, sólo estamos...

—¡Ja! —soltó el hombre. Di un respingo—. ¡No se admiten visitantes en el baile! ¡Seréis expulsados!

Hablaba con acento; francés, tal vez. Decía «seguéis» o algo así. Era un tipo muy alto y de aspecto duro. Se le ensanchaban los orificios de la nariz cuando hablaba, lo que hacía difícil apartar la vista de allí. Y tenía los ojos de dos colores: uno castaño y otro azul, como un gato callejero.

Supuse que nos iba a arrojar a la nieve sin contemplaciones, pero entonces Thalia dio un paso al frente.

Chasqueó los dedos una sola vez y le salió un sonido agudo y muy alto. A lo mejor fue cosa de mi imaginación, pero incluso sentí una ráfaga de viento que salía de su mano y cruzaba el vestíbulo, haciendo ondear los estandartes de la pared.

—Es que nosotros no somos visitantes, señor —dijo—. Nosotros estudiamos aquí. Acuérdese. Yo soy Thalia, y ellos, Annabeth y Percy. Cursamos octavo.

El profesor entornó sus ojos bicolores. Yo no sabía qué pretendía Thalia. Ahora seguramente nos castigaría por mentir y nos echaría a patadas. Pero el hombre parecía indeciso.

Miró a su colega.

—Señorita Latiza, ¿conoce usted a estos alumnos?

Pese al peligro que corríamos, me mordí la lengua para no reírme. ¿Una profesora llamada Latiza? El tipo tenía que estar de broma.

La mujer pestañeó, como si acabara de despertar de un trance.

—Sí... creo que sí, señor —dijo arrugando el ceño—. Annabeth. Thalia. Percy. ¿Cómo es que no estáis en el gimnasio?

Antes de que pudiésemos responder, oí más pasos y apareció Grover jadeando.

—¡Habéis venido...! —Se detuvo en seco al ver a los profesores—. Ah, señorita Latiza. ¡Doctor Espino! Yo...

—¿Qué ocurre, señor Underwood? —dijo el profesor. Era evidente que Grover le caía fatal—. ¿Y qué significa eso de que han venido? Estos alumnos viven aquí.

Grover tragó saliva.

—Claro, doctor Espino. Iba a decirles que han venido... de perlas sus consejos para hacer el ponche. ¡La receta es suya!

Espino nos observó atentamente. Llegué a la conclusión de que uno de los dos ojos tenía que ser postizo. ¿El castaño? ¿El azul? Daba la impresión de querer despeñarnos desde la torre más alta del castillo, pero la señorita Latiza dijo entonces con aspecto de funámbula:

—Cierto. El ponche es excelente. Y ahora, andando todos. No volváis a salir del gimnasio.

No tuvo que repetirlo. Nos retiramos con mucho «sí, señora» y «sí, señor» y saludándolos al estilo militar. Nos pareció lo más adecuado allí.

Grover nos arrastró hacia el extremo del vestíbulo donde sonaba la música. Notaba los ojos de los profesores clavados en mi espalda, pero me acerqué a Thalia y le pregunté en voz baja:

—Eso que has hecho chasqueando los dedos, ¿dónde lo aprendiste?

—¿La Niebla? ¿Quirón no te lo ha enseñado?

Se me hizo un nudo en la garganta. Quirón era el director de actividades del campamento, pero nunca me había enseñado nada parecido. ¿Por qué a Thalia sí?

Grover nos condujo deprisa hasta una puerta que tenía tres letras en el vidrio: GIM. Incluso un disléxico como yo podía leerlo.

—¡Por los pelos! —dijo—. ¡Gracias a los dioses habéis llegado!

Annabeth y Thalia lo abrazaron. Yo le choqué esos cinco.

Me alegraba verlo después de tantos meses. Estaba algo más alto y le habían salido unos cuantos pelos más en la barbita, pero, aparte de eso, tenía el aspecto que tiene siempre cuando se hace pasar por humano: una gorra roja sobre el pelo castaño y ensortijado para tapar sus cuernos de cabra, y unos tejanos holgados y unas zapatillas con relleno para disimular sus pezuñas y sus peludos cuartos traseros. Llevaba una camiseta negra que me costó unos instantes leer. Ponía: «Westover Hall - Novato.»

—Bueno, ¿y qué era esa cosa tan urgente? —le pregunté.

Grover respiró hondo.

—He encontrado dos.

—¿Dos mestizos? —dijo Thalia, sorprendida—. ¿Aquí?

Grover asintió.

Encontrar un solo mestizo ya era bastante raro. Aquel año Quirón había obligado a los sátiros a hacer horas extras, mandándolos por todo el país a hacer batidas en las escuelas (desde cuarto curso hasta secundaria) en busca de posibles reclutas. Corrían tiempos difíciles, por no decir desesperados. Estábamos perdiendo campistas y necesitábamos a todos los nuevos guerreros que pudiésemos encontrar. El problema era que tampoco había por ahí tantos semidioses sueltos.

—Dos hermanos: un chico y una chica —aclaró—. De diez y doce años. Desconozco su ascendencia, pero son muy fuertes. Además, se nos acaba el tiempo. Necesito ayuda.

—¿Hay monstruos?

—Uno —dijo Grover, nervioso—. Y creo que ya sospecha algo. Aún no está seguro de que sean mestizos, pero hoy es el último día del trimestre y no los dejará salir del campus sin averiguarlo. ¡Quizá sea nuestra última oportunidad! Cada vez que trato de acercarme a ellos, él se pone en medio, cerrándome el paso. ¡Ya no sé qué hacer!

Grover miró a Thalia, ansioso. Yo procuré no ofenderme. Él recurría a mí normalmente, pero Thalia era más veterana y eso le daba ciertas prerrogativas. No sólo por ser hija de Zeus, sino también porque tenía más experiencia que nadie a la hora de combatir con monstruos.

—Muy bien —dijo ella—. ¿Esos presuntos mestizos están en el baile?

Grover asintió.

—Pues a bailar —dijo Thalia—. ¿Quién es el monstruo?

—Oh —respondió Grover, inquieto, mirando alrededor—. Acabas de conocerlo. Es el subdirector: el doctor Espino.

Una cosa curiosa de las escuelas militares: los chicos se vuelven completamente locos cuando un acontecimiento especial les permite ir sin uniforme. Supongo que, como todo es tan estricto el resto del tiempo, tienen la sensación de que han de compensar o recuperar el tiempo perdido.

El suelo del gimnasio estaba salpicado de globos negros y rojos, y los chicos se los lanzaban a patadas, o trataban de estrangularse unos a otros con las serpentinas que colgaban de las paredes. Las chicas se movían en corrillos, como siempre; llevaban bastante maquillaje, blusas con tirantes finos, pantalones llamativos y zapatos que más bien parecían instrumentos de tortura. De vez en cuando rodeaban a algún pobre infeliz como un banco de pirañas, soltando risitas y chillidos, y cuando por fin lo dejaban en paz, el tipo tenía cintas por todo el pelo y la cara llena de grafitis a base de pintalabios. Algunos de los mayores hacían como yo. Deambulaban incómodos por los rincones, tratando de ocultarse, como si su integridad corriese peligro... Claro que, en mi caso, era cierto.

—Allí están. —Grover señaló con la barbilla a dos jóvenes que discutían en las gradas—. Bianca y Nico di Angelo.

La chica llevaba una gorra verde tan holgada que parecía querer taparse la cara. El chico era obviamente su hermano. Ambos tenían el pelo oscuro y sedoso y una tez olivácea, y gesticulaban aparatosamente al hablar. Él barajaba unos cromos; ella parecía regañarlo por algún motivo, pero no paraba de mirar alrededor con inquietud.

—¿Ellos ya...? O sea, ¿se lo has dicho? —preguntó Annabeth.

Grover negó con la cabeza.

—Ya sabes lo que sucede. Correrían más peligro. En cuanto sepan quiénes son, el olor se volverá más fuerte.

Me miró. Yo asentí, aunque en realidad nunca he sabido cómo huelen los mestizos para un monstruo o un sátiro. Pero sí sé que ese olor peculiar puede acabar contigo. A medida que te conviertes en un semidiós más poderoso, hueles cada vez más al almuerzo ideal de un monstruo.

—Vamos por ellos y saquémoslos de aquí —dije.

Eché a andar, pero Thalia me puso una mano en el hombro. El subdirector, el doctor Espino, acababa de deslizarse por una puerta aledaña a las gradas y se había plantado muy cerca de los hermanos Di Angelo. Movía la cabeza hacia nosotros y su ojo azul parecía resplandecer.

Deduje por su expresión que Espino, a fin de cuentas, no se había dejado engañar por el truco de la Niebla. Debía de sospechar quiénes éramos. Ahora estaba aguardando para ver cuál era el motivo de nuestra presencia allí.

—No miréis a los críos —ordenó Thalia—. Hemos de esperar una ocasión propicia para llevárnoslos. Entretanto hemos de fingir que no tenemos ningún interés en ellos. Hay que despistarlo.

—¿Cómo?

—Somos tres poderosos mestizos. Nuestra presencia debe de haberlo confundido. Mezclaos con el resto de la gente, actuad con naturalidad y bailad un poco. Pero sin perder de vista a esos chicos.

—¿Bailar? —preguntó Annabeth.

Thalia asintió; ladeó la cabeza, como identificando la música, y enseguida hizo una mueca de asco.

—¡Ag! ¿Quién ha elegido a Jesse McCartney?

Grover pareció ofendido.

—Yo.

—Por todos los dioses, Grover. ¡Es malísimo! ¿No podías poner Green Day o algo así?

—¿Green qué?

—No importa. Vamos a bailar.

—¡Pero si yo no sé bailar!

—¡Claro que sí! Yo te llevo —dijo Thalia—. Venga, niño cabra.

Grover soltó un gañido mientras ella lo tomaba de la mano y lo guiaba hacia la pista.

Annabeth esbozó una sonrisa.

—¿Qué? —le pregunté.

—Nada. Es guay tener otra vez a Thalia con nosotros.

En aquellos meses Annabeth se había vuelto más alta que yo, lo cual me resultaba incómodo. Antes no llevaba joyas, salvo su collar de cuentas del Campamento Mestizo, pero ahora tenía puestos unos pequeños pendientes de plata con forma de lechuza: el símbolo de su madre, Atenea. En silencio, se quitó la gorra y su largo pelo rubio se derramó sobre hombros y espalda. La hacía parecer mayor, no sé por qué.

—Bueno... —Me devané los sesos buscando algo que decir. «Actuad con naturalidad», había dicho Thalia. Ya, claro, pero si eres un mestizo metido en una misión peligrosa, ¿qué narices significa «natural»?—. Y... ¿has diseñado algún edificio interesante últimamente?

Sus ojos se iluminaron, como siempre que tocaba hablar de arquitectura.

—¡Uy, no sabes, Percy! En mi nueva escuela tengo Diseño Tridimensional como asignatura optativa, y hay un programa informático que es una verdadera pasada...

Empezó a explicarme que había diseñado un monumento colosal que le gustaría construir en la Zona Cero de Manhattan. Hablaba de resistencia estructural, de fachadas y demás, y yo trataba de seguirla. Ya sabía que de mayor quería ser una gran arquitecta —a ella le encantan las mates y los edificios históricos, todo ese rollo—, pero yo apenas entendía lo que me estaba diciendo.

La verdad es que me defraudaba un poco saber que su nueva escuela le gustaba tanto. Era el primer año que ella estudiaba en Nueva York, y yo había confiado en que nos veríamos más a menudo. Su escuela —donde también estaba internada Thalia— se hallaba en la zona de Brooklyn, es decir, lo bastante cerca del Campamento Mestizo como para que Quirón pudiese intervenir si se metían en un lío. Pero como era una escuela sólo para chicas y yo iba a un centro de enseñanza media en Manhattan, apenas había tenido ocasión de verlas.

—Sí, qué guay —le dije—. ¿O sea, que vas a seguir allí el resto del curso?

Su rostro se ensombreció.

—Bueno, quizá. Si es que no...

—¡Eh!

Thalia nos llamaba. Estaba bailando un tema lento con Grover, que tropezaba todo el rato, le daba patadas en las espinillas y parecía muerto de vergüenza. Pero él tenía unos pies de relleno en sus zapatillas; contaba con una buena excusa para ser tan torpe. No como yo.

—¡Bailad, chicos! —ordenó Thalia—. Tenéis un aspecto ridículo ahí de pie.

Miré a Annabeth, nervioso, y luego a los grupos de chicas que deambulaban por el gimnasio.

—¿Y bien? —me dijo.

—Eh... ¿a quién se lo pido?

Me dio un golpe en el estómago.

—A mí, sesos de alga.

—Ah. Sí, claro.

Nos acercamos a la pista de baile; yo miré a Thalia y Grover para ver cómo lo hacían. Le puse una mano en la cadera a Annabeth y ella asió mi otra mano como si fuese a hacerme una llave de judo.

—No voy a morderte —me dijo—. ¡Desde luego, Percy!, ¿es que no organizáis bailes en tu colegio?

No respondí. La verdad era que sí. Pero nunca había bailado en ninguno. Yo era de los que se ponían a jugar a baloncesto en un rincón.

Dimos unas cuantas vueltas arrastrando los pies. Yo intentaba distraerme mirando la decoración; me concentraba en las serpentinas, en el cuenco de ponche, en cualquier cosa que no fuera: a) que Annabeth era más alta que yo; b) que me sudaban las manos, y c) que no paraba de darle pisotones.

—¿Qué ibas a decirme antes? —le pregunté—. ¿Tienes problemas en la escuela?

Ella frunció los labios.

—No es eso. Es mi padre.

—Ajá. —Yo sabía que Annabeth tenía una relación algo difícil con él—. Creía que las cosas habían mejorado entre vosotros. ¿O se trata de tu madrastra?

Ella soltó un suspiro.

—Papá ha decidido mudarse. Justo ahora, cuando ya había empezado a acostumbrarme a Nueva York, él ha aceptado un absurdo trabajo de investigación para un libro sobre la Primera Guerra Mundial... ¡En San Francisco!

Lo dijo con el mismo tono que si hubiera dicho en los Campos de Castigo del Hades.

—¿Y quiere que vayas con él? —pregunté.

—A la otra punta del país —respondió desconsolada—. Y un mestizo no puede vivir en San Francisco. Él debería saberlo.

—¿Por qué no?

Ella puso los ojos en blanco. Quizá creía que bromeaba.

—Ya lo sabes. Porque está ahí mismo...

—Ah —dije. No entendía de qué hablaba, pero no quería parecer estúpido—. Entonces... ¿volverás a vivir en el campamento?

—Es mucho más grave que eso, Percy. Yo... Supongo que debería contarte una cosa.

Y de pronto se quedó rígida.

—Se han ido.

—¿Qué?

Seguí su mirada. Las gradas. Los dos mestizos, Bianca y Nico, ya no estaban allí. La puerta junto a las gradas había quedado abierta de par en par. Y ni rastro del doctor Espino.

—¡Tenemos que avisar a Thalia y Grover! —Annabeth se puso a mirar frenéticamente por todos lados—. ¿Dónde demonios se han metido esos dos? Vamos.

Echó a correr entre la gente. Yo me disponía a seguirla, pero un grupo de chicas me cerró el paso. Las esquivé con un rodeo para ahorrarme el tratamiento de belleza de cintas y pintalabios, pero cuando me libré Annabeth había desaparecido. Giré sobre los talones, buscando a Thalia y Grover. Pero lo que vi entonces me heló la sangre.

A unos metros, tirada en el suelo, había una gorra verde como la de Bianca di Angelo. Y unos cuantos cromos esparcidos aquí y allá. Entonces entreví al doctor Espino. Corría hacia la puerta en la otra punta del gimnasio y llevaba del cogote a los Di Angelo como si fuesen dos gatitos.

Aún no veía a Annabeth, pero estaba seguro de que se había ido hacia el otro lado a buscar a Thalia y Grover.

Iba a salir corriendo tras ella, pero me dije: «Espera.»

Entonces recordé lo que Thalia me había dicho en el vestíbulo con aire perplejo cuando yo le había preguntado por ese truco que hacía chasqueando los dedos: «¿Aún no te lo ha enseñado Quirón?» También recordé cómo la miraba Grover, convencido de que ella sabría salvar la situación.

No es que yo tuviera nada en contra de Thalia. Ella era una chica guay y no tenía la culpa de ser la hija de Zeus y acaparar toda la atención, pero aun así tampoco necesitaba correr tras ella para resolver cada problema. Además, no había tiempo. Los Di Angelo estaban en peligro. Tal vez ya habrían desaparecido cuando encontrase a mis amigos. Yo también sabía lo mío de monstruos. Podía resolver aquello por mi cuenta.

Saqué el bolígrafo del bolsillo y corrí tras el doctor Espino.

La puerta daba a un pasillo sumido en la oscuridad. Oí ruidos de forcejeo hacia el fondo y también un gemido. Destapé a *Contracorriente*.

El bolígrafo fue creciendo hasta convertirse en una espada griega de bronce, de casi un metro de largo y con un mango forrado de cuero. Su hoja tenía un leve resplandor y arrojaba una luz dorada sobre las taquillas alineadas a ambos lados.

Crucé a toda prisa el pasillo, pero en el otro extremo no había nadie. Abrí una puerta y me encontré de nuevo en el vestíbulo principal. Me quedé pasmado. No veía a Espino por ninguna parte, pero sí a los hermanos Di Angelo, que permanecían al fondo paralizados de terror.

Avancé poco a poco, bajando la espada.

—Tranquilos. No voy a haceros daño.

Ellos no respondieron. Tenían los ojos desorbitados de pánico. ¿Qué les pasaba? ¿Dónde se había metido Espino? Tal vez había percibido la presencia de *Contracorriente* y se había batido en retirada. Los monstruos aborrecen las armas de bronce celestial.

—Me llamo Percy —dije, tratando de aparentar serenidad—. Os sacaré de aquí y os llevaré a un lugar seguro.

Bianca abrió los ojos aún más y apretó los puños. Sólo demasiado tarde comprendí el sentido de su mirada. No era yo quien la tenía aterrorizada. Quería prevenirme.

Me giré en redondo y en ese mismo instante oí un silbido y sentí un agudo dolor en el hombro. Lo que parecía una mano gigantesca me impulsó hacia atrás hasta estrellarme contra la pared.

Lancé un mandoble con la espada, pero sólo rasgué el aire.

Una fría carcajada resonó por el vestíbulo.

—Sí, Perseus Giiiackson —dijo el doctor Espino, masacrando la *J* de mi apellido—. Sé muy bien quién eres.

Intenté liberar mi hombro. Tenía el abrigo y la camisa clavados en la pared con una especie de pincho o daga negra de unos treinta centímetros. Me había desgarrado la piel al atravesarme la ropa y el corte me ardía de dolor. Ya había sentido algo parecido otra vez. Era veneno.

Hice un esfuerzo para concentrarme. No iba a desmayarme.

Una silueta oscura se nos acercó. En la penumbra distinguí a Espino. Aún parecía humano, pero tenía una expresión macabra. Sus dientes relucían y sus ojos marrón y azul reflejaban el fulgor de mi espada.

—Gracias por salir del gimnasio —dijo—. Me horrorizan esos bailes de colegio.

Traté de asestarle un tajo con la espada, pero estaba fuera de mi alcance.

¡Shisssss! Un segundo proyectil salió disparado desde detrás del doctor, que no pareció haberse movido. Era como si tuviera a alguien invisible detrás arrojando aquellas dagas.

Bianca dio un chillido a mi lado. La segunda espina fue a clavarse en la pared, a sólo unos centímetros de su rostro.

—Los tres vendréis conmigo —dijo Espino—. Obedientes y en silencio. Si hacéis un solo ruido, si gritáis pidiendo socorro o intentáis resistiros, os demostraré mi puntería.

2

El subdirector saca un lanzamisiles

Yo no sabía qué clase de monstruo sería el doctor Espino,
pero rápido sí que era.

Tal vez podría defenderme si lograba activar mi escudo. Sólo tenía que apretar un botón de mi reloj. Ahora
bien, proteger a los Di Angelo ya era otra historia. Para
eso necesitaba ayuda, y sólo se me ocurría una manera de
conseguirla.

Cerré los ojos.

—¿Qué haces, Jackson? —silbó el doctor—. ¡Muévete!

Abrí los ojos y seguí arrastrando los pies.

—Es el hombro —mentí con aire abatido—. Me arde.

—¡Bah! Mi veneno hace daño pero no mata. ¡Camina!

Nos condujo hasta el exterior mientras yo me esforzaba en concentrarme. Imaginé la cara de Grover; pensé en
la sensación de miedo y peligro. El verano pasado Grover
había creado entre nosotros una conexión por empatía y
me había enviado varias visiones en mis sueños para avisarme de que estaba metido en un apuro. Si no me equivo-
caba, seguíamos conectados, aunque yo nunca había intentado comunicarme con él por ese medio. Ni siquiera
estaba muy seguro de que funcionara estando Grover des-
pierto.

«¡Grover! —pensé—. ¡Espino nos tiene secuestrados!
¡Es un maníaco lanzador de pinchos! ¡Socorro!»

Espino nos guiaba hacia los bosques. Tomamos un camino nevado que apenas alumbraban unas farolas anti-

cuadas. Me dolía el hombro, y el viento que se me colaba por la ropa desgarrada era tan helado que ya me veía convertido en un carámbano.

—Hay un claro más adelante —dijo Espino—. Allí convocaremos a vuestro vehículo.

—¿Qué vehículo? —preguntó Bianca—. ¿Adónde nos lleva?

—¡Cierra la boca, niña insolente!

—No le hable así a mi hermana —dijo Nico. Le temblaba la voz, pero me admiró que tuviese agallas para replicar.

El doctor soltó un horrible gruñido. Eso ya no era humano. Me puso los pelos de punta, pero hice un esfuerzo para seguir caminando como un chico obediente. Por dentro, no paraba de proyectar mis pensamientos a la desesperada, ahora cualquier cosa que pudiese atraer la atención de mi amigo: «¡Grover! ¡Manzanas! ¡Latas! ¡Trae aquí esos peludos cuartos traseros! ¡Y ven con un buen puñado de amigos armados hasta los dientes!»

—Alto —dijo Espino.

El bosque se abría de repente. Habíamos llegado a un acantilado que se encaramaba sobre el mar. Al menos yo percibía la presencia del mar allá al fondo, cientos de metros más abajo. Oía el batir de las olas y notaba el olor de su espuma salada, aunque lo único que veía realmente era niebla y oscuridad.

El doctor nos empujó hacia el borde. Yo di un traspié y Bianca me sujetó.

—Gracias —murmuré.

—¿Qué es este Espino? —murmuró—. ¿Podemos luchar con él?

—Estoy... en ello.

—Tengo miedo —masculló Nico mientras jugueteaba con alguna cosa; con un soldadito de metal, me pareció.

—¡Basta de charla! —dijo el doctor Espino—. ¡Miradme!

Nos dimos la vuelta.

Ahora sus ojos bicolores relucían con avidez. Sacó algo de su abrigo. Al principio creí que era una navaja automática. Pero no. Era sólo un teléfono móvil. Presionó el botón lateral y dijo:

—El paquete ya está listo para la entrega.

Se oyó una respuesta confusa y entonces me di cuenta de que hablaba en modo walkie-talkie. Aquello parecía demasiado moderno y espeluznante: un monstruo con móvil.

Eché una ojeada a mi espalda, tratando de calcular la magnitud de la caída.

Espino se echó a reír.

—¡Eso es, hijo de Poseidón! ¡Salta! Ahí está el mar. Sálvate.

—¿Cómo te ha llamado? —murmuró Bianca.

—Luego te lo cuento —le dije.

—Tú tienes un plan, ¿no?

«¡Grover! —pensé desesperado—. ¡Ven!»

Tal vez lograra convencer a los Di Angelo para que saltasen conmigo. Si sobrevivíamos a la caída, podría utilizar el agua para protegernos. Ya había hecho cosas parecidas otras veces. Si mi padre estaba de buen humor y dispuesto a escucharme, quizá me echase una mano. Quizá.

—Yo te mataría antes de que llegases al agua —dijo el doctor Espino, como leyéndome el pensamiento—. Aún no has comprendido quién soy, ¿verdad?

Hubo un parpadeo a su espalda —un movimiento rapidísimo— y otro proyectil me pasó silbando tan cerca que me hizo un rasguño en la oreja. Algo había saltado súbitamente detrás del doctor: algo parecido a una catapulta, pero más flexible... casi como una cola.

—Por desgracia —prosiguió— os quieren vivos, a ser posible. Si no fuera así, ya estaríais muertos.

—¿Quién nos quiere vivos? —replicó Bianca—. Porque si se cree que va a sacar un rescate está muy equivocado. Nosotros no tenemos familia. Nico y yo... —se le quebró un poco la voz— sólo nos tenemos el uno al otro.

—Ajá. No os preocupéis, mocosos. Enseguida conoceréis a mi jefe. Y entonces tendréis una nueva familia.

—Luke —intervine—. Trabajas para Luke.

La boca de Espino se retorció con repugnancia en cuanto pronuncié el nombre de mi viejo enemigo: un antiguo amigo que ya había intentado matarme varias veces.

—Tú no tienes ni idea de lo que ocurre, Perseus Jackson. El General te informará como es debido. Esta noche vas a hacerle un gran servicio. Está deseando conocerte.

—¿El General? —pregunté. Y enseguida advertí que yo mismo lo había dicho con acento francés—. Pero ¿quién es el General?

Espino miró hacia el horizonte.

—Ahí está. Vuestro transporte.

Me di media vuelta y vi una luz a lo lejos: un reflector sobre el mar. Luego me llegó el ruido de hélices de un helicóptero cada vez más cercano.

—¿Adónde nos va a llevar? —dijo Nico.

—Vas a tener un gran honor, amiguito. ¡Vas a poder sumarte a un gran ejército! Como en ese juego tan tonto que juegas con tus cromos y tus muñequitos.

—¡No son muñequitos! ¡Son reproducciones! Y ese ejército ya puede metérselo...

—Eh, eh, eh... —dijo Espino en tono admonitorio—. Cambiarás de opinión, muchacho. Y si no, bueno... hay otras funciones para un mestizo. Tenemos muchas bocas monstruosas que alimentar. El Gran Despertar ya está en marcha.

—¿El Gran qué? —pregunté. La cosa era hacerle hablar mientras yo ideaba un plan.

—El despertar de los monstruos —explicó él con una sonrisa malvada—. Los peores, los más poderosos están despertando ahora. Monstruos nunca vistos durante miles de años que causarán la muerte y la destrucción de un modo desconocido para los mortales. Y pronto tendremos al más importante de todos: el que provocará la caída del Olimpo.

—Vale —me susurró Bianca—. Éste está loco.

—Hemos de saltar —le dije en voz baja—. Al mar.

—¡Fantástico! Tú también estás loco.

No pude replicar, porque justo en ese momento me zarandeó una fuerza invisible.

Vista retrospectivamente, la jugada de Annabeth fue genial. Con su gorra de invisibilidad puesta, embistió contra los Di Angelo y contra mí al mismo tiempo, derribándonos al suelo, lo cual pilló por sorpresa al doctor Espino y lo dejó paralizado durante una fracción de segundo. Lo suficiente para que la primera descarga de proyectiles pasara zumbando por encima de nuestras cabezas. Thalia y Grover avanzaron entonces desde atrás: Thalia empuñaba a *Égida*, su escudo mágico.

Si nunca has visto a Thalia entrando en combate, no sabes lo que es pasar miedo en serio. Para empezar, tiene una lanza enorme que se expande a partir de ese pulverizador de defensa personal que lleva siempre en el bolsillo. Pero lo que intimida de verdad es su escudo: un escudo trabajado como el que usa su padre Zeus (también llamado *Égida*), obsequio de Atenea. En su superficie de bronce aparece en relieve la cabeza de Medusa, la Gorgona, y aunque no llegue a petrificarte como la auténtica, resulta tan espantosa que la mayoría se deja ganar por el pánico y echa a correr nada más verla.

Hasta el doctor Espino hizo una mueca y se puso a gruñir cuando la tuvo delante.

Thalia atacó con su lanza en ristre.

—¡Por Zeus!

Yo creí que Espino estaba perdido: Thalia le había clavado la lanza en la cabeza. Pero él soltó un rugido y la apartó de un golpe. Su mano se convirtió en una garra naranja con unas uñas enormes que soltaban chispas a cada arañazo que le daba al escudo de Thalia. De no ser por la *Égida*, mi amiga habría acabado cortada en rodajitas. Gracias a su protección, consiguió rodar hacia atrás y caer de pie.

El estrépito del helicóptero se hacía cada vez más fuerte a mi espalda, pero no me atrevía a volverme ni un segundo.

El doctor le lanzó otra descarga de proyectiles a Thalia y esta vez vi cómo lo hacía. Tenía cola: una cola curtida como la de un escorpión, con una punta erizada de pinchos. La *Égida* desvió la andanada, pero la fuerza del impacto derribó a Thalia.

Grover se adelantó de un salto. Con sus flautas de junco en los labios, se puso a tocar una tonada frenética que un pirata habría bailado con gusto. Ante la sorpresa general, empezó a surgir hierba entre la nieve y, en unos segundos, las piernas del doctor quedaron enredadas en una maraña de hierbajos gruesos como una soga.

Espino soltó un rugido y comenzó a transformarse. Fue aumentando de tamaño hasta adoptar su verdadera forma, con un rostro todavía humano pero el cuerpo de un enorme león. Su cola afilada disparaba espinas mortíferas en todas direcciones.

—¡Una mantícora! —exclamó Annabeth, ya visible. Se le había caído su gorra mágica de los Yankees cuando nos tiró al suelo.

—¿Quiénes sois vosotros? —preguntó Bianca di Angelo—. ¿Y qué es esa cosa?

—Una mantícora —respondió Nico, jadeando—. ¡Tiene un poder de ataque de tres mil, y cinco tiradas de salvación!

Yo no entendí qué decía, pero tampoco tenía tiempo de preguntárselo. La mantícora había desgarrado las hierbas mágicas de Grover y se volvía ya hacia nosotros con un gruñido.

—¡Al suelo! —gritó Annabeth, derribando a los Di Angelo sobre la nieve.

En el último momento, me acordé de mi propio escudo. Pulsé el botón de mi reloj y la chapa metálica se expandió en espiral hasta convertirse en un escudo de bronce. Justo a tiempo. Las espinas se estrellaron contra él con tal fuerza que incluso lo abollaron. El hermoso escudo, regalo de mi hermano, resultó seriamente dañado. Ni siquiera estaba seguro de que pudiese parar una segunda descarga.

Oí un porrazo y un gañido. Grover aterrizó a mi lado con un ruido sordo.

—¡Rendíos! —rugió el monstruo.

—¡Nunca! —le chilló Thalia desde el otro lado, y se lanzó sobre él.

Por un instante creí que iba a traspasarlo de parte a parte. Pero entonces se oyó un estruendo y a nuestra espalda surgió un gran resplandor. El helicóptero emergió de la niebla y se situó frente al acantilado. Era un aparato militar negro y lustroso, con dispositivos laterales que parecían cohetes guiados por láser. Sin duda tenían que ser mortales quienes lo manejaban, pero ¿qué estaba haciendo allí semejante trasto? ¿Cómo era posible que unos mortales colaborasen con aquel monstruo? En todo caso, sus reflectores cegaron a Thalia en el último segundo y la mantícora aprovechó para barrerla de un coletazo. El escudo se le cayó a la nieve y la lanza voló hacia otro lado.

—¡No! —Corrí en su ayuda y logré desviar una espina que le iba directa al pecho. Alcé mi escudo para cubrirnos a los dos, pero sabía que no nos bastaría.

El doctor Espino se echó a reír.

—¿Os dais cuenta de que es inútil? Rendíos, héroes de pacotilla.

Estábamos atrapados entre un monstruo y un helicóptero de combate. No teníamos ninguna posibilidad.

Entonces oí un sonido nítido y penetrante: la llamada de un cuerno de caza que sonaba en el bosque.

La mantícora se quedó paralizada. Por un instante nadie movió una ceja. Sólo se oía el rumor de la ventisca y el fragor del helicóptero.

—¡No! —dijo Espino—. No puede...

Se interrumpió de golpe cuando pasó por mi lado una ráfaga de luz. De su hombro brotó en el acto una resplandeciente flecha de plata.

Espino retrocedió tambaleante, gimiendo de dolor.

—¡Malditos! —gritó. Y soltó una lluvia de espinas hacia el bosque del que había partido la flecha.

Pero, con la misma velocidad, surgieron de allí infinidad de flechas plateadas. Casi me dio la impresión de que aquellas flechas interceptaban las espinas al vuelo y las partían en dos, aunque probablemente mis ojos me engañaban. Nadie —ni siquiera los chicos de Apolo del campamento— era capaz de disparar con tanta precisión.

La mantícora se arrancó la flecha del hombro con un aullido. Ahora respiraba pesadamente. Intenté asestarle un mandoble, pero no estaba tan herida como parecía. Esquivó mi espada y le dio un coletazo a mi escudo que me lanzó rodando por la nieve.

Entonces salieron del bosque los arqueros. Eran chicas: una docena, más o menos. La más joven tendría diez años; la mayor, unos catorce, igual que yo. Iban vestidas con parkas plateadas y vaqueros, y cada una tenía un arco en las manos. Avanzaron hacia la mantícora con expresión resuelta.

—¡Las cazadoras! —gritó Annabeth.

Thalia murmuró a mi lado:

—¡Vaya, hombre! ¡Estupendo!

No tuve tiempo de preguntarle por qué lo decía.

Una de las chicas mayores se aproximó con el arco tenso. Era alta y grácil, de piel cobriza. A diferencia de las otras, llevaba una diadema en lo alto de su oscura cabellera, lo cual le daba todo el aspecto de una princesa persa.

—¿Permiso para matar, mi señora?

No supe con quién hablaba, porque ella no quitaba los ojos de la mantícora.

El monstruo soltó un gemido.

—¡No es justo! ¡Es una interferencia directa! Va contra las Leyes Antiguas.

—No es cierto —terció otra chica, ésta algo más joven que yo; tendría doce o trece años. Llevaba el pelo castaño rojizo recogido en una cola. Sus ojos, de un amarillo plateado como la luna, resultaban asombrosos. Tenía una cara tan hermosa que dejaba sin aliento, pero su expresión era seria y amenazadora—. La caza de todas las bestias salvajes entra en mis competencias. Y tú, repugnante criatura, eres una bestia salvaje. —Miró a la chica de la diadema—. Zoë, permiso concedido.

—Si no puedo llevármelos vivos —refunfuñó la mantícora—, ¡me los llevaré muertos!

Y se lanzó sobre Thalia y sobre mí, sabiendo que estábamos débiles y aturdidos.

—¡No! —chilló Annabeth, y cargó contra el monstruo.

—¡Retrocede, mestiza! —gritó la chica de la diadema—. Apártate de la línea de fuego.

Ella no hizo caso. Saltó sobre el lomo de la bestia y hundió el cuchillo entre su melena de león. La mantícora aulló y se revolvió en círculos, agitando la cola, mientras Annabeth se sujetaba como si en ello le fuese la vida, como probablemente así era.

—¡Fuego! —ordenó Zoë.

—¡No! —grité.

Pero las cazadoras lanzaron sus flechas. La primera le atravesó el cuello al monstruo. Otra le dio en el pecho. La mantícora dio un paso atrás y se tambaleó aullando.

—¡Esto no es el fin, cazadoras! ¡Lo pagaréis caro!

Y antes de que alguien pudiese reaccionar, el monstruo —con Annabeth todavía en su lomo— saltó por el acantilado y se hundió en la oscuridad.

—¡Annabeth! —chillé.

Intenté correr tras ella, pero nuestros enemigos no habían terminado aún. Se oía un tableteo procedente del helicóptero: ametralladoras.

La mayoría de las cazadoras se dispersaron rápidamente mientras la nieve se iba sembrando de pequeños orificios. Pero la chica de pelo rojizo levantó la vista con mucha calma.

—A los mortales no les está permitido presenciar mi cacería —dijo.

Abrió bruscamente la mano y el helicóptero explotó y se hizo polvo. No, polvo no: el metal negro se disolvió y se convirtió en una bandada de cuervos que se perdieron en la noche.

Las cazadoras se nos acercaron.

La que se llamaba Zoë se detuvo en seco al ver a Thalia.

—¡Tú! —exclamó con repugnancia.

—Zoë Belladona. —A Thalia la voz le temblaba de rabia—. Siempre en el momento más oportuno.

Zoë examinó a los demás.

—Cuatro mestizos y un sátiro, mi señora.

—Sí, ya lo veo —dijo la chica más joven, la del pelo castaño rojizo—. Unos cuantos campistas de Quirón.

—¡Annabeth! —grité—. ¡Hemos de ir a salvarla!

La chica se volvió hacia mí.

—Lo siento, Percy Jackson. No podemos hacer nada por ella...

Traté de incorporarme, pero un par de cazadoras me mantenían sujeto en el suelo.

—... y tú no estás en condiciones de lanzarte por el acantilado.

—¡Déjame ir! —exigí—. ¿Quién te has creído que eres?

Zoë se adelantó como si fuese a abofetearme.

—No —la detuvo, cortante—. No es falta de respeto, Zoë. Sólo está muy alterado. No comprende. —Y me miró con unos ojos más fríos y brillantes que la luna en invierno—. Yo soy Artemisa —anunció—, diosa de la caza.

3

Bianca di Angelo toma una decisión delicada

Después de ver al doctor Espino convertirse en un monstruo y caer en picado por el acantilado con Annabeth montada en su lomo, cualquiera diría que ya nada podía impresionarme. Pero cuando aquella chica de doce años me dijo que era la diosa Artemisa, tuve una de esas respuestas inteligentes del tipo: «Ah... bueno.»

Lo cual no fue nada comparado con lo de Grover. Él ahogó un grito, se arrodilló en la nieve y empezó a gimotear:

—¡Gracias, señora Artemisa! Es usted tan... tan... ¡Uau!

—¡Levanta, niño cabra! —le soltó Thalia—. Tenemos otras cosas de que preocuparnos. ¡Annabeth ha desaparecido!

—¡So! —dijo Bianca di Angelo—. Momentito. Tiempo muerto.

Todo el mundo se la quedó mirando. Ella nos fue señalando, uno a uno, como si estuviera repasando las piezas de un rompecabezas.

—¿Quién... quiénes sois todos vosotros?

La expresión de Artemisa se ablandó un poco.

—Quizá sería mejor, mi querida niña, saber primero quién eres tú. Veamos, ¿quiénes son tus padres?

Bianca miró con nerviosismo a su hermano, que seguía contemplando maravillado a Artemisa.

—Nuestros padres murieron —dijo Bianca—. Somos huérfanos. Hay un fondo que se ocupa de pagar nuestro

35

colegio, pero... —Titubeó. Supongo que vio en nuestra expresión que no la creíamos—. ¿Qué pasa? —preguntó—. Es la verdad.

—Tú eres una mestiza —dijo Zoë Belladona, cuyo acento era difícil de situar. Sonaba anticuado, como si estuviera leyendo un libro viejísimo—. A fe mía que uno de vuestros progenitores era un mortal. El otro era un olímpico.

—¿Un olímpico? ¿Un atleta, quieres decir?

—No —dijo Zoë—. Uno de los dioses.

—¡Qué guay! —exclamó Nico.

—¡Ni hablar! —terció Bianca con voz temblorosa—. ¡No lo encuentro nada guay!

Nico se había puesto a dar saltos.

—¿Es verdad que Zeus tiene rayos con una potencia destructiva de seiscientos? ¿Y que gana puntos extra por...?

—¡Cierra el pico, Nico! —Bianca se pasó las manos por la cara—. Esto no es tu estúpido juego de *Mitomagia*, ¿sabes? ¡Los dioses no existen!

Aunque a mí me dominaba la angustia por Annabeth —lo único que deseaba era salir en su busca—, no podía dejar de sentir lástima por los Di Angelo. Me acordaba de lo que había significado para mí descubrir que era un semidiós.

Thalia debió de sentir algo parecido, porque la furia que brillaba en sus ojos pareció atenuarse un poco.

—Ya sé que cuesta creerlo —le dijo—, pero los dioses siguen existiendo. Créeme, Bianca. Son inmortales. Y cuando tienen hijos con humanos, chicos como nosotros, bueno... la cosa se complica. Nuestras vidas peligran.

—¿Como la de la chica que se ha caído? —dijo Bianca.

Thalia se dio la vuelta. Incluso Artemisa parecía afligida.

—No desesperéis —dijo la diosa—. Era una chica muy valiente. Si es posible encontrarla, yo la encontraré.

—Entonces ¿por qué no nos dejas ir a buscarla? —pregunté.

—Porque ha desaparecido. ¿Acaso no lo percibes, hijo de Poseidón? Hay un fenómeno mágico en juego. No sé exactamente cómo o por qué, pero tu amiga se ha desvanecido.

Yo seguía deseando saltar por el acantilado para buscarla, pero intuía que Artemisa tenía razón. Annabeth había desaparecido. Si hubiese estado allá abajo, en el mar, yo habría sido capaz de percibir su presencia.

—¿Y el doctor Espino? —intervino Nico, levantando la mano—. Ha sido impresionante cómo lo habéis acribillado. ¿Está muerto?

—Era una mantícora —dijo Artemisa—. Espero que haya quedado destruida por el momento. Pero los monstruos nunca mueren del todo. Se vuelven a formar una y otra vez, y hay que cazarlos siempre que reaparecen.

—O ellos nos cazan a nosotros —observó Thalia.

Bianca di Angelo se estremeció.

—Lo cual explica... ¿Te acuerdas, Nico, de los tipos que intentaron atacarnos el verano pasado en un callejón de Washington?

—Y aquel conductor de autobús —recordó Nico—. El de los cuernos de carnero. Te lo dije. Era real.

—Por eso os ha estado vigilando Grover —les expliqué—. Para manteneros a salvo si resultabais ser mestizos.

—¿Grover? —Bianca se quedó mirándolo—. ¿Tú eres un semidiós?

—Un sátiro, en realidad. —Se quitó los zapatos y le mostró sus pezuñas de cabra. Creí que Bianca se desmayaría allí mismo.

—Grover, ponte los zapatos —dijo Thalia—. Estás asustándola.

—¡Eh, que tengo las pezuñas limpias!

—Bianca —tercié—, hemos venido a ayudaros. Tenéis que aprender a sobrevivir. El doctor Espino no va a ser el último monstruo con que os tropecéis. Tenéis que venir al campamento.

—¿Qué campamento?

—El Campamento Mestizo. El lugar donde los mestizos aprenden a sobrevivir. Podéis venir con nosotros y quedaros todo el año, si queréis.

—¡Qué bien! ¡Vamos! —exclamó Nico.

—Espera. —Bianca meneó la cabeza—. Yo no...

—Hay otra opción —intervino Zoë.

—No, no la hay —dijo Thalia.

Las dos se miraron furibundas. Yo no sabía de qué hablaban, pero estaba claro que entre ellas había alguna cuenta pendiente. Por algún motivo, se odiaban de verdad.

—Ya hemos abrumado bastante a estos críos —zanjó Artemisa—. Zoë, descansaremos aquí unas horas. Levantad las tiendas. Curad a los heridos. Recoged en la escuela las pertenencias de nuestros invitados.

—Sí, mi señora.

—Y tú, Bianca, acompáñame. Quiero hablar contigo.

—¿Y yo? —preguntó Nico.

Artemisa lo examinó un instante.

—Tú podrías enseñarle a Grover cómo se juega a ese juego de cromos que tanto te gusta. Grover se prestará con gusto a entretenerte un rato... como un favor especial hacia mí.

Grover estuvo a punto de trastabillar.

—¡Por supuesto! ¡Vamos, Nico!

Los dos se alejaron hacia el bosque, hablando de energía vital, nivel de armadura y cosas así, típicas de chiflados informáticos. Artemisa echó a caminar por el borde del acantilado con Bianca, que parecía muy confusa. Las cazadoras empezaron a vaciar sus petates y montar el campamento.

Zoë le lanzó una nueva mirada furibunda a Thalia y se fue a supervisarlo todo.

En cuanto se hubo alejado, Thalia pateó el suelo con rabia.

—¡Qué caraduras, estas cazadoras! Se creen que son tan... ¡Aggg!

—Estoy contigo —asentí—. No me fío...

—¿Así que estás conmigo? —Se volvió hecha un basilisco—. ¿Y en qué estabas pensando en el gimnasio? ¿Creías que ibas a poder tú solo con Espino? ¡Sabías muy bien que era un monstruo!

—Yo...

—Si hubiéramos permanecido juntos habríamos acabado con él sin que intervinieran las cazadoras. Y Annabeth tal vez seguiría aquí. ¿No lo has pensado?

Apreté los dientes. Se me ocurrieron varias cosas que decirle, y quizá se las habría dicho si no hubiese bajado entonces la vista y reparado en una cosa azul tirada en la nieve. La gorra de béisbol de los Yankees. La gorra de Annabeth.

Thalia no dijo nada. Se secó una lágrima y se alejó sin más, dejándome solo con la gorra mojada y pisoteada.

Las cazadoras montaron el campamento en unos minutos. Siete grandes tiendas, todas de seda plateada, dispuestas en una medialuna alrededor de la hoguera. Una de las chicas sopló un silbato plateado. De inmediato, del bosque surgieron unos lobos blancos que empezaron a rondar en círculo alrededor del campamento, como un equipo de perros guardianes. Las cazadoras se movían entre ellos y les daban golosinas sin ningún miedo, pero yo decidí no alejarme de las tiendas. Había halcones observándonos desde los árboles con los ojos centelleantes por el resplandor de la hoguera, y yo tenía la sensación de que también ellos estaban de guardia. Incluso el tiempo parecía doblegarse a la voluntad de la diosa. El aire seguía frío, pero el viento se había calmado y ya no nevaba, con lo que resultaba casi agradable permanecer junto al fuego.

Casi... salvo por el dolor del hombro y la culpa que me abrumaba. No podía creer que Annabeth hubiese desaparecido. Y por muy enfadado que estuviera con Thalia, tenía la sensación de que era cierto lo que me había dicho. Había sido por mi culpa.

¿Qué era lo que iba a contarme Annabeth en el gimnasio? «Algo muy grave», había dicho. Quizá nunca llegaría a saberlo. Recordé cómo habíamos bailado juntos media canción y me sentí aún más apesadumbrado.

Miré a Thalia, que se paseaba inquieta entre los lobos, en apariencia sin ningún temor. De pronto se detuvo y se volvió hacia Westover Hall, que ahora, sumido en una completa oscuridad, asomaba sobre la ladera que quedaba más allá del bosque. Me pregunté qué estaría pensando.

Siete años atrás, su padre la había convertido en un pino para impedir que muriese mientras hacía frente a un ejército de monstruos en lo alto de la Colina Mestiza. Ella se había sacrificado para que sus amigos Luke y Annabeth pudieran escapar. Ahora sólo habían pasado unos meses desde que había recuperado su forma humana, y de vez en cuando se quedaba tan inmóvil que habrías jurado que seguía siendo un árbol.

Al cabo de un rato, Grover y Nico regresaron de su paseo. Una de las cazadoras me trajo mi mochila y Grover me ayudó a curarme el hombro.

—¡Lo tienes verde! —comentó Nico, entusiasmado.

—No te muevas —me ordenó Grover—. Toma, come un poco de ambrosía mientras te limpio la herida.

Empezó a curarme y yo hice una mueca de dolor, aunque la ambrosía ayudaba un montón. Sabía a *brownie* casero; se te deshacía en la boca y te infundía una cálida sensación por todo el cuerpo. Entre eso y el bálsamo mágico que usaba Grover, me sentí mucho mejor en un par de minutos.

Nico se puso a hurgar en su propia mochila, que por lo visto las cazadoras habían llenado con todas sus cosas (aunque yo no tenía ni idea de cómo se habrían colado sin ser vistas en Westover Hall). Sacó un montón de figuritas y las dejó sobre la nieve. Eran réplicas en miniatura de los dioses y los héroes griegos, entre ellos Zeus con un rayo en la mano, Ares con su lanza, y Apolo con el carro del sol.

—Buena colección —le dije.

Nico sonrió de oreja a oreja.

—Casi los tengo todos, además de sus cromos holográficos. Sólo me faltan unos cuantos muy raros.

—¿Llevas mucho tiempo jugando a este juego?

—Sólo este año. Antes... —Frunció el ceño.

—¿Qué? —le pregunté.

—Lo he olvidado. Es extraño. —Parecía incómodo, pero no le duró mucho—. Oye, ¿me enseñas esa espada que has usado antes?

Saqué a *Contracorriente* y le expliqué cómo pasaba de ser un bolígrafo a una espada cuando le quitabas el capuchón.

—¡Qué pasada! ¿Nunca se le acaba la tinta?

—Bueno, en realidad no lo utilizo para escribir.

—¿De verdad eres hijo de Poseidón?

—Pues sí.

—Entonces sabrás hacer surf muy bien.

Miré a Grover, que hacía esfuerzos por contener la risa.

—¡Jo, Nico! —le dije—. Nunca lo he probado.

Él siguió haciendo preguntas. ¿Me peleaba mucho con Thalia, dado que era hija de Zeus? (Ésa no la respondí.) Si la madre de Annabeth era Atenea, la diosa de la sabiduría, ¿cómo no se le había ocurrido nada mejor que tirarse por el acantilado? (Tuve que contenerme para no estrangularlo.) ¿Annabeth era mi novia? (A esas alturas ya estaba a punto de meterlo en un saco y arrojárselo a los lobos.)

Supuse que iba a preguntarme cuántos puntos extra tenía, como si yo fuera un personaje de su juego, pero entonces se nos acercó Zoë Belladona.

—Percy Jackson.

Zoë tenía ojos de un tono castaño oscuro y una nariz algo respingona. Con su diadema de plata y su expresión altanera, parecía un miembro de la realeza y yo casi hube de reprimir el impulso de ponerme firmes y decir: «Sí, mi señora.» Ella me observó con desagrado, como si fuese una bolsa de ropa sucia que le habían mandado recoger.

—Acompañadme —me dijo—. La señora Artemisa desea hablar con vos.

Me guió hasta la última tienda, que no parecía diferente de las otras, y me hizo pasar. Bianca estaba sentada junto a la chica del pelo rojizo. A mí aún me costaba pensar en ella como en la diosa Artemisa.

El interior de la tienda era cálido y confortable. El suelo estaba cubierto de alfombras de seda y almohadones. En el centro, un brasero dorado parecía arder solo, sin combustible ni humo. Detrás de la diosa, en un soporte de roble, reposaba su enorme arco de plata, que estaba trabajado de tal manera que recordaba los cuernos de una gacela. De las paredes colgaban pieles de animales como el oso negro, el tigre y otros que no supe identificar. Pensé que un activista de los derechos de los animales habría sufrido un ataque al ver todo aquello. Pero como Artemisa era la diosa de la caza, quizá tenía el poder de reemplazar a cada animal que abatía. Me pareció que había otra piel tendida a su lado y, de repente, advertí que era un animal vivo: un ciervo de pelaje reluciente y cuernos plateados, que apoyaba la cabeza confiadamente en su regazo.

—Siéntate con nosotras, Percy Jackson —dijo la diosa.

Me senté en el suelo frente a ella. La diosa me estudió con atención, cosa que a mí me incomodaba. Tenía una mirada viejísima para ser una chica tan joven.

—¿Te sorprende mi edad? —me preguntó.

—Eh... un poco.

—Puedo aparecer como una mujer adulta, o como un fuego llameante, o como desee. Pero esta apariencia es la que prefiero. Viene a ser la edad de mis cazadoras y de todas las jóvenes doncellas que continúan bajo mi protección hasta que se echan a perder.

—¿Cómo...?

—Hasta que crecen. Hasta que enloquecen por los chicos, y se vuelven tontas e inseguras y se olvidan de sí mismas.

—Ah.

Zoë se había sentado a su derecha y me miraba de un modo furibundo, como si yo fuese el culpable de todos los males que Artemisa había descrito. Como si la mera noción de ser un chico la hubiera inventado yo.

—Has de perdonar a mis cazadoras si no se muestran muy amigables contigo —dijo Artemisa—. Es rarísimo que entren chicos en este campamento. Normalmente les está prohibido el menor contacto con las cazadoras. El último que pisó el campamento... —Miró a Zoë—. ¿Cuál fue?

—Ese chico de Colorado. Lo transformasteis en un jackalope, mi señora.

—Ah, sí —asintió Artemisa, satisfecha—. Me gusta hacer jackalopes, ya sabes, ese animal de la mitología americana, mezcla de liebre y antílope. En todo caso, te he llamado para que me hables un poco más de la mantícora. Bianca me ha contado algunas de las cosas inquietantes que el monstruo dijo. Pero quizá ella no las haya entendido bien. Quiero oírlas de tus labios.

Se lo conté todo, de principio a fin. Cuando terminé, Artemisa puso una mano en su arco, pensativa.

—Ya me temía que tendría que usarlo.

Zoë se echó hacia delante.

—¿Lo decís por el rastro, mi señora?

—Sí.

—¿Qué rastro? —pregunté.

—Están apareciendo criaturas que yo no había cazado en milenios —murmuró Artemisa—. Presas tan antiguas que casi las había olvidado. —Me miró fijamente—. Vinimos aquí ayer noche porque detectamos la presencia de la mantícora. Pero ése no era el monstruo que ando buscando. Vuelve a repetirme lo que dijo el doctor Espino exactamente.

—Eh... «Me horrorizan los bailes de colegio.»

—No, no. Después de eso.

—Dijo que alguien llamado el General me lo iba a explicar todo.

Zoë palideció. Se volvió hacia Artemisa y empezó a decirle algo, pero la diosa alzó una mano.

—Continúa, Percy.

—Bueno, entonces se refirió al Gran Despertador...

—Despertar —me corrigió Bianca.

—Eso. Y dijo: «Pronto tendremos al monstruo más importante de todos. El que provocará la caída del Olimpo.»

La diosa permanecía tan inmóvil como una estatua.

—Quizá mentía —sugerí.

Artemisa meneó la cabeza.

—No, no mentía. He sido demasiado lenta en percibir los signos. Tengo que cazar a ese monstruo.

Haciendo un esfuerzo para no parecer asustada, Zoë asintió.

—Saldremos de inmediato, mi señora.

—No, Zoë. Esto he de hacerlo sola.

—Pero Artem...

—Es una tarea demasiado peligrosa incluso para las cazadoras. Tú ya sabes dónde debo empezar la búsqueda, y no puedes acompañarme allí.

—Como... como deseéis, mi señora.

—Hallaré a esa criatura —prometió Artemisa—. Y la traeré de vuelta al Olimpo para el solsticio de invierno. Será la prueba que necesito para convencer a la Asamblea de Dioses del peligro que corremos.

—¿Y usted, señora, sabe de qué monstruo se trata? —pregunté.

Artemisa agarró su arco con fuerza.

—Recemos para que esté equivocada.

—¿Una diosa puede rezar? —inquirí, porque era una idea que nunca se me había ocurrido.

La sombra de una sonrisa aleteó por sus labios.

—Antes de irme, Percy Jackson, tengo una tarea para ti.

—¿Incluye acabar convertido en un jackalope de ésos?

—Lamentablemente, no. Quiero que escoltes a las cazadoras hasta el Campamento Mestizo. Allí permanecerán a salvo hasta mi regreso.

—¿Qué? —soltó Zoë—. ¡Pero Artemisa! Nosotras aborrecemos ese lugar. La última vez...

—Ya lo sé —respondió la diosa—. Pero estoy segura de que Dioniso no nos guardará rencor por un pequeño, eh... malentendido. Tenéis derecho a usar la cabaña número ocho siempre que la necesitéis. Además, tengo entendido que han reconstruido las cabañas que vosotras incendiasteis.

Zoë masculló algo sobre estúpidos campistas...

—Y ya sólo queda una decisión que tomar. —Artemisa se volvió hacia Bianca—. ¿Te has decidido ya, niña?

Bianca vaciló.

—Aún me lo estoy pensando.

—Un momento —dije—. ¿Pensarse qué?

—Me han propuesto... que me una a las cazadoras.

—¿Cómo? ¡Pero no puedes hacerlo! Tienes que ir al Campamento Mestizo y ponerte en manos de Quirón. Es el único modo de que aprendas a sobrevivir por tus propios medios.

—¡No es el único modo para una chica! —dijo Zoë.

No podía creer lo que estaba oyendo.

—¡Bianca, el campamento es un sitio guay! Tiene un establo de pegasos y un ruedo para combatir a espada... Quiero decir, ¿qué sacas uniéndote a las cazadoras?

—Para empezar —repuso Zoë—, la inmortalidad.

La miré boquiabierto; luego me volví hacia Artemisa.

—¿Está de broma, no?

—Zoë raramente bromea —dijo Artemisa—. Mis cazadoras me siguen en mis aventuras. Son mis servidoras, mis camaradas, mis compañeras de armas. Una vez que me han jurado lealtad, se vuelven inmortales, sí. Salvo que caigan en el campo de batalla, cosa muy improbable, o que falten a su juramento.

—¿Y qué han de jurar? —pregunté.

—Que renuncian para siempre al amor romántico —dijo Artemisa—. Que no crecerán ni contraerán matrimonio. Que seguirán siendo doncellas eternamente.

—¿Cómo usted, señora?

La diosa asintió.

Traté de imaginarme aquello. Ser inmortal. Vagabundear por ahí con tus amigas del cole para siempre. No me cabía en la cabeza.

—O sea que usted recorre el país reclutando mestizas...

—No sólo mestizas —me interrumpió Zoë—. La señora Artemisa no discrimina a nadie por su nacimiento. Todas aquellas que honren a la diosa pueden unirse a nosotras. Mestizas, ninfas, mortales...

—¿Y tú qué eres?

Un relámpago de cólera cruzó su mirada.

—Eso no es de vuestra incumbencia. La cuestión es que Bianca puede unirse a nosotras si lo desea. La decisión está en sus manos.

—¡Es una locura, Bianca! —le dije—. ¿Y qué pasa con tu hermano? Nico no puede convertirse en cazadora.

—Desde luego que no —dijo Artemisa—. Él irá al campamento. Por desgracia, es lo máximo a lo que puede aspirar un chico.

—¡Eh! —protesté.

—Podrás verlo de vez en cuando —le aseguró Artemisa a Bianca—. Pero ya no tendrás ninguna responsabilidad sobre él. Los instructores del campamento se harán cargo de su educación. Y tú tendrás una nueva familia. Nosotras.

—Una nueva familia —repitió Bianca con aire de ensoñación—. Sin ninguna responsabilidad.

—Bianca, no puedes hacerlo —insistí—. Es una locura.

Ella miró a Zoë.

—¿Vale la pena?

Zoë asintió.

—Sí.

—¿Qué tengo que hacer?

—Repite —le dijo Zoë—: Prometo seguir a la diosa Artemisa.

—Pro... prometo seguir a la diosa Artemisa.

—Doy la espalda a la compañía de los hombres, acepto ser doncella para siempre y me uno a la Cacería.

Bianca repitió estas palabras.

—¿Ya está?

Zoë asintió.

—Si la señora Artemisa acepta tu compromiso, ya es vinculante.

—Lo acepto —dijo Artemisa.

Las llamas del brasero se avivaron, arrojando por toda la estancia un resplandor plateado. Bianca no parecía distinta, pero ella respiró hondo, abrió los ojos y murmuró:

—Me siento... más fuerte.

—Bienvenida, hermana —dijo Zoë.

—Recuerda tu promesa —añadió Artemisa—. Ahora es tu vida.

Yo no podía intervenir. Me sentía como un intruso. Y como un fracasado integral. No podía creer que hubiese llegado hasta allí y sufrido tanto para perder a Bianca a manos de un club femenino eterno.

—No te desesperes, Percy Jackson —me dijo Artemisa—. Aún tienes que mostrarles a los Di Angelo el campamento. Y si Nico así lo decide, puede quedarse a vivir allí.

—Estupendo —dije, intentando no sonar arisco—. ¿Cómo se supone que vamos a llegar al campamento?

Artemisa cerró los ojos.

—Se acerca el amanecer. Zoë, desmonta el campamento. Tenéis que llegar cuanto antes a Long Island sin sufrir daños. Pediré a mi hermano que os lleve.

A Zoë no pareció entusiasmarle la idea, pero asintió y le dijo a Bianca que la siguiera. Cuando salían, ésta se detuvo un instante a mi lado.

—Lo siento, Percy, pero deseo hacerlo. Lo deseo de verdad.

Salieron las dos y me quedé solo con aquella diosa de doce años.

—Entonces —le dije con aire sombrío—, ¿su hermano se encargará de llevarnos, señora?

Sus ojos plateados destellaron.

—Así es. ¿Sabes?, Bianca di Angelo no es la única que tiene un hermano irritante. Ya va siendo hora de que conozcas a mi muy irresponsable gemelo. Apolo.

4

Thalia incendia Nueva Inglaterra

Artemisa había asegurado que se acercaba el alba, pero nadie lo habría dicho: estaba todo más oscuro, más frío y nevado que nunca. Allá en la colina, las ventanas de Westover Hall seguían oscuras. Me preguntaba si los profesores habrían advertido la desaparición de los hermanos Di Angelo. Prefería no estar allí cuando lo descubrieran. Con mi suerte, seguro que el único nombre que la señorita Latiza recordaría sería el mío, y entonces me convertiría en víctima de una cacería humana por todo el país. Otra vez.

Las cazadoras levantaron el campamento tan deprisa como lo habían montado. Ellas parecían tan tranquilas en medio de la nieve, pero yo aguardaba tiritando mientras Artemisa escudriñaba el horizonte por el este. Bianca se había sentado más allá con su hermano. Ya se veía por la expresión sombría de Nico que estaba explicándole su decisión de unirse a la Cacería. Desde luego, ella había sido muy egoísta al abandonar a su hermano de aquella manera.

Thalia y Grover se me acercaron, deseosos de saber lo que había ocurrido durante mi audiencia con la diosa.

Cuando se lo conté, Grover palideció.

—La última vez que las cazadoras vinieron al campamento, la cosa no fue demasiado bien.

—¿Por qué se habrán presentado aquí? —me pregunté—. Quiero decir, ha sido como si surgieran de la nada.

—Y Bianca se ha unido a ellas —dijo Thalia, indignada—. La culpa la tiene Zoë. Esa presumida insoportable...

—¿Cómo va uno a culparla? —dijo Grover, suspirando—. Toda una eternidad con Artemisa...

Thalia puso los ojos en blanco.

—Sois increíbles los sátiros. Todos loquitos por Artemisa. ¿No comprendéis que ella nunca va a corresponderos?

—Es que... le va tanto la onda de la naturaleza. —Grover parecía casi en trance.

—Estás chiflado —le espetó Thalia.

—Me chifla, sí —dijo Grover, soñador—. Es cierto.

El cielo empezó a clarear por fin. Artemisa murmuró:

—Ya era hora. ¡Es tan perezoso en invierno!

—¿Estás esperando, eh... la salida del sol? —le pregunté.

—Sí, a mi hermano.

Yo no quería ser grosero. Es decir, conocía las leyendas sobre Apolo (otras veces, Helios) conduciendo por el cielo el gran carro del sol. Pero también sabía que el sol es una estrella situada a no sé cuántos millones de kilómetros. Ya había asimilado la idea de que algunos mitos griegos fueran ciertos, pero vamos... no lograba imaginarme cómo iba a arreglárselas Apolo para conducir el sol.

—No es exactamente lo que tú crees —me dijo Artemisa, como si me leyese el pensamiento.

—Ah, bueno. —Empecé a relajarme—. Entonces no es que vaya a llegar...

Hubo un destello repentino en el horizonte y enseguida una gran ráfaga de calor.

—No mires —me advirtió Artemisa—. Hasta que haya aparcado.

«¿Aparcado?»

Desvié la vista y vi que los demás hacían lo mismo. La luz y el calor se intensificaron hasta que me dio la sensación de que mi abrigo iba a derretirse. Y entonces la luz se apagó.

Me volví. No podía creerlo. ¡Era mi coche! Bueno, el coche con el que soñaba, para ser exactos. Un Maserati Spyder descapotable rojo. Era impresionante. Resplandecía. Aunque enseguida comprendí que relumbraba porque la chapa estaba casi al rojo. La nieve se había derretido alrededor del Maserati en un círculo perfecto, lo cual explicaba que yo notara los zapatos mojados y que de repente pisara hierba verde.

El conductor bajó sonriendo. Parecía tener diecisiete o dieciocho años y, por un segundo, tuve la incómoda sensación de que era Luke, mi viejo enemigo. El mismo pelo rubio rojizo; el mismo aspecto saludable y deportivo. Pero no. Era más alto y no tenía ninguna cicatriz en la cara, como Luke. Su sonrisa resultaba más juguetona. (Luke no hacía más que fruncir el ceño y sonreír con desdén últimamente.) El conductor del Maserati iba con tejanos, mocasines y una camiseta sin mangas.

—Uau —se asombró Thalia entre dientes—. Qué calor irradia este tipo.

—Es el dios del sol —dije.

—No me refería a eso.

—¡Hermanita! —gritó Apolo. Si hubiera tenido los dientes un pelín más blancos nos habría cegado a todos—. ¿Qué tal? Nunca llamas ni me escribes. Ya empezaba a preocuparme.

Artemisa suspiró.

—Estoy bien, Apolo. Y no soy tu hermanita.

—¡Eh, que yo nací primero!

—¡Somos gemelos! ¿Cuántos milenios habremos de seguir discutiendo...?

—Bueno, ¿qué pasa? —la interrumpió—. Tienes a todas las chicas contigo, por lo que veo. ¿Necesitáis unas clases de arco?

Artemisa apretó los dientes.

—Necesito un favor. He de salir de cacería. Sola. Y quiero que lleves a mis compañeras al Campamento Mestizo.

—¡Claro, cielo...! Un momento. —Levantó una mano, en plan «todo el mundo quieto»—. Siento que me llega un haiku.

Las cazadoras refunfuñaron. Por lo visto, ya conocían a Apolo. Él se aclaró la garganta y recitó con grandes aspavientos:

Hierba en la nieve.
Me necesita Artemisa.
Yo soy muy guay.

Nos sonrió de oreja a oreja. Sin duda, esperaba un aplauso.

—El último verso sólo tiene cuatro sílabas —observó su hermana.

Él frunció el ceño.

—¿De veras?

—Sí. ¿Qué tal: «Yo soy muy engreído»?

—No, no. Tiene seis. Hmm... —Empezó a murmurar en voz baja.

Zoë Belladona se volvió hacia nosotros.

—El señor Apolo lleva metido en esta etapa haiku desde que estuvo en Japón. Peor fue cuando le dio por escribir poemas épicos. ¡Al menos un haiku sólo tiene tres versos!

—¡Ya lo tengo! —anunció Apolo—. «Soy fe-no-me-nal». ¡Cinco sílabas! —Hizo una reverencia, muy satisfecho de sí mismo—. Y ahora, querida... ¿un transporte para las cazadoras, dices? Muy oportuno. Iba a salir a dar una vuelta.

—También tendrías que llevar a estos semidioses —precisó Artemisa, señalándonos—. Son campistas de Quirón.

—No hay problema. —Nos echó un vistazo—. Veamos... Tú eres Thalia, ¿verdad? Lo sé todo sobre ti.

Ella se ruborizó.

—Hola, señor Apolo.

—Hija de Zeus, ¿no? Entonces somos medio hermanos. Eras un árbol, ¿cierto? Me alegra que ya no. No soporto ver a las chicas guapas convertidas en árboles. Recuerdo una vez...

—Hermano —lo atajó Artemisa—. Habrías de ponerte en marcha.

—Ah, sí. —Y me miró a mí, entornando los ojos—. ¿Percy Jackson?

—Ajá. Digo... sí, señor.

Resultaba extraño llamar «señor» a un adolescente, pero ya había aprendido a ser prudente con los inmortales. Se ofenden con gran facilidad. Y entonces todo salta por los aires.

Apolo me observó detenidamente, pero no dijo una palabra, cosa que me resultó un poco inquietante.

—¡Bueno! —dijo—. Será mejor que subamos. Este cacharro sólo viaja en una dirección, hacia el oeste. Si se te escapa, te quedas en tierra.

Yo miré el Maserati. Allí cabían dos personas como máximo. Y éramos veinte.

—Un coche impresionante —dijo Nico.

—Gracias, chico —respondió Apolo.

—¿Cómo vamos a meternos todos ahí?

—Ah, bueno. —Parecía que acabase de advertir el problema—. Está bien. No me gusta cambiarlo del modo «deportivo», pero si no hay más remedio...

Sacó las llaves y presionó el botón de la alarma. ¡Pip, pip! Por un momento, el coche resplandeció otra vez. Cuando se desvaneció el resplandor, el Maserati había sido reemplazado por un autobús escolar.

—Venga —dijo—. Todos, arriba.

Zoë ordenó a las cazadoras que subieran. Iba a recoger su mochila, cuando Apolo le dijo:

—Dame, cariño. Déjamela a mí.

Zoë dio un paso atrás; una mirada asesina le relampagueaba en los ojos.

—Hermanito —lo reprendió Artemisa—. No pretendas echarles una mano a mis cazadoras. No las mires, no les hables, no coquetees con ellas. Y sobre todo, no las llames «cariño».

Apolo extendió las palmas.

—Perdón. Se me había olvidado. Oye... ¿y tú adónde vas?

—De cacería —dijo Artemisa—. No es cosa tuya.

—Ya me enteraré. Yo lo veo todo y lo sé todo.

Artemisa soltó un resoplido.

—Tú encárgate de llevarlos. ¡Sin perder el tiempo por ahí!

—Pero si nunca me entretengo por el camino...

Artemisa puso los ojos en blanco; luego nos miró.

—Nos veremos para el solsticio de invierno. Zoë, te quedas al frente de las cazadoras. Actúa como yo lo haría.

Ella se irguió.

—Sí, mi señora.

Artemisa se arrodilló y examinó el suelo, como si buscase huellas. Cuando se incorporó, parecía intranquila.

—El peligro es enorme. Hay que dar con esa bestia.

Echó a correr hacia el bosque y se disolvió entre la nieve y las sombras.

Apolo nos sonrió, haciendo tintinear las llaves.

—Bueno —dijo—. ¿Quién quiere conducir?

Las cazadoras subieron en tropel al autobús y se apelotonaron en la parte trasera para estar lo más lejos posible de Apolo y los demás varones (como si fuésemos enfermos contagiosos). Bianca se sentó con ellas y dejó a su hermano con nosotros, en las filas de delante, cosa que yo encontré muy desangelada por su parte, aunque a Nico no parecía importarle.

—¡Menuda pasada! —decía él, dando saltos en el asiento del conductor—. ¿Esto es el sol de verdad? Yo creía que Helios y Selene eran los dioses del sol y la luna. ¿Cómo se explica que unas veces sean ellos y otras veces, tú y Artemisa?

—Reducción de personal —dijo Apolo—. Fueron los romanos quienes empezaron. No podían permitirse tantos templos de sacrificio, de manera que despidieron a Helios y Selene y atribuyeron a nuestros puestos todas sus funciones. Mi hermana se quedó con la luna y yo con el sol. Al principio fue una lata, pero al menos me dieron este coche impresionante.

—¿Y cómo funciona? —preguntó Nico—. Yo creía que el sol era una gran esfera de gas ardiente.

Apolo se echó a reír entre dientes y le alborotó el pelo.

—Ese rumor seguramente se difundió porque Artemisa tenía la manía de decir que yo era un globo enorme de humo o algo así. Hablando en serio, chico, todo depende de si quieres hablar de astronomía o de filosofía. ¿Quieres que hablemos de astronomía? Bah... ¿dónde está la gracia? ¿Quieres que hablemos de lo que los humanos piensan del sol? Ah, eso ya es más interesante. Ten presente que casi todas sus apuestas dependen de cómo corra este cacharro, por así decirlo. El sol les da calor, alimenta sus cosechas, produce energía, hace que todo parezca más risueño: más soleado, vamos. Este carro está construido con los sueños de los hombres sobre el sol. Es tan antiguo como la civilización occidental. Cada día circula por el cielo, de este a oeste, iluminando la endeble vida de los pobres mortales. El carro es sencillamente una manifestación del poder del sol tal como los mortales lo perciben. ¿Lo entiendes?

Nico meneó la cabeza.

—Pues no.

—Bueno, entonces considéralo como un coche solar muy potente y bastante peligroso.

—¿Puedo conducirlo?

—No. Eres demasiado joven.

—¡Yo, yo! —se ofreció Grover, levantando la mano.

—Humm... mejor no —decidió Apolo—. Demasiado peludo. —Miró más allá (pasándome a mí de largo) y se fijó en Thalia.

—¡La hija de Zeus! —exclamó—. El señor de los cielos. Perfecto.

—Uy, no. —Thalia meneó la cabeza—. Muchas gracias.

—Venga ya —dijo Apolo—. ¿Qué edad tienes?

Ella vaciló.

—No lo sé.

Era triste pero cierto. Thalia se había transformado en un árbol a los doce, y de eso hacía siete años. Es decir, ahora tendría diecinueve, si se contaba año por año. Pero ella se sentía aún como si tuviera doce y, si la observabas, llegabas a la conclusión de que estaba a medio camino entre los doce y los diecinueve. Según deducía Quirón, ella había seguido creciendo cuando era un árbol, pero mucho más despacio.

Apolo se dio unos golpecitos en el labio.

—Tienes quince, casi dieciséis.

—¿Cómo lo sabes?

—Bueno, soy el dios de la profecía. Tengo mis trucos. Cumplirás dieciséis en una semana, más o menos.

—¡Es verdad!, ¡es mi cumpleaños! El veintidós de diciembre.

—Lo cual significa que ya tienes edad suficiente para conducir con un permiso provisional.

Thalia se removió en su asiento, nerviosa.

—Eh...

—Ya sé lo que vas a decir —la interrumpió Apolo—. Que no mereces el honor de conducir el carro del sol.

—No, no iba a decir eso.

—¡No te agobies! El trayecto desde Maine hasta Long Island es muy corto. Y no te preocupes por lo que le pasó a mi último alumno. Tú eres hija de Zeus. A ti no te sacará del cielo a cañonazos.

Se echó a reír con ganas. Los demás no nos unimos a su regocijo.

Thalia intentó protestar, pero Apolo no estaba dispuesto a aceptar un «no» por respuesta. El dios pulsó un botón del salpicadero y en lo alto del parabrisas apareció un rótulo. Tuve que leerlo invertido (cosa que, para un disléxico, tampoco es mucho más complicada que leer al derecho). Ponía: «Atención: Conductor en prácticas.»

—¡Adelante! —le dijo Apolo—. ¡Seguro que eres una conductora nata!

He de reconocer que tenía celos. Yo me moría por empezar a conducir. Mi madre me había llevado a Montauk un par de veces aquel otoño, cuando la carretera de la playa estaba vacía, y me había dejado probar su Mazda. Vale, sí, aquello era un turismo japonés y esto, el carro del sol... Pero ¿había tanta diferencia, a fin de cuentas?

—La velocidad y el calor van a la par —le explicó Apolo—. O sea, que empieza despacio y asegúrate de que has alcanzado una buena altitud antes de pisar a fondo.

Thalia agarraba el volante con tanta fuerza que los nudillos se le habían puesto blancos. Daba la impresión de que se iba a marear de un momento a otro.

—¿Qué pasa? —le pregunté.

—Nada —dijo temblando—. N-no pasa nada.

Tiró del volante y el autobús dio una sacudida tan brusca que me fui hacia atrás y me estrellé contra una cosa blanda.

—¡Uf! —exclamó Grover.

—Lo siento.

—Más despacio —le recomendó Apolo.

—Perdón —dijo Thalia—. ¡Lo tengo controlado!

Logré ponerme en pie. Por la ventana vi un círculo humeante de árboles en el claro desde el que habíamos despegado.

—Thalia —le dije—, afloja un poco.

—Ya lo he entendido, Percy —me respondió con los dientes apretados. Pero ella seguía pisando a fondo.

—Relájate.

—¡Estoy relajada! —Se la veía tan rígida como si se hubiese convertido otra vez en un trozo de madera.

—Hemos de virar al sur para ir a Long Island —dijo Apolo—. Gira a la izquierda

Thalia dio un volantazo y me lanzó de nuevo en brazos de Grover, que soltó un gañido.

—La otra izquierda —sugirió Apolo.

Cometí el error de mirar de nuevo por la ventana. Ya habíamos alcanzado la altitud de un avión, e incluso más porque el cielo empezaba a verse negro.

—Esto... —empezó Apolo. Me dio la impresión de que se esforzaba por parecer tranquilo—. No tan arriba, cariño. En Cape Cod se están congelando.

Thalia accionó el volante. Tenía la cara blanca como el papel y la frente perlada de sudor. Algo le sucedía, sin duda. Yo nunca la había visto así.

El autobús se lanzó en picado y alguien dio un grito. Quizá fui yo. Ahora bajábamos directos hacia el Atlántico a unos mil kilómetros por hora, con el litoral de Nueva Inglaterra a mano derecha. Empezaba a hacer calor en el autobús.

Apolo había salido despedido hasta el fondo, pero ya avanzaba de nuevo entre los asientos.

—¡Toma tú el volante! —le suplicó Grover.

—No os preocupéis —dijo Apolo, aunque él mismo parecía más que preocupado—. Sólo le falta aprender a... ¡Uuaaaau!

Yo también vi lo que él veía. A nuestros pies había un pueblecito de Nueva Inglaterra cubierto de nieve. Mejor dicho, había estado allí hasta hacía unos minutos, porque ahora la nieve se estaba fundiendo a ojos vistas en los árboles, en los tejados y los prados. La torre de la iglesia, completamente blanca un momento antes, se volvió marrón y empezó a humear. Por todo el pueblo surgían delgadas columnas de humo, que parecían velas de cumpleaños. Los árboles y tejados se estaban incendiando.

—¡Frena! —grité.

Thalia tenía en los ojos un brillo enloquecido. Tiró del volante bruscamente. Esta vez logré sujetarme. Mientras ascendíamos a toda velocidad, por la ventanilla trasera vi que el súbito regreso del frío sofocaba los incendios.

—¡Allí está Long Island! —dijo Apolo, señalando al frente—. Todo derecho. Vamos a disminuir un poco la velocidad, querida. No estaría bien arrasar el campamento.

Nos dirigíamos a toda pastilla hacia la costa norte de Long Island. Allí estaba el Campamento Mestizo: el valle, los bosques, la playa. Ya se divisaban el pabellón del comedor, las cabañas y el anfiteatro.

—Lo tengo controlado —murmuraba Thalia—. Lo tengo...

Estábamos a sólo unos centenares de metros.

—Frena —dijo Apolo.

—Lo voy a conseguir.

—¡¡¡Frena!!!

Thalia pisó el freno a fondo y el autobús describió un ángulo de cuarenta y cinco grados y fue a empotrarse en el lago de las canoas con un estruendoso chapuzón. Se alzó una nube de vapor y enseguida surgieron aterrorizadas las náyades, que huyeron con sus cestas de mimbre a medio trenzar.

El autobús salió a la superficie junto con un par de canoas volcadas y medio derretidas.

—Bueno —dijo Apolo con una sonrisa—. Era verdad, querida. Lo tenías todo controlado. Vamos a comprobar si hemos chamuscado a alguien importante, ¿te parece?

5

Hago una llamada submarina

Nunca había visto el Campamento Mestizo en invierno y la visión de la nieve me sorprendió. El campamento dispone de un control climático de tipo mágico que es el último grito. Ninguna borrasca atraviesa sus límites a menos que el director en persona —el señor D— lo permita. Así pues, yo creía que haría sol y buena temperatura. Pero no: habían dejado que cayera una ligera nevada. La pista de carreras y los campos de fresas estaban llenos de hielo. Habían decorado las cabañas con lucecitas parpadeantes similares a las navideñas, salvo que parecían bolas de fuego de verdad. También brillaban luces en el bosque. Y lo más extraño de todo: se veía el resplandor de una hoguera en la ventana del desván de la Casa Grande, donde moraba el Oráculo apresado en un cuerpo momificado. Me pregunté si el espíritu de Delfos estaría asando malvaviscos o algo por el estilo.

—Uau —dijo Nico al bajarse del autobús—. ¿Eso es un muro de escalada?

—Así es —respondí.

—¿Cómo es que chorrea lava?

—Para ponerlo un poquito más difícil... Ven. Te voy a presentar a Quirón. Zoë, ¿tú conoces...?

—Conozco a Quirón —dijo, muy tiesa—. Dile que estaremos en la cabaña ocho. Cazadoras, seguidme.

—Os mostraré el camino —se ofreció Grover.

—Ya conocemos el camino.

—De verdad, no es ninguna molestia. Resulta bastante fácil perderse por aquí si no tienes...

Tropezó aparatosamente con una canoa, pero se levantó sin parar de hablar.

—... como mi viejo padre solía decir: ¡adelante!

Zoë puso los ojos en blanco, pero supongo que comprendió que no podría librarse de Grover. Las cazadoras cargaron con sus petates y arcos, y se encaminaron hacia las cabañas. Antes de seguirlas, Bianca se acercó a su hermano y le susurró algo al oído; lo miró esperando una respuesta, pero Nico frunció el entrecejo y se volvió.

—¡Cuidaos, guapas! —les gritó Apolo a las cazadoras. A mí me guiñó un ojo—. Tú, Percy, ándate con cuidado con esas profecías. Nos veremos pronto.

—¿Qué quieres decir?

En lugar de responder, se subió al autobús de un salto.

—¡Nos vemos, Thalia! —gritó—. ¡Y sé buena!

Le lanzó una sonrisa maliciosa, como si supiera algo que ella ignoraba. Luego cerró las puertas y arrancó. Tuve que protegerme con una mano mientras el carro del sol despegaba entre una oleada de calor. Cuando volví a mirar, el lago despedía una gran nube de vapor y un Maserati remontaba los bosques, cada vez más resplandeciente y más alto, hasta que se disolvió en un rayo de sol.

Nico seguía de mal humor. Me pregunté qué le habría dicho su hermana.

—¿Quién es Quirón? —me preguntó—. Esa figura no la tengo.

—Es nuestro director de actividades —le dije—. Es... bueno, ahora lo verás.

—Si no cae bien a esas cazadoras —refunfuñó él—, para mí ya tiene diez puntos. Vamos.

La segunda cosa que me sorprendió fue lo vacío que estaba el campamento. Yo sabía que la mayoría de los mestizos se entrenaban sólo en verano. Ahora únicamente quedaban los que pasaban allí todo el año: los que no tenían un hogar adonde ir o los que habrían sufrido demasiados ataques de los monstruos si hubieran abandonado el campamento. Pero incluso ese tipo de campistas parecían más bien escasos.

Charles Beckendorf, de la cabaña de Hefesto, avivaba la forja que había junto al arsenal. Los hermanos Stoll, Travis y Connor, de la cabaña de Hermes, estaban forzando la cerradura del almacén. Varios chicos de la cabaña de Ares se habían enzarzado con las ninfas del bosque en una batalla de bolas de nieve. Y nada más, prácticamente. Ni siquiera Clarisse, mi antigua rival de la cabaña de Ares, parecía andar por allí.

La Casa Grande estaba decorada con bolas de fuego rojas y amarillas que calentaban el porche sin incendiarlo. Dentro, las llamas crepitaban en la chimenea. El aire olía a chocolate caliente. El señor D, director del campamento, y Quirón se entretenían jugando una partida de cartas en el salón.

Quirón llevaba la barba más desgreñada en invierno y algo más largo su pelo ensortijado. Ahora no tenía que adoptar la pose de profesor y supongo que podía permitirse una apariencia más informal. Llevaba un suéter lanudo con un estampado de pezuñas y se había puesto una manta en el regazo que casi tapaba del todo su silla de ruedas.

Nada más vernos, sonrió.

—¡Percy! ¡Thalia! Y éste debe de ser...

—Nico di Angelo —dije—. Él y su hermana son mestizos.

Quirón suspiró aliviado.

—Lo habéis logrado, entonces.

—Bueno...

Su sonrisa se congeló.

—¿Qué ocurre? ¿Y dónde está Annabeth?

—¡Por favor! —dijo el señor D con fastidio—. No me digáis que se ha perdido también.

Yo había intentado hacer caso omiso del señor D, pero era difícil ignorarlo con aquel chándal atigrado de color naranja y las zapatillas de deporte moradas (¡como si él hubiese corrido alguna vez en toda su vida inmortal!). Llevaba una corona de laurel ladeada sobre su oscuro pelo rizado. No creo que significara que había ganado la última mano a las cartas.

—¿A qué se refiere? —preguntó Thalia—. ¿Quién más se ha perdido?

En ese momento entró Grover, trotando y sonriendo con aire alelado. Tenía un ojo a la funerala y unas marcas rojas en la cara que parecían de una bofetada.

—¡Las cazadoras ya están instaladas! —anunció.

Quirón arrugó la frente.

—Las cazadoras, ¿eh? Tenemos mucho de que hablar, por lo que veo. —Le echó una mirada a Nico—. Grover, deberías llevar a nuestro joven amigo al estudio y ponerle nuestro documental de orientación.

—Pero... Ah, claro. Sí, señor.

—¿Un documental de orientación? —preguntó Nico—. ¿Será apto para menores? Porque Bianca es bastante estricta...

—Es para todos los públicos —aclaró Grover.

—¡Genial! —exclamó el chico mientras salían del salón.

—Y ahora —añadió Quirón dirigiéndose a nosotros—, tal vez deberíais tomar asiento y explicarnos la historia completa.

Cuando Thalia y yo concluimos nuestro relato, Quirón se volvió hacia el señor D.

—Tenemos que organizar un grupo para encontrar a Annabeth.

Thalia y yo levantamos enérgicamente la mano.

—¡Ni hablar! —soltó el señor D.

Empezamos a protestar, pero él alzó la mano. Tenía en su mirada ese fuego iracundo que indicaba que algo espantoso podía suceder si no cerrábamos el pico.

—Por lo que me habéis contado —dijo—, no hemos salido tan mal parados, después de todo. Hemos sufrido, sí, la pérdida lamentable de Annie Bell...

—Annabeth —dije con rabia. Había vivido en el campamento desde los siete años y, sin embargo, el señor D todavía pretendía aparentar que no conocía su nombre.

—Sí, está bien —dijo—. Pero habéis traído para reemplazarla a este crío latoso. Así pues, no creo que tenga sentido poner en peligro a otros mestizos en una absurda operación de rescate. Hay grandes posibilidades de que esa Annie esté muerta.

Quise estrangularlo. Era una injusticia que Zeus lo hubiera nombrado director del campamento para que dejase el alcohol y se desintoxicara durante cien años. Se suponía que era en castigo por su mal comportamiento en el Olimpo, pero había acabado convirtiéndose en un castigo para nosotros.

—Annabeth podría estar viva —dijo Quirón, aunque me di cuenta de que le costaba bastante mostrarse optimista. Él había criado a Annabeth durante todos los años que pasó en el campamento, antes de que volviera a intentar vivir con su padre y su madrastra—. Es una chica muy inteligente. Si nuestros enemigos la tienen en su poder, tratará de ganar tiempo. Tal vez simule incluso que está dispuesta a colaborar.

—Es cierto —dijo Thalia—. Luke la querrá viva.

—En tal caso —dijo el señor D—, me temo que deberá arreglárselas con su inteligencia y escapar por sus propios medios.

Me levanté airado de la mesa.

—Percy... —susurró Quirón, advirtiéndome. Yo ya sabía que con el señor D no podías meterte ni en broma. Aunque fueses un chico impulsivo aquejado de Trastorno Hiperactivo por Déficit de Atención (THDA) como yo, no te dejaba pasar ni una. Pero estaba tan furioso que me daba igual.

—Parece muy contento de haber perdido a otro campista —le dije—. ¡A usted le encantaría que desapareciéramos todos!

El señor D ahogó un bostezo.

—¿Tienes algún motivo para decir eso?

—Desde luego que sí —repliqué—. ¡Que lo enviasen aquí como castigo no significa que tenga que comportarse como un estúpido perezoso! Esta civilización también es la suya. Podría hacer un esfuerzo y ayudar un poco...

Durante un segundo se hizo el silencio absoluto, a excepción del crepitar del fuego. La luz se reflejaba en los ojos del señor D y le daba un aire siniestro. Abría la boca para decir algo (seguramente para soltar una maldición que me haría saltar en pedazos) cuando Nico irrumpió en el salón seguido de Grover.

—¡Qué pasada! —gritó señalando a Quirón—. ¡O sea, que eres un centauro!

Quirón logró esbozar una sonrisa nerviosa.

—Sí, señor Di Angelo, en efecto. Pero prefiero permanecer con mi forma humana, en esta silla de ruedas, al menos durante los primeros encuentros.

—¡Uau! —Nico miró al señor D—. ¿Y tú eres el tipo ese del vino? ¡Qué fuerte!

El señor D apartó los ojos de mí y le dirigió a Nico una mirada de odio.

—¿El tipo del vino?

—¿Dioniso, no? ¡Uau! Tengo tu figura.

—¿Mi figura?

—En mi juego *Mitomagia*. ¡También tengo tu cromo holográfico! ¡Y aunque sólo posees unos quinientos puntos de ataque y todo el mundo dice que tu cromo es el más flojo, a mí me parece que tus poderes molan un montón!

—Ah. —El señor D se había quedado estupefacto, perplejo de verdad, cosa que probablemente me salvó la vida—. Bueno... es gratificante saberlo.

—Percy —dijo Quirón rápidamente—, tú y Thalia ya podéis iros a las cabañas. Anunciad a todos los campistas que mañana por la noche jugaremos un partido de capturar-la-bandera.

—¿En serio? —pregunté—. Pero si no hay suficientes...

—Es una vieja tradición —repuso Quirón—. Un partido amistoso que se celebra siempre que nos visitan las cazadoras.

—Sí —musitó Thalia—. Muy amistoso, seguro.

Quirón señaló con la cabeza al señor D, que seguía escuchando con ceño las explicaciones de Nico sobre los puntos de defensa que los dioses tenían en su juego.

—Largaos ya —ordenó Quirón.

—Entendido. Venga, Percy —dijo Thalia, y me sacó de la Casa Grande antes de que Dioniso se acordase de que quería matarme.

—Ya tienes a Ares en tu contra —me recordó mientras caminábamos por la nieve hacia las cabañas—. ¿Es que quieres otro enemigo inmortal?

Thalia tenía razón. Durante mi primer verano en el campamento me había enredado en una trifulca con Ares, y desde entonces el dios de la guerra y todos sus hijos querían acabar conmigo. Así que no me hacía falta sacar de quicio también a Dioniso.

—Lo siento —dije—. No he podido evitarlo. Es demasiado injusto.

Se detuvo junto al arsenal y contempló la cima de la Colina Mestiza, al otro lado del valle. Su pino seguía allí, con el Vellocino de Oro reluciendo en la rama más baja. La magia del árbol continuaba protegiendo los límites del campamento, pero ya no extraía su poder del espíritu de Thalia.

—Percy, todo es injusto —murmuró—. A veces me gustaría...

No terminó la frase; su tono era tan triste que la compadecí. Con su pelo negro desgreñado y su ropa punk, además del viejo abrigo de algodón que se había echado sobre los hombros, parecía un cuervo enorme, completamente fuera de lugar en aquel paisaje tan blanco.

—Rescataremos a Annabeth —prometí—. Aunque todavía no sepa cómo.

—Primero supe que habíamos perdido a Luke —dijo ella con la mirada extraviada—. Y ahora también a Annabeth...

—No pienses así.

—Tienes razón —dijo, irguiéndose—. Encontraremos la manera.

En la pista de baloncesto, varias cazadoras tiraban unas canastas. Una de ellas discutía con un chico de la cabaña de Ares. El chico ya tenía la mano en el pomo de su espada y ella daba la impresión de estar a punto de dejar la pelota para agarrar su arco.

—Yo me encargo de separarlos —dijo Thalia—. Tú pásate por las cabañas y avisa a todos del partido de capturar-la-bandera.

—De acuerdo. Deberías ser tú la capitana.

—No, no. Tú llevas más tiempo en el campamento. Tienes que ser tú.

—Podríamos ser... co-capitanes o algo así.

La idea pareció gustarle tan poco como a mí, pero asintió.

Cuando ya se iba hacia la pista de baloncesto, le dije:

—Oye, Thalia.

—¿Qué?

—Siento lo ocurrido en Westover. Debí haberos esperado.

—No importa, Percy. Yo habría hecho lo mismo seguramente. —Desplazó su peso de un pie a otro, como dudando—. ¿Sabes?, el otro día me preguntaste por mi madre y te mandé a freír espárragos. Es que... la estuve buscando después de estos siete años y me enteré de que había muerto en Los Ángeles. Bebía mucho y hace dos años, al parecer, mientras conducía de noche... —Parpadeó y tragó saliva.

—Lo siento.

—Sí, bueno. No... no es que estuviésemos muy unidas. Yo me largué a los diez años de casa. Y los dos mejores años de mi vida fueron los que pasé con Luke y Annabeth yendo de un sitio para otro. Pero aun así...

—Por eso tenías problemas con el autobús solar.

Me miró, recelosa.

—¿Qué quieres decir?

—Que estabas toda rígida. Seguramente tenías presente a tu madre y no te apetecía ponerte al volante.

Enseguida me arrepentí de haberlo dicho. Su expresión se parecía peligrosamente a la que tenía Zeus la única vez que lo había visto enfurecerse. Como si en cualquier momento sus ojos fuesen a disparar un millón de voltios.

—Sí —murmuró—. Debe de haber sido eso.

Y se alejó lentamente hacia la pista, donde el chico de Ares y la cazadora estaban a punto de matarse con una espada y una pelota de baloncesto.

Las cabañas formaban la colección de edificios más estrafalaria que hayas visto en tu vida. La de Zeus y la de Hera, que eran las cabañas uno y dos, ambas con columnas blancas, se levantaban en el centro, flanqueadas por cinco cabañas de dioses a la izquierda y otras cinco de diosas a la derecha, de manera que entre todas dibujaban una U en torno a un prado verde con una barbacoa.

Las recorrí una a una, avisando a todo el mundo del partido del día siguiente. Encontré a un chico de Ares durmiendo la siesta y me dijo a gritos que me largara. Cuando le pregunté dónde andaba Clarisse, me respondió:

—Una operación de búsqueda de Quirón. ¡Alto secreto!

—Pero ¿está bien?

—No he tenido noticias desde hace un mes. Desaparecida en combate. Como te va a pasar a ti si no sales zumbando.

Decidí dejar que siguiera durmiendo.

Finalmente llegué a la cabaña tres, la de Poseidón: un edificio bajo y gris construido con rocas de mar llenas de caparazones y corales incrustados. Como siempre, en su interior no había nada, salvo mi camastro. Bueno, también había un cuerno de minotauro colgado en la pared junto a la almohada.

Saqué de mi mochila la gorra de béisbol de Annabeth y la dejé en la mesilla. Se la devolvería cuando la encontrase. Y la encontraría.

Me quité el reloj de pulsera y activé el escudo. Chirriando ruidosamente, se desplegó en espiral. Las espinas del doctor Espino habían abollado la superficie de bronce en una docena de puntos. Una de las hendiduras impedía que el escudo se abriera del todo, de manera que parecía una pizza sin un par de porciones. Las bellas imágenes que mi hermano había grabado estaban deformadas. Sobre el dibujo en que aparecíamos Annabeth y yo luchando con la Hidra, daba la impresión de que un meteorito hubiese abierto un cráter en mi cabeza. Colgué el escudo de su gancho, junto al cuerno de minotauro, pero ahora me resultaba doloroso mirarlo. Quizá Beckendorf, de la cabaña de Hefesto, fuese capaz de arreglármelo. Era el mejor herrero del campamento. Se lo pediría durante la cena.

Estaba contemplando aún el escudo cuando oí un ruido extraño, una especie de gorgoteo, y me di cuenta entonces de que había algo nuevo al fondo de la cabaña: una alberca de roca de mar con un surtidor esculpido en el centro que parecía una cabeza de pez. De su boca salía un chorro de agua salada, y debía de estar caliente porque, en aquel frío aire invernal, despedía vapor como una sauna. Servía para caldear toda la cabaña y la inundaba de aroma a mar.

Me acerqué. No había ninguna nota, claro, pero sabía que sólo podía ser un regalo de Poseidón.

Contemplé el agua y dije:

—Gracias, padre.

La superficie se rizó de ondas. Al fondo de la alberca distinguí el brillo de una docena de dracmas de oro. Entonces comprendí el sentido de aquella fuente. Era un recordatorio para que siguiese en contacto con mi familia.

Abrí la ventana más cercana y el sol invernal formó un arco iris con el vapor. Saqué una moneda del agua caliente.

—Iris, diosa del arco multicolor —dije—, acepta mi ofrenda.

Lancé la moneda a través del vapor y desapareció. Entonces advertí que no había decidido con quién hablar primero.

¿Con mi madre? Eso sería propio de un «buen hijo». Pero ella no estaría preocupada por mí. Ya se había acostumbrado a que desapareciera durante días e incluso durante semanas.

¿Con mi padre? Había pasado mucho, casi dos años, desde la última vez que hablé con él. Pero ¿era posible enviarle un mensaje Iris a un dios? Nunca lo había probado. ¿Les irritaría, les sacaría de quicio como una llamada de venta telefónica?

Titubeé y me decidí por fin.

—Muéstrame a Tyson —dije—. En las fraguas de los cíclopes.

La niebla tembló un instante y enseguida apareció la imagen de mi hermanastro. Estaba rodeado de fuego por todas partes, lo cual habría resultado alarmante si no hubiese sido un cíclope. Inclinado sobre el yunque, golpeaba con un martillo la hoja incandescente de una espada. Las chispas y las llamas se arremolinaban a su alrededor. Detrás de él, había una ventana con marco de mármol por la que solamente se veía agua azul oscuro: el fondo del océano.

—¡Tyson! —grité.

Al principio no me oyó a causa del estrépito del martillo y el fragor de las llamas.

—¡¡¡Tyson!!!

Se dio media vuelta y su único ojo se abrió de par en par mientras contraía el rostro en una sonrisa torcida.

—¡Percy!

Dejó caer la hoja de la espada y corrió hacia mí, tratando de abrazarme. La visión se emborronó y me eché hacia atrás instintivamente.

—Tyson, es un mensaje Iris. No estoy ahí de verdad.

—Ah. —Se situó otra vez en mi campo visual, un poco avergonzado—. Sí, ya lo sabía.

—¿Cómo estás? ¿Qué tal va el trabajo?

Su ojo se iluminó.

—¡Me encanta el trabajo! ¡Mira! —Recogió la hoja al rojo vivo con las manos desnudas—. ¡La he hecho yo!

—Es una pasada.

—He puesto mi nombre. Aquí.

—Impresionante. Escucha, ¿hablas mucho con papá?

Su sonrisa se desvaneció.

—No mucho. Está muy ocupado. Le preocupa la guerra.

—¿Qué quieres decir?

Tyson suspiró y sacó la hoja de la espada por la ventana, provocando una nube de burbujas. Cuando la metió dentro otra vez, el metal ya se había enfriado.

—Algunos antiguos espíritus del mar están dando problemas. Egeón. Océano. Esos tipos.

Sabía de qué hablaba, más o menos. Se refería a los inmortales que regían los mares en la época de los titanes, antes de que los olímpicos se impusieran. El hecho de que ahora reaparecieran, precisamente cuando Cronos, el señor de los titanes, y sus aliados iban recobrando fuerzas, era muy mala señal.

—¿Puedo hacer alguna cosa? —le pregunté.

Tyson meneó la cabeza tristemente.

—Estamos armando a las sirenas. Necesitan mil espadas más para mañana. —Miró la hoja que tenía en las manos y volvió a suspirar—. Los antiguos espíritus protegen al barco malo.

—¿El *Princesa Andrómeda*? —dije—. ¿El barco de Luke?

—Sí. Ellos lo vuelven más difícil de localizar. Lo protegen de las tormentas de papá. De no ser por ellos, ya lo habría aplastado.

—Eso estaría bien.

Tyson pareció animarse, como si se le hubiera ocurrido otra cosa.

—¿Y Annabeth? —preguntó—. ¿Está ahí?

—Bueno... —Sentí que el alma se me caía a los pies. Tyson creía que Annabeth era la cosa más guay de este mundo desde la invención de la mantequilla de cacahuete (que lo volvía loco), y a mí me faltaba valor para decirle que había desaparecido. Se pondría a llorar de tal modo que acabaría apagando la fragua—. No está aquí ahora mismo.

—¡Dile hola de mi parte! —Sonrió de oreja a oreja—. ¡Hola, Annabeth!

—Está bien —dije, tragándome el nudo que se me había hecho en la garganta—. Así lo haré.

—Y no te preocupes por el barco malo. Se está alejando.

—¿Qué quieres decir?

—¡El canal de Panamá! Eso está muy lejos.

Arrugué el entrecejo. ¿Por qué habría llevado Luke su crucero infestado de demonios hasta allá abajo? La última vez que lo vimos iba bordeando la costa Este mientras reclutaba mestizos y entrenaba a su monstruoso ejército.

—Bien —respondí, aunque no me había tranquilizado—. Es una buena noticia, imagino.

En el interior de la fragua resonó el bramido de una voz ronca que no logré identificar. Tyson dio un paso atrás.

—He de volver al trabajo. Si no, el jefe se pondrá furioso. ¡Buena suerte, hermano!

—Bueno. Dile a papá...

Antes de que pudiera terminar, la visión tembló y empezó a desvanecerse. Me encontré otra vez en mi cabaña, ahora más solo que nunca.

Durante la cena me sentí abatido. Es decir, la comida era excelente, como siempre. Un menú a base de barbacoa, pizza y soda a discreción nunca falla. Las antorchas y los braseros mantenían caldeado el pabellón, situado a la intemperie. Pero teníamos que sentarnos con nuestros compañeros de cabaña, lo cual significaba que yo estaba solo en la mesa de Poseidón y Thalia estaba sola en la de Zeus, pero no podíamos sentarnos juntos. Normas del campamento. Al menos, las cabañas de Hefesto, Ares y Hermes contaban con unos cuantos campistas. Nico se había sentado con los hermanos Stoll, porque los nuevos tenían que quedarse en la cabaña de Hermes mientras no se supiera quiénes eran sus progenitores olímpicos. Los Stoll intentaban convencer a Nico de que el póquer era más divertido que la *Mitomagia*, y recé por que no tuviese ningún dinero que perder.

La única mesa donde parecían pasárselo bien era la de Artemisa. Las cazadoras bebían y comían y no paraban de reírse como una familia feliz. Zoë ocupaba la cabecera, con aires de mamá clueca. Ella no se reía tanto como las demás, pero sonreía de vez en cuando. Su diadema plateada de lugarteniente relucía entre sus trenzas oscuras.

Me parecía mucho más guapa cuando sonreía. Bianca daba la impresión de divertirse muchísimo. Se había empeñado en aprender a echar un pulso con una de las cazadoras, la que se había peleado en la pista de baloncesto con un chico de Ares. La otra la derrotaba una y otra vez, pero a ella no parecía importarle.

Cuando terminamos de comer, Quirón hizo el brindis habitual dedicado a los dioses y dio la bienvenida formal a las cazadoras de Artemisa. Los aplausos que sonaron no parecían muy entusiastas. Luego anunció el partido de capturar-la-bandera que se celebraría en su honor al día siguiente por la noche, lo cual tuvo una acogida mucho más calurosa.

Después desfilamos hacia las cabañas. En invierno se apagaban las luces muy temprano. Yo estaba exhausto y me quedé dormido enseguida. Ésa fue la parte buena. La mala fue que tuve una pesadilla. E incluso para lo que yo estaba acostumbrado, era una pesadilla de campeonato.

Annabeth estaba en una oscura ladera cubierta de niebla. Parecía casi el inframundo, porque yo sentía claustrofobia en el acto. No veía el cielo sobre mi cabeza: sólo una pesada oscuridad, como si estuviese en el interior de una cueva.

Annabeth subía trabajosamente la colina. Había antiguas columnas griegas de mármol esparcidas aquí y allá, como si un enorme edificio hubiese saltado por los aires.

—Espino —gritaba Annabeth—. ¿Dónde estás? ¿Para qué me has traído aquí?

Cruzaba un muro en ruinas y llegaba a la cima.

Jadeaba.

Y allí estaba Luke. Sufriendo tremendos dolores.

Se había desplomado en el suelo de roca y trataba de incorporarse. La negrura a su alrededor parecía más espesa, como un remolino de niebla girando ávidamente. Tenía la ropa hecha jirones y la cara llena de rasguños y empapada de sudor.

—¡Annabeth! —gritaba—. ¡Ayúdame! ¡Por favor!

Ella corría a socorrerlo.

Yo quería gritar: «¡Es un traidor! ¡No te fíes de él!»
Pero mi voz no sonaba en el sueño.

Annabeth tenía lágrimas en los ojos. Extendía la mano, como si quisiera acariciarle la cara, pero en el último segundo vacilaba.

—¿Qué ha pasado? —le preguntaba a Luke.

—Me han dejado aquí —gemía él—. Por favor. Me está matando.

Yo no acababa de ver qué le ocurría. Parecía forcejear con una maldición invisible, como si la niebla estuviera estrangulándolo.

—¿Por qué habría de confiar en ti? —le preguntaba Annabeth con voz dolida.

—No tienes motivos para hacerlo —respondía Luke—. Me he portado horriblemente contigo. Pero si no me ayudas, moriré.

«Déjalo morir», quería chillar yo. Luke había tratado de matarnos a sangre fría demasiadas veces. No se merecía nada, ni la menor ayuda de Annabeth.

Entonces la oscuridad que se cernía sobre él empezaba a desmoronarse, como el techo de una cueva durante un terremoto. Caían trozos enormes de roca. Annabeth se adelantaba justo cuando se abría una grieta y se venía abajo el techo entero. Y lograba sostenerlo, no sé cómo. Impedía con sus propias fuerzas que todas aquellas toneladas de roca se derrumbaran sobre ambos. Era increíble. Ella no habría sido capaz de hacer algo así.

Luke rodaba, libre de todo aquel peso.

—Gracias —lograba decir, jadeando.

—Ayúdame a sostenerlo —gemía Annabeth.

Él recobraba el aliento. Tenía la cara cubierta de mugre y sudor. Se levantaba, tambaleante.

—Sabía que podía contar contigo —decía, y echaba a caminar mientras la bóveda temblorosa amenazaba con aplastar a Annabeth.

—¡¡¡Ayúdame!!!

—No te preocupes —decía Luke—. Tu ayuda está en camino. Todo entra dentro del plan. Entretanto, procura no morirte.

El techo de oscuridad empezaba a desmoronarse otra vez, oprimiéndola contra el suelo.

Me erguí de golpe en la cama, con las uñas clavadas en las sábanas. No se oía nada, salvo el gorgoteo de la fuente de agua salada. Era un poco más tarde de medianoche, según el reloj de mi mesilla.

Sólo había sido un sueño, sí, pero yo tenía dos cosas muy claras: que Annabeth corría un espantoso peligro y que Luke era el culpable.

6

Una vieja amiga muerta nos visita

A la mañana siguiente, después de desayunar, le conté mi sueño a Grover. Nos habíamos sentado en un prado nevado y mirábamos cómo los sátiros perseguían a las ninfas. Ellas habían prometido besarlos si las atrapaban, cosa que difícilmente ocurría, porque las ninfas dejaban que los sátiros se pusieran a cien y, en el último momento, se convertían en árboles cubiertos de nieve. Y ellos, claro, se iban de cabeza contra los troncos y se ganaban, además, el montón de nieve que se les venía encima con la sacudida.

Cuando le conté mi pesadilla, Grover empezó a retorcerse con los dedos el pelaje de la pierna.

—¿El techo de la cueva se desmoronó sobre ella?

—Exacto. ¿Qué narices crees que significa?

Meneó la cabeza.

—No lo sé. Pero después de lo que Zoë ha soñado...

—¿Cómo? ¿Zoë ha tenido un sueño parecido?

—No... no lo sé con exactitud. Hacia las tres de la mañana se presentó en la Casa Grande diciendo que quería hablar con Quirón. Parecía muerta de pánico.

—Un momento... ¿Y tú cómo lo sabes?

Grover se sonrojó.

—Yo había, esto... acampado cerca de la cabaña de Artemisa.

—¿Para qué?

—Pues... para estar cerca de ellas.

—Eres un vulgar acosador con pezuñas.

—¡No es cierto! Bueno, el caso es que la seguí hasta la Casa Grande, me escondí tras un matorral y desde allí lo vi todo. Ella se enfadó muchísimo cuando Argos no la dejó pasar. Fue bastante violento.

Intenté imaginarme la escena. Argos era el jefe de seguridad del campamento: un tipo grandote y rubio, con ojos diseminados por todo el cuerpo. Raramente se dejaba ver, a menos que sucediera algo muy grave. No me habría atrevido a apostar en una pelea entre Argos y Zoë.

—¿Qué dijo ella? —pregunté.

Grover hizo una mueca.

—Bueno, cuando se enfada se pone a hablar de esa manera anticuada y no resulta fácil entenderla. Pero era algo así como que Artemisa estaba en un aprieto y que necesitaba a las cazadoras. Luego le espetó a Argos que era un patán sin seso... Creo que es un insulto. Y él llamó...

—¡Uf!, espera. ¿Cómo va a estar Artemisa en un aprieto?

—Eh... Bueno, finalmente apareció Quirón en pijama y con la cola llena de rulos...

—¿Se pone rulos en la cola?

Grover se tapó la boca.

—Perdón. Continúa.

—Bueno, Zoë le dijo que necesitaba su permiso para salir del campamento de inmediato. Pero Quirón se negó. Le recordó a Zoë que las cazadoras debían quedarse hasta recibir órdenes de Artemisa. Y ella respondió... —Grover tragó saliva—. Dijo: «¿Cómo vamos a recibir órdenes de Artemisa si se ha perdido?»

—¿Qué significa eso de «perdido»? ¿Que no encuentra el camino?

—No. Supongo que se refería a que ha desaparecido. Que se la han llevado. Que la han raptado.

—¿Raptado? —Intenté asimilar la idea—. ¿Cómo van a raptar a una diosa inmortal? ¿Es eso posible?

—Bueno, sí. Le pasó a Perséfone.

—Ya, pero ella era algo así como la diosa de las flores...

Grover me miró ofendido.

—De la primavera.

—Vale, como quieras, pero Artemisa es muchísimo más poderosa. ¿Quién sería capaz de raptarla? ¿Y por qué?

Grover meneó la cabeza con pesadumbre.

—No lo sé. ¿Cronos?

—No puede ser tan poderoso aún. ¿O sí?

La última vez que habíamos visto a Cronos, estaba hecho añicos. Bueno... verlo, lo que se dice verlo, no lo habíamos visto exactamente. Miles de años atrás, después de la guerra entre dioses y titanes, los dioses lo cortaron en pedacitos con su propia guadaña y diseminaron los restos por el Tártaro, que viene a ser un cubo de reciclaje sin fondo que tienen los dioses para sus enemigos. Hacía dos veranos, Cronos nos había atraído con engaños hasta el borde de ese abismo y poco faltó para que nos empujara al vacío. Finalmente, el verano pasado, vimos en el crucero infernal de Luke un gran ataúd dorado. En su interior, según nos dijo Luke, estaban rescatando poco a poco del abismo al señor de los Titanes: cada vez que alguien se unía a su causa, se añadía un pedacito más a su cuerpo. Cronos ya podía influir y engañar a la gente a través de los sueños, pero no lograba imaginar cómo iba a secuestrar a Artemisa si todavía era un montón maligno de detritus.

—No lo sé —dijo Grover—. Creo que se sabría si Cronos estuviera recuperado por completo. Los dioses estarían mucho más nerviosos. Pero, aun así, es raro que tú hayas tenido una pesadilla la misma noche que Zoë. Es casi como si...

Terminé la frase antes que él:

—Estuvieran relacionadas.

En medio del prado helado, un sátiro empezó a derrapar sobre sus pezuñas detrás de una ninfa pelirroja. Ella soltó una risita, abrió los brazos y ¡plop!, se convirtió en un pino cuyo duro tronco fue a besar el sátiro a toda velocidad.

—¡Ah, el amor! —gimió Grover con expresión soñadora.

Yo pensaba en la pesadilla de Zoë, soñada sólo unas horas más tarde que la mía.

—Tengo que hablar con ella —dije.

—Antes de que lo hagas... —Grover sacó algo del bolsillo de su abrigo. Era un tríptico, como un folleto de viajes—. ¿Recuerdas lo que dijiste, que era raro que las cazadoras se hubieran presentado sin más en Westover Hall? Creo que tal vez estaban siguiéndonos.

—¿Siguiéndonos? ¿Qué quieres decir?

Me dio el folleto. Era sobre las cazadoras de Artemisa. El titular de la tapa rezaba: «¡UNA SABIA DECISIÓN PARA TU FUTURO!» En el interior se veían fotografías de jóvenes doncellas en plena cacería, persiguiendo monstruos y disparando flechas. En los pies de foto se leían cosas como: «¡BENEFICIOS PARA LA SALUD: LA INMORTALIDAD, CON TODAS SUS VENTAJAS!» O bien: «¡UN FUTURO LIBRE DE PESADOS MOSCONES!»

—Lo encontré en la mochila de Annabeth —aclaró Grover.

Lo miré fijamente.

—No te entiendo.

—Bueno, a mí me parece que... quizá Annabeth estaba pensando en unirse a ellas.

Me gustaría decir que me tomé bien aquella noticia.

Pero la verdad es que me entraron ganas de estrangular a las cazadoras de Artemisa: una doncella eterna tras otra.

Intenté mantenerme ocupado el resto del día, aunque me sentía muy angustiado por Annabeth. Asistí a una clase de lanzamiento de jabalina, pero el campista de Ares que se encargaba de darla me sacó de allí enfurecido cuando me distraje y lancé la jabalina antes de que él pudiese apartarse. Me disculpé por el agujero que le hice en los pantalones, pero el tipo me mandó igualmente a freír espárragos.

También visité los establos de los pegasos, pero me encontré a Silena Beauregard, de la cabaña de Afrodita, discutiendo con una de las cazadoras y pensé que era mejor no meterse.

Luego fui a sentarme en la tribuna de la pista de carreras de carros y me quedé allí, enfurruñado. En los campos de tiro al arco, Quirón estaba dirigiendo las prácticas de puntería. Yo sabía que él era la persona más indicada para hablar. Quizá pudiera darme algún consejo. Sin embargo, algo me frenaba. Tenía la sensación de que Quirón intentaría protegerme, como de costumbre, y de que no me contaría todo lo que sabía.

Miré en otra dirección. En la cima de la Colina Mestiza, el señor D y Argos le daban su pitanza al dragón bebé que vigilaba el Vellocino de Oro.

Y entonces se me ocurrió: en la Casa Grande no habría nadie en ese momento, pero sí había allí una cosa a la que podía recurrir para orientarme.

La sangre me zumbaba en los oídos cuando entré corriendo en la casa y subí las escaleras. Sólo había hecho aquello una vez en mi vida, y aún me provocaba pesadillas. Abrí la trampilla y entré en el desván.

Estaba oscuro, polvoriento y atestado de trastos, como la otra vez. Había escudos mutilados por mordiscos de tamaño monstruoso, y espadas dobladas de tal modo que parecían cabezas de demonios. También un montón de animales disecados, entre ellos una arpía y una pitón naranja.

Junto a la ventana, en un taburete de tres patas, estaba la momia apergaminada de una vieja dama, con un vestido hippie teñido. El Oráculo.

Me obligué a acercarme y aguardé a que saliera de su boca la ondulante niebla verde de la otra vez. Pero nada sucedió.

—Hola —dije—. Eh... ¿cómo van las cosas?

Hice una mueca ante la estupidez de mi pregunta. Si estás muerto y arrumbado en el desván, las cosas no te «van» ni bien ni mal. Pero yo sabía que el espíritu del Oráculo estaba allí. Percibía una fría presencia en la habitación, como una serpiente enroscada y dormida.

—Tengo una pregunta —proseguí un poco más alto—. Sobre Annabeth. ¿Cómo puedo salvarla?

Nada. Un rayo de sol oblicuo se colaba por la sucia ventana, iluminando las motas de polvo que bailaban en el aire.

Aguardé un poco más, hasta que al final me harté. Me estaba vacilando un cadáver.

—Muy bien —dije—. Ya lo averiguaré por mi cuenta.

Di media vuelta y tropecé con una mesa alargada llena de recuerdos. Parecía incluso más atiborrada que la vez anterior. Los héroes almacenaban los objetos más variopintos en aquel desván. Trofeos que ya no querían conservar en sus cabañas, trastos que les traían malos recuerdos... Yo sabía que Luke había dejado allí arriba la garra de un dragón: la que le había marcado la cara. Vi la empuñadura rota de una espada con el rótulo: «Cuando se rompió, mataron a Leroy. 1999.»

Entonces me fijé en un chal de seda rosa con una etiqueta. La recogí y traté de leerla.

BUFANDA DE LA DIOSA AFRODITA
Recuperada en Waterland, Denver, Co.,
por Annabeth Chase y Percy Jackson

Contemplé aquel chal. Lo había olvidado por completo. Dos años atrás, Annabeth me lo había quitado de las manos, diciéndome algo como: «Ah, no. ¡Apártate de esa magia de amor!»

Yo creía que lo habría tirado, pero estaba allí. ¿Lo había conservado todo este tiempo? ¿Y por qué lo había guardado en el desván?

Me volví hacia la momia. No se había movido, pero las sombras le dibujaban una sonrisa espantosa.

Dejé caer el pañuelo y procuré no salir corriendo.

Aquella noche, después de cenar, estaba resuelto a derrotar a las cazadoras en la captura de la bandera. Iba a ser un partido muy reducido: sólo trece cazadoras, incluyendo a Bianca di Angelo, y más o menos el mismo número de campistas.

Zoë Belladona parecía muy contrariada. No paraba de mirar a Quirón con rencor, como si no pudiera creer que la hubiera obligado a quedarse y participar en aquel juego. A las demás cazadoras tampoco se las veía muy contentas. Ya no se reían ni bromeaban como la noche anterior. Ahora se apiñaban en el pabellón y susurraban entre ellas mientras se ajustaban las armaduras. Daba la impresión de que algunas habían estado llorando. Supongo que Zoë les habría contado su pesadilla.

Nosotros teníamos en nuestro equipo a Beckendorf y a otros dos chicos de Hefesto, a unos cuantos integrantes de la cabaña de Ares (seguía extrañándome que Clarisse no apareciera), a los hermanos Stoll y a Nico, de la cabaña de Hermes, y a varios chicos y chicas de Afrodita. Era curioso que la cabaña de Afrodita se prestase a jugar. Ellas habitualmente se mantenían al margen, charlando y contemplando su reflejo en el río. Pero en cuanto se enteraron de que íbamos a enfrentarnos con las cazadoras, se apuntaron con unas ganas enormes.

—Ya les enseñaré yo si «el amor no vale la pena» —refunfuñaba Silena Beauregard mientras se colocaba su armadura—. ¡Las voy a pulverizar!

Y finalmente, estábamos Thalia y yo.

—Yo me encargo del ataque —propuso ella—. Tú ocúpate de la defensa.

—Eh... —Titubeé, porque había estado a punto de decir exactamente lo mismo, sólo que al revés—. ¿No te parece que con tu escudo estarías mejor defendiendo?

Thalia ya tenía la *Égida* en el brazo, y hasta nuestros propios compañeros mantenían las distancias y procuraban no encogerse de miedo ante la cabeza de la Medusa.

—Bueno, justamente estaba pensando que el escudo servirá para reforzar el ataque —respondió ella—. Además, tú tienes más práctica en la defensa.

No sabía si me tomaba el pelo o no. Yo más bien había tenido experiencias desagradables jugando de defensa. En mi primer año, Annabeth me había utilizado como cebo para despistar al equipo contrario y poco había faltado para que me despedazaran a lanzazos y me devorara un perro del infierno.

—Vale, es cierto —mentí.

—Genial.

Thalia se puso a ayudar a las chicas de Afrodita, pues algunas tenían problemas para ponerse la armadura sin estropearse las uñas. Nico di Angelo se me acercó esbozando una ancha sonrisa.

—¡Esto es una pasada, Percy! —El casco de bronce, con un penacho de plumas azules en lo alto, casi le tapaba los ojos, y su peto debía de ser unas seis tallas grande. Me pregunté si yo también habría tenido un aspecto tan ridículo cuando llegué al campamento. Seguramente sí.

Nico alzó su espada con esfuerzo.

—¿Podemos matar a los del otro equipo?

—Eh... no.

—Pero las cazadoras son inmortales, ¿verdad?

—Sólo si no caen en combate. Además...

—Sería genial que resucitáramos en cuanto nos mataran y pudiéramos seguir peleando...

—Nico, esto va en serio. Son espadas reales. Y pueden hacer mucho daño.

Me miró, un poco defraudado, y me di cuenta de que acababa de hablar como mi madre. Grrr. Mala señal.

Le di unas palmaditas.

—Ya verás, será fantástico. Tú limítate a seguir al equipo. Y mantente alejado de Zoë. Nos lo pasaremos bomba.

Los cascos de Quirón resonaron en el suelo del pabellón.

—¡Héroes! —llamó—. Ya conocéis las reglas. El arroyo es la línea divisoria. El equipo azul, del Campamento Mestizo, ocupará el bosque del oeste. El equipo rojo, de las cazadoras de Artemisa, el bosque del este. Yo ejerceré de árbitro y médico de campaña. Nada de mutilaciones, por favor. Están permitidos todos los artilugios mágicos. ¡A vuestros puestos!

—Estupendo —me susurró Nico—. ¿Qué tipo de artilugios mágicos? ¿Yo tengo alguno?

Estaba a punto de confesarle que no, cuando Thalia gritó:

—¡Equipo azul! ¡Seguidme!

Todos estallaron en vítores y la siguieron. Tuve que apresurarme para darles alcance y tropecé con el escudo de otro chico. En resumen: no parecía demasiado un co-capitán. Más bien un idiota.

Situamos nuestra bandera en lo alto del Puño de Zeus: un grupo de rocas en mitad de los bosques del oeste que, visto desde cierto ángulo, parece un gigantesco puño surgido de las entrañas de la tierra. Si lo miras por el otro lado, parece un montón de excrementos de ciervo, pero Quirón no nos habría permitido que lo llamásemos Montón de Mierda, sobre todo después de haber sido bautizado ya con el nombre de Zeus, que no tiene demasiado sentido del humor.

En todo caso, era un buen lugar para situar la bandera. La roca más alta tenía seis metros y era bastante difícil de escalar, de manera que la bandera quedaba bien visible, tal como establecía el reglamento, sin que importara demasiado que los centinelas no pudieran permanecer a menos de diez metros de ella.

Puse a Nico de guardia con Beckendorf y los hermanos Stoll, pensando que así quedaría a salvo y al margen de la trifulca.

—Vamos a enviar un señuelo hacia la izquierda —dijo Thalia a todo el equipo—. Silena, tú lo encabezarás.

—¡Entendido!

—Llévate a Laurel y Jason. Son buenos corredores. Describe un arco bien amplio en torno a las cazadoras. Atrae a todas las que puedas. Yo daré un rodeo por la derecha con el grupo de asalto y las pillaré por sorpresa.

Todos asintieron. Parecía un buen plan, y Thalia lo había explicado con tanta confianza que era fácil creer que funcionaría.

Ella me miró.

—¿Algo que añadir, Percy?

—Eh, sí. Ojo avizor en la defensa. Tenemos cuatro centinelas y dos exploradores. No es mucho para un bosque tan grande. Yo iré cambiando de posición. Gritad si necesitáis ayuda.

—¡Y no abandonéis vuestros puestos!

—Salvo que veáis una ocasión de oro —añadí.

Thalia frunció el entrecejo.

—No abandonéis vuestros puestos, ¿vale?

—Exacto. Salvo...

—¡Percy! —Me puso la mano en el brazo y recibí una buena descarga. En invierno cualquiera puede transmitir electricidad estática, pero si lo hace Thalia duele un rato, lo aseguro. Imagino que tendrá que ver con el hecho de que su padre sea el dios del rayo. He oído que ha llegado a freírle las cejas a más de uno—. Perdón —se disculpó enseguida, aunque no parecía muy arrepentida—. Bueno, ¿todo el mundo lo ha entendido?

Todos asintieron. Nos fuimos dispersando en pequeños grupos. Sonó la caracola y empezó el juego.

El grupo de Silena desapareció por la izquierda. El de Thalia le dio unos segundos de ventaja y se lanzó hacia la derecha.

Yo aguardé a que ocurriese algo. Trepé hasta lo alto del Puño de Zeus para disponer de una buena vista del bosque. Recordaba cómo habían surgido las cazadoras sin más la otra ocasión, mientras luchábamos con la mantícora, y me esperaba un ataque relámpago parecido: una carga por sorpresa pensada para arrollarnos. Pero no pasaba nada.

Divisé un instante a Silena y sus dos exploradores. Cruzaron corriendo un claro, seguidos por cinco cazadoras, y se internaron en el bosque con el fin de alejarlas lo máximo posible de Thalia. El plan parecía funcionar. Luego vi a otro pelotón de cazadoras que se dirigían hacia el este con sus arcos en ristre. Debían de haber localizado a Thalia.

—¿Qué ocurre? —me preguntó Nico mientras intentaba encaramarse a mi lado.

Mi mente funcionaba a cien por hora. Thalia no lograría abrirse paso, pero las cazadoras estaban divididas. Y con tantas de ellas destinadas a cubrir los flancos, habrían dejado el centro desguarnecido y muy expuesto. Si me movía deprisa...

Miré a Beckendorf.

—¿Podéis sostener la posición vosotros solos?

Beckendorf soltó un bufido.

—Pues claro.

—Entonces voy a buscarla.

Los hermanos Stoll y Nico me lanzaron vítores mientras yo salía disparado hacia la línea divisoria.

Corría a toda velocidad y me sentía fenomenal. Salté el arroyo y entré en territorio enemigo. Ya veía su bandera plateada un poco más adelante, con una sola cazadora de guardia que ni siquiera miraba en mi dirección. Oí ruido de lucha a derecha e izquierda, en el espesor del bosque. ¡Estaba hecho!

La cazadora se volvió en el último momento. Era Bianca di Angelo. Abrió los ojos de par en par justo cuando ya me abalanzaba sobre ella y la derribaba sobre la nieve.

—¡Lo siento! —grité. Arranqué del árbol la bandera de seda plateada y eché a correr otra vez.

Me había alejado diez metros cuando Bianca acertó a pedir socorro. Creía que estaba salvado.

¡Flip! Una cuerda plateada se coló entre mis tobillos y fue a enrollarse en el árbol de al lado. ¡Una trampa disparada con arco! Antes de que pudiera pensar siquiera en detenerme, caí de bruces sobre la nieve.

—¡Percy! —chilló Thalia desde la izquierda—. ¿Qué demonios estás haciendo?

No llegó a alcanzarme, porque justo entonces estalló una flecha a sus pies y una nube de humo amarillo se enroscó alrededor de su equipo. Todos empezaron a toser y sufrir arcadas. A mí me llegaba el olor del gas: una peste espantosa a sulfuro.

—¡No es justo! —jadeó Thalia—. ¡Las flechas pestilentes son antideportivas!

Me incorporé y eché a correr otra vez. Unos metros más hasta el arroyo y me alzaría con la victoria. Varias flechas me silbaron en los oídos. Una cazadora surgió como por ensalmo y me lanzó un tajo con su cuchillo, pero yo lo esquivé y seguí corriendo.

Oí gritos desde nuestro lado, más allá del arroyo. Beckendorf y Nico venían hacia mí disparados. Primero creí que habían salido a darme la bienvenida, pero luego comprendí que perseguían a alguien: a Zoë Belladona, que volaba hacia mí con una agilidad de chimpancé, esquivando a todos los campistas que le salían al paso. Y sujetaba nuestra bandera.

—¡No! —grité, y aceleré todavía más.

Estaba sólo a medio metro del agua cuando ella cruzó de un salto al lado que le correspondía y se me echó encima por si acaso. Las cazadoras estallaron en vítores mientras todos acudían al arroyo. Quirón surgió de la espesura con aire ceñudo. Llevaba sobre su lomo a los hermanos Stoll, que parecían haber recibido varios golpes muy fuertes en la cabeza. Connor Stoll tenía dos flechas en el casco que sobresalían como un par de antenas.

—¡Las cazadoras ganan! —anunció Quirón sin ninguna alegría. Y añadió entre dientes—: Por quincuagésima sexta vez seguida.

—¡Perseus Jackson! —chilló Thalia, acercándose. Olía a huevos podridos y estaba tan furiosa que saltaban chispas de su armadura. Todo el mundo se encogía y retrocedía ante la visión de la *Égida*. Yo tuve que emplear toda mi fuerza de voluntad para no arrugarme.

—En nombre de todos los dioses, ¿en qué estabas pensando? —bramó.

Apreté los puños. Ya había tenido bastante mal rollo aquel día. No necesitaba más.

—¡He capturado la bandera, Thalia! —La agité ante su rostro—. He visto una ocasión y la he aprovechado.

—¡Yo había llegado a su base! —me gritó a todo pulmón—. Pero su bandera había desaparecido. Si no te hubieses metido, habríamos ganado.

—¡Tenías a demasiadas cazadoras encima!

—Ah, ¿así que es culpa mía?

—Yo no he dicho eso.

—¡Argggg! —Me dio un empujón y recibí una descarga tan intensa que me lanzó tres metros más allá, directo al centro del arroyo.

Varios campistas ahogaron un grito y un par de cazadoras contuvieron la risa.

—¡Perdona! —se disculpó Thalia, palideciendo—. No pretendía...

Sentí la cólera rugiendo en mi interior, y de repente surgió una ola del arroyo y fue a estrellarse en la cara de Thalia, que quedó empapada de pies a cabeza.

—Ya —refunfuñé mientras me ponía en pie—. Yo tampoco quería...

Thalia jadeaba de rabia.

—¡Ya basta! —terció Quirón.

Pero ella blandió su lanza.

—¿Quieres un poco, sesos de alga?

Que Annabeth me llamase a veces así estaba bien, o al menos ya me había acostumbrado, pero oírselo decir a Thalia no me sentó nada bien.

—¡Venga, tráela para aquí, cara de pino!

Alcé mi espada, pero antes de que pudiera defenderme, Thalia dio un grito y al instante cayó un rayo del cielo que chisporroteó en su lanza, como si fuese un pararrayos, y me golpeó directamente en el pecho.

Me desmoroné con estrépito. Noté olor a quemado y tuve la sensación de que era mi ropa.

—¡Thalia! —rugió Quirón—. ¡Ya basta!

Me levanté y ordené al arroyo entero que se alzase. Cientos de litros de agua se arremolinaron para formar un enorme embudo helado.

—¡Percy! —suplicó Quirón.

Estaba a punto de arrojárselo encima a Thalia cuando vi algo en el bosque. Mi cólera y mi concentración se disolvieron al instante, y el agua cayó chorreando en el lecho del arroyo. Thalia se quedó tan pasmada que se volvió para ver qué estaba mirando.

Alguien... algo se aproximaba. Una turbia niebla verdosa impedía ver de qué se trataba, pero cuando se acercó un poco más, todos los presentes —campistas y cazadoras por igual— ahogamos un grito.

—No es posible —murmuró Quirón. Nunca lo había visto tan impresionado—. Jamás había salido del desván. Jamás.

Tal vez no. Sin embargo, la momia apergaminada que encarnaba al Oráculo avanzó arrastrando los pies hasta situarse en el centro del grupo. La niebla culebreaba en torno a sus pies, confiriéndole a la nieve un repulsivo tono verdoso.

Nadie se atrevió a mover ni una ceja. Entonces su voz siseó en el interior de mi cabeza. Los demás podían oírla también, por lo visto, porque muchos se taparon los oídos. «Soy el espíritu de Delfos —dijo la voz—. Portavoz de las profecías de Apolo Febo, que mató a la poderosa Pitón.» El Oráculo me observó con sus ojos muertos. Luego se volvió hacia Zoë Belladona.

«Acércate, tú que buscas, y pregunta.»

Zoë tragó saliva.

—¿Qué debo hacer para ayudar a mi diosa?

La boca del Oráculo se abrió y dejó escapar un hilo de niebla verde. Vi la vaga imagen de una montaña, y a una chica en su áspera cima. Era Artemisa, pero cargada de cadenas y sujeta a las rocas con grilletes. Permanecía de rodillas con las manos alzadas, como defendiéndose de un atacante, y parecía sufrir un gran dolor. El Oráculo habló:

Cinco buscarán en el oeste a la diosa encadenada,
uno se perderá en la tierra sin lluvia,
el azote del Olimpo muestra la senda,
campistas y cazadoras prevalecen unidos,
a la maldición del titán uno resistirá,
y uno perecerá por mano paterna.

En medio de un silencio sepulcral, la niebla verde se replegó, retorciéndose como una serpiente, y desapareció por la boca de la momia. El Oráculo se sentó en una roca y se quedó tan inmóvil como en el desván. Como si fuera a quedarse junto al arroyo cien años.

7

Todos me odian, salvo el caballo

Lo mínimo que podía haber hecho la momia era volver andando al desván por su cuenta. Pero no. Nos tocó a Grover y a mí llevarla de vuelta. Y no creo que fuera por nuestra popularidad precisamente.

—¡Cuidado con la cabeza! —me advirtió Grover mientras subíamos las escaleras.

Demasiado tarde...

¡Paf! Le di un trompazo al rostro momificado contra el marco de la trampilla y se levantó una nube de polvo.

—¡Vaya, hombre! —La dejé en el suelo y miré a ver si había desperfectos—. ¿He roto algo?

—No sabría decirte —repuso Grover encogiéndose de hombros.

Volvimos a levantarla y la colocamos en su taburete, los dos sudando y resoplando. ¿Quién habría dicho que una momia podía pesar tanto?

En vista de lo ocurrido, parecía evidente que el Oráculo no iba a hablarme. Aun así, sentí un gran alivio cuando salimos del desván y cerramos la trampilla de un portazo.

—Menudo asco, chico —dijo Grover.

Intentaba tomarse las cosas a la ligera para animarme, pero no obstante me sentía muy abatido. Todo el mundo debía de estar indignado conmigo por haber perdido frente a las cazadoras. Y además, estaba el asunto de la nueva profecía del Oráculo. Era como si el espíritu de Delfos hubiese querido excluirme expresamente. No había

89

hecho ni caso de mi pregunta y, en cambio, se había tomado la molestia de caminar un kilómetro para hablarle a Zoë. Por si fuera poco, no había dicho nada de Annabeth; ni siquiera nos había dado una pista.

—¿Qué crees que decidirá Quirón? —le pregunté a Grover.

—Ya me gustaría saberlo. —Desde la ventana del segundo piso, miró ensimismado las colinas ondulantes cubiertas de nieve—. Ojalá estuviese ahí fuera.

—¿Buscando a Annabeth?

Tardó un segundo en asimilar mi pregunta. Y entonces se sonrojó.

—Claro, sí. Eso también. Desde luego.

—¿Por qué? —pregunté—. ¿En qué estabas pensando?

Pateó el suelo con sus pezuñas.

—En una cosa que dijo la mantícora. Eso del Gran Despertar. No puedo dejar de preguntarme... Si todos esos antiguos poderes están despertando, quizá no todos sean malos.

—Te refieres a Pan.

Me sentí un poco estúpido: había olvidado por completo la gran ambición de Grover. El dios de la naturaleza había desaparecido hacía dos mil años. Se rumoreaba que había muerto, pero los sátiros no lo creían y estaban decididos a encontrarlo. Llevaban siglos buscando en vano, y Grover estaba convencido de que sería él quien lo lograse. Este año, como Quirón había puesto a todos los sátiros en alerta roja para rastrear mestizos, Grover no había podido continuar su búsqueda. Y eso debía de tenerlo loco.

—He dejado que se enfríe el rastro —dijo—. Siento una inquietud permanente, como si me estuviera perdiendo algo importante. Él está ahí fuera, en alguna parte. Lo presiento.

Yo no sabía qué decir. Me habría gustado animarlo, pero no sabía cómo. Mi propio optimismo había quedado pisoteado en la nieve del bosque, junto con nuestras esperanzas de capturar la bandera y salir victoriosos.

Antes de que pudiera responder, Thalia subió las escaleras con gran estrépito. Ahora, oficialmente no me hablaba, pero miró a Grover y le dijo:

—Dile a Percy que mueva el culo y baje ya.

—¿Para qué? —pregunté.

—¿Ha dicho algo? —le preguntó Thalia a Grover.

—Eh... Pregunta para qué.

—Dioniso ha convocado un consejo de los líderes de cada cabaña para analizar la profecía —dijo—. Lo cual, lamentablemente, incluye a Percy.

El consejo se celebró alrededor de la mesa de ping pong, en la sala de juegos. Dioniso hizo una seña y surgieron bolsas de nachos y galletitas saladas y unas cuantas botellas de vino tinto. Quirón tuvo que recordarle que el vino iba contra las restricciones que le habían impuesto, y que la mayoría de nosotros éramos menores. El señor D suspiró. Chasqueó los dedos y el vino se transformó en Coca Diet. Nadie la probó tampoco.

El señor D y Quirón —ahora en silla de ruedas— se sentaron en un extremo de la mesa. Zoë y Bianca di Angelo, convertida en su asistente personal o algo parecido, ocuparon el otro extremo. Thalia, Grover y yo nos situamos en el lado derecho y los demás líderes —Beckendorf, Silena Beauregard y los hermanos Stoll—, en el izquierdo. Se suponía que los chicos de Ares tenían que enviar también un representante, pero todos se habían roto algún miembro durante la captura de la bandera —cortesía de las cazadoras— y ahora reposaban en la enfermería.

Zoë abrió la reunión con una nota positiva:

—Esto no tiene sentido.

—¡Nachos! —exclamó Grover, y empezó a agarrar galletitas y pelotas de ping pong a dos manos, y a untarlas con salsa.

—No hay tiempo para charlas —prosiguió Zoë—. Nuestra diosa nos necesita. Las cazadoras hemos de partir de inmediato.

—¿Adónde? —preguntó Quirón.

—¡Al oeste! —dijo Bianca. Era asombroso lo mucho que había cambiado en unos pocos días con las cazadoras. Llevaba el pelo oscuro trenzado como Zoë y recogido de manera que ahora sí podías verle la cara. Tenía un puñado de pecas esparcidas en torno a la nariz, y sus ojos oscuros me recordaban vagamente a los de un personaje famoso, aunque no sabía cuál. Daba la impresión de haber hecho mucho ejercicio y su piel, como la de todas las cazadoras, brillaba levemente como si se hubiera duchado con luz de luna—. Ya has oído la profecía: «Cinco buscarán en el oeste a la diosa encadenada.» Podemos elegir a cinco cazadoras y ponernos en marcha.

—Sí —asintió Zoë—. ¡La han tomado como rehén! Hemos de dar con ella y liberarla.

—Se te olvida algo, como de costumbre —dijo Thalia—. «Campistas y cazadoras prevalecen unidos.» Se supone que tenemos que hacerlo entre todos.

—¡No! —exclamó Zoë—. Las cazadoras no han menester vuestra ayuda.

—No «necesitan», querrás decir —refunfuñó Thalia—. Lo del «menester» no se oye desde hace siglos. A ver si te pones al día.

Zoë vaciló, como si estuviera procesando la palabra correcta.

—No precisamos vuestro auxilio —dijo al fin.

Thalia puso los ojos en blanco.

—Olvídalo.

—Me temo que la profecía dice que sí necesitáis nuestra ayuda —terció Quirón—. Campistas y cazadoras deberán colaborar.

—¿Seguro? —musitó el señor D, removiendo la Coca Diet y husmeándola como si fuera un *gran bouquet*—. «Uno se perderá. Uno perecerá.» Suena más bien desagradable, ¿no? ¿Y si fracasáis justamente por tratar de colaborar?

—Señor D —dijo Quirón, suspirando—, con el debido respeto, ¿de qué lado está usted?

Dioniso arqueó las cejas.

—Perdón, mi querido centauro. Sólo trataba de ser útil.

—Se supone que hemos de actuar juntos —se obstinó Thalia con tozudez—. A mí tampoco me gusta, Zoë, pero ya sabes cómo son las profecías. ¿Pretendes desafiar al Oráculo?

Zoë hizo una mueca desdeñosa, pero era evidente que Thalia acababa de anotarse un punto.

—No podemos retrasarnos —advirtió Quirón—. Hoy es domingo. El próximo viernes, veintiuno de diciembre, es el solsticio de invierno.

—¡Uf, qué alegría! —masculló Dioniso entre dientes—. Otra de esas aburridísimas reuniones anuales.

—Artemisa debe asistir al solsticio —observó Zoë—. Ella ha sido una de las voces que más han insistido dentro del consejo en la necesidad de actuar contra los secuaces de Cronos. Si no asiste, los dioses no decidirán nada. Perderemos otro año en los preparativos para la guerra.

—¿Insinúas, joven doncella, que a los dioses les cuesta actuar unidos? —preguntó el señor D.

—Sí, señor Dioniso.

Él asintió.

—Era sólo para asegurarme. Tienes razón, claro. Continuad.

—No puedo sino coincidir con Zoë —prosiguió Quirón—. La presencia de Artemisa en el Consejo de Invierno es crucial. Sólo tenemos una semana para encontrarla. Y lo que es más importante seguramente: también para encontrar al monstruo que ella quería cazar. Ahora tenemos que decidir quién participa en la búsqueda.

—Tres y dos —dije.

Todos se volvieron hacia mí. Incluso Thalia olvidó su firme decisión de ignorarme.

—Se supone que han de ser cinco —razoné, algo cohibido—. Tres cazadoras y dos del Campamento Mestizo. Parece lo justo.

Thalia y Zoë se miraron.

—Bueno —dijo Thalia—. Tiene sentido.

Zoë soltó un gruñido.

—Yo preferiría llevarme a todas las cazadoras. Hemos de contar con una fuerza numerosa.

—Vais a seguir las huellas de la diosa —le recordó Quirón—. Tenéis que moveros deprisa. Es indudable que Artemisa detectó el rastro de ese extraño monstruo a medida que se iba desplazando hacia el oeste. Vosotras deberéis hacer lo mismo. La profecía lo dice bien claro: «El azote del Olimpo muestra la senda.» ¿Qué os diría vuestra señora? «Demasiadas cazadoras borran el rastro.» Un grupo reducido es lo ideal.

Zoë tomó una pala de ping pong y la estudió como si estuviera decidiendo a quién arrear primero.

—Ese monstruo, el azote del Olimpo... Llevo muchos años cazando junto a la señora Artemisa y, sin embargo, no sé de qué bestia podría tratarse.

Todo el mundo miró a Dioniso, imagino que porque era el único dios que había allí presente y porque se supone que los dioses saben de estas cosas. Él estaba hojeando una revista de vinos, pero levantó la vista cuando todos enmudecieron.

—A mí no me miréis. Yo soy un dios joven, ¿recordáis? No estoy al corriente de todos los monstruos antiguos y de esos titanes mohosos. Además, son nefastos como tema de conversación en un cóctel.

—Quirón —dije—, ¿tienes alguna idea?

Él frunció los labios.

—Tengo muchas ideas, pero ninguna agradable. Y ninguna acaba de tener sentido tampoco. Tifón, por ejemplo, podría encajar en esa descripción. Fue un verdadero azote del Olimpo. O el monstruo marino Ceto. Pero si uno de ellos hubiese despertado, lo sabríamos. Son monstruos del océano del tamaño de un rascacielos. Tu padre Poseidón ya habría dado la alarma. Me temo que ese monstruo sea más escurridizo. Tal vez más poderoso también.

—Ése es uno de los peligros que corréis —dijo Connor Stoll. (Me encantó lo de «corréis», en vez de «corremos»)—. Da la impresión de que al menos dos de esos cinco morirán.

—«Uno se perderá en la tierra sin lluvia» —añadió Beckendorf—. En vuestro lugar, yo me mantendría alejado del desierto.

Hubo un murmullo de aprobación.

—Y esto otro —terció Silena—: «A la maldición del titán uno resistirá.» ¿Qué podría significar?

Reparé en que Quirón y Zoë se miraban nerviosos. Fuese lo que fuese lo que pensaran, no lo contaron.

—«Uno perecerá por mano paterna» —dijo Grover sin parar de engullir nachos y pelotas de ping pong—. ¿Cómo va a ser eso posible? ¿Qué padre sería capaz de tal cosa?

Se hizo un espeso silencio.

Miré a Thalia y me pregunté si estaría pensando lo mismo que yo. Años atrás, a Quirón le habían hecho una profecía sobre el próximo descendiente de los Tres Grandes —Zeus, Poseidón y Hades— que cumpliera los dieciséis años. Según la profecía, ese joven tomaría una decisión que salvaría o destruiría a los dioses para siempre. Por tal motivo, tras la Segunda Guerra Mundial los Tres Grandes habían jurado no tener más hijos. Pero, aun así, Thalia y yo habíamos nacido y ahora nos acercábamos a los dieciséis.

Recordé una conversación mantenida con Annabeth el año anterior. Yo le había preguntado por qué los dioses no me mataban si representaba un peligro en potencia. «A algunos dioses les gustaría matarte —me había contestado—. Pero temen ofender a Poseidón.»

¿Podía uno de los olímpicos volverse contra su hijo mestizo? ¿No sería la solución más fácil para ellos permitir que muriera? Si había dos mestizos con motivos para preocuparse por ello, éramos Thalia y yo. Me pregunté si, a fin de cuentas, no tendría que haberle enviado a Poseidón aquella corbata con estampado de caracolas por el día del Padre.

—Habrá muertes —sentenció Quirón—. Eso lo sabemos.

—¡Fantástico! —exclamó Dioniso de repente. Todos lo miramos. Él levantó la vista de las páginas de la *Revista de Catadores* con aire inocente—. Es que hay un nuevo lanzamiento de pinot noir. No me hagáis caso.

—Percy tiene razón —prosiguió Silena Beauregard—. Deberían ir dos campistas.

—Ya veo —dijo Zoë con sarcasmo—. Y supongo que tú vas a ofrecerte voluntaria.

Silena se sonrojó.

—Yo con las cazadoras no voy a ninguna parte. ¡A mí no me mires!

—¿Una hija de Afrodita que no desea que la miren? —se mofó Zoë—. ¿Qué diría vuestra madre?

Silena hizo ademán de levantarse, pero los hermanos Stoll la hicieron sentarse de nuevo.

—Basta ya —dijo Beckendorf, que era muy corpulento y tenía una voz resonante. No hablaba mucho, pero la gente tendía a escucharlo cuando lo hacía—. Empecemos por las cazadoras. ¿Quiénes seréis las tres?

Zoë se puso en pie.

—Yo iré, por supuesto, y me llevaré a Febe. Es nuestra mejor rastreadora.

—¿Es esa chica grandota, la que disfruta dando porrazos en la cabeza? —preguntó Travis Stoll con cautela.

Zoë asintió.

—¿La que me clavó dos flechas en el casco? —añadió Connor.

—Sí —replicó Zoë—. ¿Por qué?

—No, por nada —dijo Travis—. Es que tenemos una camiseta del almacén para ella. —Sacó una camiseta plateada donde se leía: «Artemisa, diosa de la luna-Tour de Caza de otoño 2002», y a continuación una larga lista de parques naturales—. Es un artículo de coleccionista. Le gustó mucho cuando la vio. ¿Quieres dársela tú?

Yo sabía que los Stoll tramaban algo. Siempre están igual. Pero me figuro que Zoë no los conocía tanto, porque dio un suspiro y se guardó la camiseta.

—Como iba diciendo, me llevaré a Febe conmigo. Y me gustaría que Bianca viniese también.

Bianca se quedó patidifusa.

—¿Yo? Pero... si soy nueva. No serviría para nada.

—Lo harás muy bien —insistió Zoë—. No hay senda más provechosa para probarse una a sí misma.

Bianca cerró la boca. Yo la compadecí. Me acordaba de mi primera búsqueda cuando tenía doce años. Había tenido todo el tiempo la sensación de no estar preparado. Quizá me sentía honrado, pero también algo resentido y muerto de miedo. Imaginé que esos mismos sentimientos eran los que le rondaban ahora a Bianca.

—¿Y del campamento? —preguntó Quirón. Nuestras miradas se encontraron, pero yo no sabía qué estaba pensando.

—¡Yo! —Grover se puso en pie tan bruscamente que chocó con la mesa. Se sacudió del regazo las migas de las galletas y los restos de las pelotas de ping pong—. ¡Estoy dispuesto a todo con tal de ayudar a Annabeth!

Zoë arrugó la nariz.

—Creo que no, sátiro. Tú ni siquiera eres un mestizo.

—Pero es un campista —terció Thalia—. Posee el instinto de un sátiro y también la magia de los bosques. ¿Ya sabes tocar una canción de rastreo, Grover?

—¡Por supuesto!

Zoë vaciló. Yo no sabía qué era una canción de rastreo, pero, por lo visto, ella lo consideraba algo útil.

—Muy bien —dijo Zoë—. ¿Y el segundo campista?

—Iré yo. —Thalia se levantó y miró alrededor, como desafiando cualquier objeción por anticipado.

En fin, sé que mis dotes matemáticas no son óptimas, pero caí en la cuenta de que habíamos llegado a cinco y yo no estaba en el grupo.

—Eh, eh, alto ahí —dije—. Yo también quiero ir.

Thalia permaneció en silencio. Quirón seguía estudiándome con ojos tristes.

—¡Oh! —exclamó Grover, advirtiendo de pronto el problema—. ¡Claro! Se me había olvidado. Percy tiene que ir. Yo no pretendía... Me quedaré aquí. Percy irá en mi lugar.

—No puede —refunfuñó Zoë—. Es un chico. No voy a permitir que mis cazadoras viajen con un chico.

—Has viajado hasta aquí conmigo —le recordé.

—Eso fue una situación de emergencia, por un corto trayecto y siguiendo instrucciones de la diosa. Pero no voy a cruzar el país desafiando multitud de peligros en compañía de un chico.

—¿Y Grover? —pregunté.

Ella meneó la cabeza.

—Él no cuenta. Es un sátiro. No es un chico, técnicamente.

—¡Eh, eh! —protestó Grover.

—Tengo que ir —insistí—. He de participar en esta búsqueda.

—¿Por qué? —replicó Zoë—. ¿Por vuestra estimada Annabeth?

Noté que me ruborizaba. No soportaba que todos me estuvieran mirando.

—¡No! O sea... en parte sí. Sencillamente, siento que debo ir.

Nadie se alzó en mi defensa. El señor D, aún con su revista, parecía aburrirse. Silena, los hermanos Stoll y Beckendorf no levantaban la vista de la mesa. Bianca me dirigió una mirada compasiva.

—No —se empecinó Zoë—. Insisto. Me llevaré a un sátiro si es necesario, pero no a un héroe varón.

Quirón soltó un suspiro.

—La búsqueda se emprende por Artemisa. Las cazadoras tienen derecho a aprobar o vetar a sus acompañantes.

Los oídos me zumbaban cuando volví a sentarme. Sabía que Grover y algunos más me observaban compadecidos, pero yo no podía mirarlos a los ojos. Permanecí allí sentado hasta que Quirón dio por terminado el consejo.

—Que así sea —concluyó—. Thalia y Grover irán con Zoë, Bianca y Febe. Saldréis al amanecer. Y que los dioses —miró a Dioniso—, incluidos los presentes, espero, os acompañen.

No me presenté a cenar aquella noche, lo cual fue un error, porque Quirón y Grover vinieron luego a buscarme.

—¡Lo siento, Percy! —dijo Grover, sentándose en la cama a mi lado—. No sabía que ellas... que tú... ¡De verdad!

Comenzó a gimotear y pensé que si no lo animaba un poco, o bien se pondría a sollozar a gritos o bien empezaría a mordisquear mi colchón. Tiene tendencia a comerse los objetos domésticos cuando está disgustado.

—No importa —mentí—. De verdad. Está todo bien.

Le temblaba el labio.

—Ni siquiera pensaba... Estaba tan concentrado en la idea de ayudar a Artemisa. Pero prometo que buscaré a

Annabeth por todas partes. Si me es posible encontrarla, la encontraré.

Asentí y procuré no prestar atención al cráter que sentía abrirse en mi pecho.

—Grover —dijo Quirón—, ¿me dejas hablar un momento con Percy?

—Claro —repuso.

Quirón aguardó.

—Ah —dijo Grover—. Solos, quieres decir. Por supuesto, Quirón. —Me miró desconsolado—. ¿Lo ves? Nadie necesita a una cabra.

Salió trotando al tiempo que se limpiaba la nariz con la manga.

Quirón suspiró y flexionó sus patas de caballo.

—Percy, yo no pretendo comprender las profecías.

—Ya. Quizá porque no tienen ningún sentido.

Él observó la fuente que gorgoteaba en el rincón.

—Thalia no habría sido la persona que yo hubiese elegido en primer lugar. Es demasiado impetuosa, actúa sin pensar. Se muestra demasiado segura de sí misma.

—¿Me habrías elegido a mí?

—Sinceramente, no. Tú y Thalia sois muy parecidos.

—Muchas gracias.

Él sonrió.

—La diferencia estriba en que tú estás menos seguro de ti mismo. Lo cual puede ser bueno o malo. Pero de una cosa estoy seguro: los dos juntos seríais una combinación peligrosa.

—Sabríamos controlarlo.

—¿Como esta noche en el arroyo?

No respondí. Me había pillado.

—Quizá lo mejor sea que vuelvas con tu madre para pasar las vacaciones —añadió—. Si te necesitamos, te llamaremos.

—Ya —dije—. Quizá sí.

Saqué del bolsillo a *Contracorriente* y lo dejé en la mesilla. Por lo visto, no tendría que usarlo para nada, salvo para escribir felicitaciones de Navidad.

Al ver el bolígrafo, Quirón hizo una mueca.

—No me extraña que Zoë no quiera tenerte cerca. Al menos mientras lleves esa arma encima.

No comprendí a qué se refería. Entonces recordé algo que me había dicho mucho tiempo atrás, cuando me entregó aquella espada mágica: «Tiene una larga y trágica historia que no hace falta contar.»

Iba a preguntarle por aquella historia, cuando él sacó un dracma de oro de su alforja y me lo lanzó.

—Llama a tu madre —dijo—. Avísala de que irás a casa por la mañana. Ah, y por si te interesa... Estuve a punto de ofrecerme yo mismo como voluntario. Habría ido de no ser por el último verso: «Uno perecerá por mano paterna.»

No hacía falta que me lo aclarase. Sabía que su padre era Cronos, el malvado señor de los titanes. Aquel verso habría encajado perfectamente si Quirón hubiera participado en la búsqueda. A Cronos no le importaba nadie, ni siquiera sus propios hijos.

—Quirón, tú sabes en qué consiste esta maldición del titán, ¿verdad?

Su rostro se ensombreció. Hizo una garra con tres dedos sobre su corazón y la desplazó hacia fuera, como si apartara algo de sí: un gesto antiguo para ahuyentar los males.

—Esperemos que la profecía no signifique lo que pienso. Bien, Percy, buenas noches. Ya llegará tu hora. De eso estoy convencido. No hace falta precipitarse.

Había dicho «tu hora», igual que hace la gente cuando se refiere a «tu muerte». No sabía si lo había dicho en ese sentido, pero viendo su expresión preferí no preguntar.

Permanecí junto a la fuente de agua salada, manoseando la moneda que Quirón me había dado y tratando de imaginar qué iba a decirle a mamá. La verdad era que no me apetecía oír a otro adulto explicándome que no hacer nada era lo mejor que podía hacer. Pero, por otra parte, pensé que mi madre se merecía que la pusiera al corriente de todo.

Finalmente, respiré hondo y arrojé la moneda.

—Oh, diosa, acepta mi ofrenda.

La niebla tembló. Con la luz del baño bastaba para formar un tenue arco iris.

—Muéstrame a Sally Jackson —pedí—. En el Upper East Side, Manhattan.

Entonces en la niebla se dibujó una escena inesperada. Mi madre estaba sentada a la mesa de la cocina con... con un tipo. Y se desgañitaban de risa. Había un montón de libros de texto entre los dos. El hombre tendría, no sé, treinta y pico. Llevaba el pelo entrecano bastante largo y vestía chaqueta marrón y camiseta negra. Tenía pinta de actor: la clase de tipo que interpreta a un agente secreto en la tele.

Me quedé demasiado estupefacto para articular palabra. Por suerte, ellos estaban muy ocupados riéndose para reparar en el mensaje Iris.

—Eres la monda, Sally —dijo el tipo—. ¿Quieres más vino?

—Uy, no debería. Sírvete tú si quieres.

—Antes será mejor que vaya al cuarto de baño. ¿Puedo?

—Al fondo del pasillo —le indicó ella, conteniendo la risa.

El actorcillo sonrió, se levantó y salió de la cocina.

—¡Mamá! —dije.

Ella dio un respingo tan brusco que poco le faltó para derribar los libros. Finalmente, me vio.

—¡Percy, cariño! ¿Va todo bien?

—¿Qué estás haciendo? —le pregunté.

Ella pestañeó.

—Los deberes —contestó. Y entonces pareció comprender mi expresión—. Ah, cariño... Es Paul, digo... el señor Blofis. Está en mi taller de escritura.

—¿El señor Besugoflis?

—Blofis. Volverá en un minuto. Cuéntame qué pasa.

Siempre que ocurría algo, ella lo adivinaba en el acto. Le conté lo de Annabeth. También lo demás, claro, pero sobre todo le hablé de Annabeth.

Mi madre contuvo las lágrimas, y lo hizo por mí.

—Oh, Percy...

—Ya. Y todos me dicen que no puedo hacer nada. Así que voy a volver a casa.

Ella empezó a juguetear con el lápiz.

—Percy, por muchas ganas que tenga de verte —dijo con un suspiro, como arrepintiéndose ya de lo que me estaba diciendo—, por mucho que desee que permanezcas a salvo, quiero que comprendas una cosa: has de hacer lo que tú creas que debes hacer.

Me la quedé mirando.

—¿Qué quieres decir?

—Bueno... ¿de verdad crees, en el fondo de tu corazón, que tienes que ayudar a salvarla? ¿Crees que eso es lo que debes hacer? Porque si una cosa sé de ti, Percy, es que tu corazón no se equivoca. Escúchalo.

—¿Me estás diciendo... que vaya?

Ella frunció los labios.

—Lo que digo es que... bien, que ya eres mayor para que te diga lo que tienes que hacer. Lo que digo es que te apoyaré incluso si decides hacer algo que entrañe peligro. Oh, no puedo creer que esté diciéndote esto...

—Mamá...

Se oyó la cisterna del lavabo.

—No tengo mucho tiempo —se apresuró a decir—. Percy, decidas lo que decidas, te quiero. Y sé que harás lo mejor para Annabeth.

—¿Cómo puedes estar tan segura?

—Porque ella haría lo mismo por ti.

Dicho lo cual, se despidió de mí con la mano mientras la niebla se disolvía, dejándome con una última imagen de su nuevo amigo, el señor Besugoflis, que regresaba sonriente.

No recuerdo cuándo me dormí, pero sí recuerdo el sueño.

Me encontraba otra vez en la cueva. El techo se cernía muy bajo sobre mi cabeza. Annabeth permanecía arrodillada bajo el peso de una masa oscura que parecía un enorme montón de rocas. Estaba demasiado cansada

102

para pedir socorro. Le temblaban las piernas. En cualquier momento se le agotarían las fuerzas y el techo de la caverna se desplomaría sobre ella.

—¿Cómo sigue nuestra invitada mortal? —retumbaba una voz masculina.

No era Cronos. La voz de Cronos era chirriante y metálica como un cuchillo arañando una pared de piedra. Yo la había oído muchas veces en sueños mofándose de mí. No: esta voz era más grave, como el sonido de un bajo. Y tan potente que hacía vibrar el suelo.

Luke surgía de las tinieblas. Se acercaba corriendo a Annabeth y se arrodillaba a su lado. Luego se volvía hacia la voz.

—Se le están acabando las fuerzas. Hemos de darnos prisa.

El muy hipócrita. Como si le importase lo que fuera a pasarle.

La voz emitía una breve risotada. Era alguien que se ocultaba en las sombras, en el límite de mi campo visual. Una mano rechoncha empujaba a una chica hacia la luz. Era Artemisa, con las manos y los pies atados con cadenas de bronce celestial.

Yo sofocaba un grito. Tenía su vestido plateado hecho jirones, y la cara y los brazos llenos de cortes. Sangraba icor, la sangre dorada de los dioses.

—Ya has oído al chico —decía la voz de las tinieblas—. ¡Decídete!

Los ojos de Artemisa destellaban de cólera. Yo no entendía por qué no hacía estallar las cadenas o desaparecía sin más. Pero por lo visto no podía. Quizá se lo impedían las cadenas, o un efecto mágico de aquel lugar siniestro.

La diosa miraba a Annabeth y su ira se transformaba al instante en angustia e indignación.

—¿Cómo te atreves a torturar así a una doncella? —preguntaba con un sollozo.

—Morirá muy pronto —decía Luke—. Pero tú puedes salvarla.

Annabeth soltaba un débil gemido de protesta. Yo sentía como si estuvieran retorciéndome el corazón y haciéndole un nudo. Quería correr a ayudarla, pero no podía moverme.

—Desátame las manos —pedía Artemisa.

Luke sacaba su espada, *Backbiter*, y cortaba los grilletes de la diosa de un solo golpe.

Artemisa corría hacia Annabeth y tomaba sobre sí la carga de sus hombros. Mientras Annabeth se desplomaba como un fardo y se quedaba tiritando en el suelo, la diosa se tambaleaba, tratando de sostener el peso de aquellas negras rocas.

El hombre de las tinieblas se echaba a reír entre dientes.

—Eres tan previsible como fácil de vencer, Artemisa.

—Me tomaste por sorpresa —decía ella, tensándose bajo su carga—. No volverá a suceder.

—Desde luego que no —replicaba él—. ¡Te hemos retirado de circulación para siempre! Sabía que no podrías resistir la tentación de ayudar a una joven doncella. Es tu especialidad, al fin y al cabo, querida.

Artemisa profería un quejido.

—Tú no conoces la compasión, maldito puerco.

—En eso —respondía el hombre— estamos de acuerdo. Luke, ya puedes matar a la chica.

—¡No! —gritaba Artemisa.

Luke titubeaba.

—Aún puede sernos útil, señor. Como cebo.

—¡Bah! ¿Lo crees de veras?

—Sí, General. Vendrán a buscarla. Estoy seguro.

El hombre de las tinieblas hacía una pausa.

—En ese caso, las *dracaenae* pueden encargarse de vigilarla. Suponiendo que no muera de sus heridas, puedes mantenerla viva hasta el solsticio de invierno. Después, si nuestro sacrificio sale como hemos previsto, su vida será insignificante. Las vidas de todos los mortales serán insignificantes.

Luke recogía el cuerpo desfallecido de Annabeth y se lo llevaba en brazos.

—Nunca encontraréis al monstruo que estáis buscando —decía Artemisa—. Vuestro plan fracasará.

—No tienes ni la menor idea, mi joven diosa —respondía el hombre—. Ahora mismo, tus queridas cazadoras salen en tu busca. Ellas vienen sin saberlo a hacerme el juego. Y ahora, si nos disculpas, tenemos un largo viaje por delante. Hemos de prepararles un buen recibimiento a tus cazadoras y asegurarnos de que su búsqueda es... un auténtico reto.

Su carcajada resonaba en la oscuridad, haciendo temblar el suelo como si el techo entero de la caverna fuera a venirse abajo.

Desperté con un sobresalto, seguro de haber oído unos golpes.

Miré alrededor. Fuera aún estaba oscuro. La fuente de agua salada continuaba gorgoteando. No se oía nada más, salvo el chillido de una lechuza en el bosque y el murmullo apagado de las olas en la playa. A la luz de la luna, vi sobre la mesita de noche la gorra de los Yankees de Annabeth. La miré un instante. Y entonces volvió a sonar: ¡Pom! ¡Pom!

Alguien (o algo) aporreaba la puerta.

Eché mano de *Contracorriente* y salté de la cama.

—¿Sí? —dije.

¡Pom! ¡Pom!

Me acerqué sigilosamente a la puerta, destapé el bolígrafo, abrí de golpe y... me encontré cara a cara con un pegaso negro.

«¡Cuidado, jefe!» Su voz resonó en mi mente mientras sus cascos retrocedían ante el brillo de mi espada. «¡No quiero convertirme en un pincho de carne!»

Extendió alarmado sus alas negras y la ráfaga de aire me echó hacia atrás.

—¡*Blackjack*! —exclamé con alivio, aunque algo enfadado—. ¡Estamos en plena noche!

Blackjack resopló.

«De eso nada, jefe. Son las cinco. ¿Para qué sigue durmiendo todavía?»

—¿Cuántas veces he de decírtelo? No me llames jefe.

«Como quiera, jefe. Usted manda. Usted es la autoridad suprema.»

Me restregué los ojos y procuré que el pegaso no me le-
yera el pensamiento. Ése es el problema de ser hijo de Poseidón: como él creó a los caballos con la espuma del mar,
yo entiendo a casi todas las criaturas ecuestres, pero ellas
también me entienden a mí. Y a veces, como en el caso de
Blackjack, tienen tendencia a adoptarme.

Blackjack había estado cautivo en el barco de Luke
hasta el verano pasado, cuando organizamos un pequeño
motín que le permitió escapar. Yo tuve poco que ver en el
asunto, la verdad, pero él me atribuyó todo el mérito de su
liberación.

—*Blackjack* —dije—, se supone que has de permanecer en el establo.

«Ya, los establos. ¿Usted ha visto a Quirón en los establos?»

—Eh... pues no.

«Ahí tiene. Escuche, tenemos a otro amiguito del mar
que necesita su ayuda.»

—¿Otra vez?

«Sí. Les he dicho a los hipocampos que vendría a bus-
carlo.»

Empecé a refunfuñar. Cada vez que me encontraba
cerca de la playa, los hipocampos querían que los ayudara
a resolver sus problemas. Y los tenían a montones. Una ballena varada, una marsopa atrapada en unas redes, una
sirena con un padrastro en el dedo... Cualquier cosa. Y enseguida me llamaban para que bajara al fondo a echar
una mano.

—Está bien —contesté—, ya voy.

«Es usted el mejor, jefe.»

—¡Y no me llames jefe!

Blackjack soltó un suave relincho. Tal vez era una
risa.

Eché un vistazo a mi cama, aún calentita. El escudo
de bronce seguía colgado de la pared, abollado e inservi-
ble. Y en la mesilla reposaba la gorra de los Yankees de
Annabeth. Obedeciendo a un impulso, me la metí en el
bolsillo. Supongo que presentía que no iba a regresar en
mucho tiempo.

8

Hago una promesa arriesgada

Blackjack me llevó volando a la playa, lo cual, debo reconocerlo, es siempre una pasada. Montar en un caballo alado,
pasar rozando las olas a ciento ochenta por hora con el
viento alborotándote el pelo y la espuma rociándote la
cara... Bueno, es una sensación que le da cien vueltas al
esquí acuático.

«Aquí es. —*Blackjack* redujo la velocidad y descendió
en círculos—. Al fondo, en línea recta.»

—Gracias. —Me deslicé del lomo y me sumergí en el
mar helado.

En los dos últimos años me había acostumbrado a
esta clase de acrobacias. Ahora ya era capaz de moverme
a mis anchas bajo el agua, simplemente ordenando a las
corrientes que se concentraran a mi alrededor y me pro-
pulsaran hacia delante. Podía respirar sin problemas en
el agua y la ropa no se me mojaba si yo no quería.

Me lancé hacia las profundidades.

Seis, nueve, doce metros. La presión no me molestaba.
No sabía si también habría un límite de profundidad para
mí; nunca había hecho la prueba. Sabía que los seres humanos normales no podían descender más allá de los sesenta metros sin quedar aplastados como una lata de alu-
minio. A aquellas profundidades, y en plena noche, no era
posible ver nada, pero percibía el calor de los seres vivos y
la temperatura de las corrientes. Es algo difícil de descri-

bir. No es como la visión normal, pero me permite localizar cada cosa.

Al acercarme al fondo, vi a tres hipocampos —caballitos de mar— nadando en círculos alrededor de un barco volcado. Eran preciosos. En sus colas, de un brillo fosforescente, tremolaban los colores del arco iris. Los tres tenían crines blancas y galopaban por el agua igual que un caballo nervioso en medio de una tormenta. Algo los inquietaba.

Me aproximé y vi de qué se trataba. Había una forma oscura —algún animal— atascada bajo el barco en una red: una de esas grandes redes que usan los pesqueros de arrastre para llevárselo todo a la vez. Yo aborrecía aquel tipo de artilugios. Ya era bastante horrible que ahogaran a las marsopas y los delfines. Pero es que además acababan atrapando en ocasiones a criaturas mitológicas. Cuando las redes se enganchaban, siempre había algún pescador perezoso que las cortaba, dejando morir a las presas que habían quedado atrapadas.

La pobre criatura, por lo visto, había estado deambulando por el fondo del estuario Long Island Sound y se había enganchado en las redes de aquel barco de pesca hundido. Al intentar liberarse, había desplazado el barco y se había quedado aún más atascada. Ahora los restos del casco, que se apoyaban en una gran roca, habían empezado a balancearse y amenazaban con desmoronarse sobre el animal.

Los hipocampos nadaban en círculos de un modo frenético, con el deseo de ayudar, aunque sin saber muy bien cómo. Uno de ellos se había puesto a mordisquear la red, pero sus dientes no estaban preparados para eso. Aunque poseen un gran vigor, los hipocampos no tienen manos ni son muy inteligentes.

«¡Ayuda, señor!», dijo uno nada más verme. Los otros se sumaron a su petición.

Avancé nadando para echarle una mirada de cerca a la criatura atrapada. Primero pensé que era un joven hipocampo. Ya había rescatado a más de uno en el pasado. Pero entonces oí un sonido extraño, nada propio de la vida submarina:

—¡Muuuuuu!

Me acerqué más y vi que era una vaca. A ver, yo había oído hablar de vacas marinas, como los manatíes y demás, pero aquélla era una vaca de verdad, sólo que con los cuartos traseros de una serpiente. Por delante era una ternera: un bebé con el pelaje negro, con unos grandes ojos tristes y el hocico blanco; y por detrás tenía una cola negra y marrón con aletas en el lomo y el vientre, igual que una anguila gigante.

—Uau, pequeña —dije—. ¿De dónde sales?

La criatura me miró tristemente.

—¡Muuuuuu!

No podía captar sus pensamientos. Sólo hablo la lengua de los caballos.

«No sabemos qué es, señor —me informó un hipocampo—. Están apareciendo cosas muy extrañas.»

—Ya —murmuré—. Eso he oído.

Destapé a *Contracorriente* y la espada creció hasta alcanzar toda su envergadura. Su hoja de bronce relumbró en la oscuridad.

La vaca-serpiente se asustó y empezó a forcejear otra vez con ojos desorbitados.

—¡Oye! —traté de tranquilizarla—. ¡Que no voy a hacerte daño! ¡Déjame cortar la red!

Pero ella se revolvió enloquecida y se enredó todavía más. El barco comenzó a ladearse, removiendo una nube de lodo y amenazando con venirse abajo sobre el pobre animal. Los hipocampos relinchaban de pánico y se agitaban nerviosamente, lo cual tampoco ayudaba mucho.

—¡Vale, vale! —dije, guardando la espada y hablando con toda la calma de que fui capaz para que los hipocampos y la vaca-serpiente se aplacasen. No sabía si era posible provocar una estampida submarina, pero prefería no averiguarlo—. Tranquilo. Ya no hay espada, ¿lo veis? Nada de espada. Calma y serenidad. Hierba verde. Mamá vaca. Vegetarianos.

Dudaba que la vaca entendiera mis palabras, pero sí parecía responder al tono de mi voz. Los hipocampos aún estaban inquietos, pero habían dejado de arremolinarse alrededor.

«¡Ayuda, señor!», me suplicaban.

—Ya —dije—. Eso ya lo he entendido. Ahora estoy pensando.

¿Cómo podía liberar a la vaca-serpiente si ella se volvía loca de pánico en cuanto veía el filo de mi espada? Daba la impresión de haber visto espadas otras veces y de saber lo peligrosas que eran.

—Muy bien —dije a los hipocampos—. Necesito que me ayudéis a empujar. Pero exactamente como yo os diga.

Empezamos a mover el barco. No era fácil, pero con una fuerza de tres caballos logramos desplazar el casco de modo que no pudiera írsele encima al bebé de vaca-serpiente. Luego me puse a trabajar en las redes; las desenredé tramo a tramo, desenmarañé anzuelos y pesos de plomo y arranqué los nudos que trababan las pezuñas del animal. Me llevó un buen rato. Vamos, fue peor que cuando tuve que desenredar los cables del mando de mi consola. Y durante todo el tiempo, mientras la vaca marina mugía y gemía, yo iba hablándole y asegurándole que todo saldría bien.

—Ya casi está, *Bessie* —le dije. No me preguntéis por qué empecé a llamarla así. Me pareció un nombre adecuado para una vaca—. Buena vaquita. Vaquita linda.

Finalmente, conseguí desprender la red y la vaca-serpiente se deslizó bajo el casco y dio un salto de alegría en el agua.

Los hipocampos relincharon de contento.

«¡Gracias, señor!»

—¡Muuuuu! —La vaca-serpiente me rozó con el hocico y me miró con sus grandes ojos marrones.

—Bueno —dije—, ya está. Vaca linda. Y no te metas en líos.

Lo cual me recordó... ¿Cuánto tiempo llevaba bajo el agua? Una hora por lo menos. Tenía que volver a la cabaña antes de que Argos y las arpías descubrieran que había violado el toque de queda.

Salí disparado hacia la superficie. En cuanto emergí, *Blackjack* bajó zumbando, dejó que me agarrase de su cuello y me alzó por los aires para llevarme otra vez a tierra.

«¿Ha habido éxito, jefe?»

—Sí. Hemos rescatado a un bebé... de no sé qué. Pero ha costado mucho. Y por poco me arrasa una estampida.

«Las buenas acciones siempre entrañan peligro, jefe. Pero bien que me salvó a mí el pellejo, ¿no es cierto?»

No pude evitar pensar en mi sueño: en la imagen de Annabeth desmoronada y exánime en brazos de Luke. Me dedicaba a rescatar monstruos bebé, pero no era capaz de salvar a mi amiga.

Cuando *Blackjack* se aproximaba al fin a mi cabaña, miré por casualidad al pabellón del comedor. Vi una figura, la de un chico, agazapada tras una columna griega, como ocultándose.

Era Nico, y ni siquiera había amanecido. No era ni de lejos la hora del desayuno. ¿Qué andaba haciendo por allí?

Vacilé. Lo último que deseaba era escucharle hablar de su juego de *Mitomagia*. Pero no. Algo ocurría. Se veía en su modo de agazaparse.

—*Blackjack* —dije—, déjame allá abajo, ¿quieres? Detrás de esa columna.

A punto estuve de fastidiarla.

Subía por las escaleras que Nico tenía a su espalda. Él no me había visto y seguía detrás de la columna, asomando la cabeza y pendiente de lo que sucedía en la zona del comedor. Lo tenía a poco más de un metro y ya iba a preguntarle «Pero ¿qué haces, chaval?», cuando se me ocurrió que estaba haciendo lo mismo que Grover: espiar a las cazadoras.

Se oían voces. Dos chicas hablando en una de las mesas. ¿A aquellas horas?

Saqué del bolsillo la gorra de Annabeth y me la puse.

Al principio no noté nada, pero al alzar las manos no me las vi. Me había vuelto invisible.

Me deslicé a hurtadillas junto a Nico y avancé. No veía bien a las chicas en la oscuridad, pero reconocí sus voces: eran Zoë y Bianca. Parecían discutir.

—Eso no se cura —decía Zoë—. O no tan deprisa, al menos.

—Pero ¿cómo ha sucedido? —preguntó Bianca.

—¡Una estúpida travesura! —rezongó Zoë—. Esos hermanos Stoll, de la cabaña de Hermes. La sangre de centauro es como un ácido. Todo el mundo lo sabe. Pues resulta que habían rociado con ella esa camiseta del Tour de Artemisa.

—¡Uy, qué espantoso!

—Sobrevivirá —dijo Zoë—. Pero tendrá que permanecer postrada durante semanas con una horrible urticaria. Es imposible que venga. Todo queda en mis manos... y en las tuyas.

—Pero la profecía... Si Febe no puede venir, sólo seremos cuatro. Tenemos que elegir a otra persona.

—No hay tiempo. Hemos de salir con las primeras luces del alba. Es decir, inmediatamente. Además, la profecía decía que perderíamos a uno.

—En la tierra sin lluvia —recordó Bianca—. Eso no puede ser aquí.

—Tal vez sí —dijo Zoë, aunque ni siquiera ella parecía convencida—. El campamento tiene una frontera mágica y nada, ni las nubes ni las tormentas, puede cruzarla sin permiso. O sea que podría ser una tierra sin lluvia.

—Pero...

—Bianca, escúchame. —Zoë hablaba ahora con la voz agarrotada—. No... no puedo explicarlo, pero presiento que no debemos elegir a ninguna persona más. Sería demasiado peligroso. Podría acabar incluso peor que Febe. No quiero que Quirón escoja a un campista como quinto miembro del grupo. Y tampoco quiero arriesgar a otra cazadora.

Bianca se quedó en silencio unos instantes. Luego levantó la vista.

—Deberías contarle a Thalia el resto de tu sueño.

—No. No serviría de nada.

—Pero si tus sospechas sobre el General son ciertas...

—Tengo tu palabra de que no hablarás de ello —dijo Zoë. Sonaba angustiada de verdad—. Pronto lo averiguaremos. Y ahora, vamos. Acaba de romper el alba.

Nico reaccionó rápido y corrió a esconderse. Yo tardé unos segundos en seguirlo, por lo que, cuando Zoë bajó apresuradamente las escaleras, casi se tropieza conmigo. Se quedó inmóvil y deslizó la mano hacia su arco, pero Bianca le dijo en ese momento:

—Ya están encendidas las luces de la Casa Grande. ¡Deprisa!

Y Zoë la siguió corriendo.

Imaginaba perfectamente lo que estaba pensando Nico. Vi que respiraba hondo y que se disponía a correr tras ellas. Entonces me quité la gorra de invisibilidad.

—Espera —le dije.

Casi se resbaló en los escalones mientras se giraba.

—Pero... ¿de dónde sales?

—He estado aquí todo el rato. Invisible.

Él movió los labios, como deletreando la palabra.

—Uau. Increíble.

—¿Cómo has sabido que Zoë y tu hermana estaban aquí?

Se sonrojó.

—Las oí pasar junto a la cabaña de Hermes. Yo... bueno, es que no duermo muy bien en el campamento. Escuché ruido de pasos y luego las oí susurrar. Y las seguí.

—Y ahora quieres seguirlas en la búsqueda que van a emprender.

—¿Cómo lo has adivinado?

—Porque si fuese mi hermana seguramente haría lo mismo. Pero no puedes hacerlo.

Me miró desafiante.

—¿Porque soy demasiado joven?

—Porque ellas no te lo permitirán. Te pillarán a la primera y te enviarán de vuelta al campamento. Y sí, también porque eres demasiado joven. ¿Te acuerdas de la manticora? Habrá un montón de criaturas parecidas por el camino. Más peligrosas incluso. Y algunos héroes morirán.

Hundió los hombros y desplazó su peso a la otra pierna.

113

—Quizá tengas razón. Pero... tú podrías ir en mi lugar.

—¿Cómo?

—Puedes volverte invisible. ¡Tú sí puedes ir!

—A las cazadoras no les gustan los chicos —le recordé—. Si llegasen a descubrirlo...

—No dejes que lo descubran. Vuélvete invisible y síguelas. ¡Y no pierdas de vista a mi hermana! Has de hacerlo. Por favor.

—Nico...

—De todos modos, ya lo estabas pensando, ¿no?

Iba a negarlo, pero él me miró a los ojos y no me vi capaz de mentirle.

—De acuerdo —repuse—. He de encontrar a Annabeth. He de ayudarlas, aunque ellas no quieran.

—Yo no me chivaré. Pero tienes que prometerme que mantendrás a salvo a mi hermana.

—Eso es mucho prometer, en un viaje como éste. Además, ella ya tiene a Zoë, a Grover y Thalia...

—Promételo —insistió.

—Haré todo lo que pueda. Eso sí te lo prometo.

—¡Entonces muévete! ¡Y buena suerte!

Era una locura. Ni siquiera había hecho el equipaje. No tenía nada, salvo la gorra, la espada y lo puesto. Y se suponía que tenía que volver a casa esa mañana.

—Dile a Quirón...

—Ya me inventaré algo —dijo con un rictus travieso—. Eso se me da bastante bien. ¡No te entretengas!

Me puse la gorra de Annabeth y eché a correr. El sol empezaba a salir y me volví invisible. Alcancé la cima de la Colina Mestiza justo a tiempo de divisar la furgoneta del campamento, que se perdía carretera abajo. Era Argos seguramente, que llevaba al grupo a la ciudad. Después tendrían que seguir por su cuenta.

Sentí una punzada de angustia. Estúpido de mí... ¿cómo se suponía que iba a seguirlos? ¿A pie?

Entonces oí un poderoso batir de alas. *Blackjack* se posó a mi lado y empezó, como quien no quiere la cosa, a mordisquear unos tallos de hierba que asomaban entre el hielo.

«Si tuviera que apostar, jefe, diría que necesita un caballo para darse a la fuga. ¿Qué dice? ¿Le interesa?»

Se me hizo un nudo en la garganta de pura gratitud. Aun así logré responder:

—Sí. Volando.

9

Aprendo a criar zombis

Uno de los problemas de volar en un pegaso a la luz del día es que, si no tomas precauciones, puedes provocar un accidente en la autopista de Long Island. Procuré mantenerme por encima de las nubes, que por suerte son bastante bajas en invierno. Íbamos lanzados, tratando de no perder de vista la furgoneta del campamento. Si abajo hacía frío, imagínate allí arriba, en el aire, donde me acribillaba una lluvia helada.

Me habría ido bien un juego de ropa interior térmica como los que vendían en el almacén del campamento. Aunque después de la historia de Febe con la camiseta rociada de sangre de centauro, no sabía si volvería a fiarme de sus productos.

Perdimos de vista la furgoneta un par de veces, pero estaba casi seguro de que primero pasarían por Manhattan, así que no me fue difícil localizarlos de nuevo.

El tráfico era pésimo con las vacaciones. Entraron en la ciudad a media mañana. Hice que *Blackjack* se posara cerca de la azotea del edificio Chrysler y desde allí observé la furgoneta blanca. Creía que se detendría en alguna estación de autobuses, pero siguió adelante.

—¿Adónde los llevará Argos? —murmuré.

«No es Argos el que conduce, jefe —contestó *Blackjack*—. Es esa chica.»

—¿Qué chica?

«La cazadora. La que lleva una corona de plata en el pelo.»

—¿Zoë?

«Esa misma. ¡Eh, mire! Una tienda de donuts. ¿No podríamos comprar algo para el viaje?»

Intenté explicarle que si entraba en la tienda con un pegaso, le daría un ataque al guardia de seguridad. Pero él no acababa de comprenderlo. La furgoneta, entretanto, continuaba serpenteando hacia el túnel Lincoln. Nunca se me habría ocurrido que Zoë supiera conducir. Vamos, si parecía no haber cumplido los dieciséis. Claro que era inmortal. Me pregunté si tendría un permiso de conducir de Nueva York y, en tal caso, qué fecha de nacimiento figuraría allí.

—Bueno —dije—, vamos tras ellos.

Íbamos a emprender el vuelo desde lo alto del edificio Chrysler cuando *Blackjack* soltó un relincho y casi me derribó. Algo se me estaba enroscando por la pierna como una serpiente. Busqué mi espada, pero al mirar vi que no era ninguna serpiente, sino ramas de vid. Habían surgido de las grietas del edificio y se enredaban entre las patas de *Blackjack*, y en mis propios tobillos, inmovilizándonos a ambos.

—¿Ibais a alguna parte? —dijo el señor D.

Estaba reclinado contra el edificio, aunque en realidad levitaba en el aire, con su chándal atigrado y su pelo oscuro ondeando al viento.

«¡Anda! —exclamó *Blackjack*—. ¡Pero si es el tipo del vino!»

El señor D resopló, exasperado.

—¡El próximo humano, o equino, que me llame «el tipo del vino» acabará encerrado en una botella de merlot!

—Ah, señor D. —Procuré hablar con calma, aunque la vid seguía enroscándose entre mis piernas—. ¿Cómo le va?

—¿Que cómo me va? ¿Habías creído acaso que el inmortal y todopoderoso director del campamento no se enteraría de que te ibas sin permiso?

—Bueno...

—Debería arrojarte desde aquí sin el caballo volador para ver con qué heroísmo aullabas de camino al suelo.

Apreté los puños. Sabía que debía mantener la boca cerrada, pero el señor D se disponía a matarme o arrastrarme ignominiosamente al campamento, y yo no soportaba ninguna de las dos ideas.

—¿Por qué me odia tanto? ¿Qué le he hecho yo?

Una llamarada púrpura brilló en sus ojos.

—Eres un héroe, chico. No me hace falta ningún otro motivo.

—¡Tengo que participar en esta búsqueda! He de ayudar a mis amigos. ¡Cosa que usted sería incapaz de comprender!

«Humm, jefe —me dijo *Blackjack*, nervioso—. Con lo liados que estamos en esta vid a trescientos metros de altura, tal vez le convendría ser más amable.»

Las ramas se aferraron en torno a mí con más fuerza. Allá abajo, la furgoneta blanca se alejaba cada vez más. Pronto se perdería de vista.

—¿Nunca te he hablado de Ariadna? —preguntó el señor D—. ¿La bella princesa de Creta? A ella también le gustaba ayudar a sus amigos. De hecho, ayudó a un joven héroe llamado Teseo, también hijo de Poseidón. Le dio un ovillo de hilo mágico que le permitió salir del laberinto. ¿Sabes cómo la recompensó Teseo?

Tuve ganas de contestarle: «¡Me importa un bledo!» Pero no creía que el señor D fuese a terminar más deprisa por eso.

—Se casaron —dije—. Y fueron felices y comieron perdices. Fin.

El señor D hizo una mueca desdeñosa.

—No exactamente. Teseo le dijo que se casaría con ella. La llevó a su barco y zarpó hacia Atenas. A mitad de camino, en una isla muy pequeña llamada Naxos, la... ¿cuál es la palabra que usáis los mortales? Sí... La dejó plantada. Yo la encontré allí, ¿sabes? Sola. Con el corazón destrozado. Llorando a lágrima viva. Ella lo había abandonado todo, había dejado su vida entera para ayudar a aquel héroe tan apuesto que al final la dejó tirada como una sandalia vieja.

—Muy mal hecho —dije—. Pero eso ocurrió hace miles de años. ¿Qué tiene que ver conmigo?

Él me miró con frialdad.

—Yo me enamoré de Ariadna, muchacho. Curé su corazón herido. Y cuando murió, la convertí en mi esposa inmortal en el Olimpo. Allí me espera aún. Volveré a su lado cuando acabe este siglo infernal de castigo en tu ridículo campamento.

Me lo quedé mirando.

—¿Usted... está casado? Pero si yo creía que se había metido en un lío por perseguir a una ninfa del bosque...

—Lo que yo digo es que los héroes no cambiáis. Acusáis a los dioses de vanidad. Deberíais miraros a vosotros mismos. Tomáis lo que os apetece, utilizáis a los demás cuando os hace falta, y luego acabáis traicionando a todo el mundo. Disculpa, pues, si no siento mucho afecto por los héroes. Son una pandilla de egoístas e ingratos. Pregúntale a Ariadna. A Medea. O ya puestos, pregúntale a Zoë Belladona.

—¿Cómo que le pregunte a Zoë? ¿A qué se refiere?

Él hizo un gesto despectivo.

—Anda. Sigue a tus estúpidos amigos.

Las ramas de vid se desenroscaron de mis piernas. Parpadeé incrédulo.

—Pero... ¿va a dejar que me marche? ¿Así como así?

—La profecía dice que al menos dos de vosotros moriréis. Quizá tenga suerte y tú seas uno de ellos. Pero recuerda mis palabras, hijo de Poseidón: vivo o muerto, no demostrarás ser mejor que los demás.

Dicho lo cual, Dioniso chasqueó los dedos y se dobló en dos, como una hoja de papel. Se oyó otro chasquido —¡plop!— y desapareció, dejando un leve aroma a uvas que el viento enseguida difuminó.

«Por los pelos», suspiró *Blackjack*.

Asentí, aunque casi me habría sentido menos inquieto si el señor D me hubiera arrastrado al campamento. Si me había dejado marchar era porque creía que teníamos muchas posibilidades de salir malparados de aquella búsqueda.

—Vamos, *Blackjack* —dije, procurando sonar animoso—. En Nueva Jersey te compraré unos donuts.

• • •

Al final, resultó que no pude comprarle ningún donut en Nueva Jersey, porque Zoë siguió hacia el sur como una loca y sólo cuando ya habíamos entrado en Maryland se detuvo en un área de descanso. A *Blackjack*, de lo agotado que estaba, poco le faltó para desplomarse en picado.

«Enseguida me recupero, jefe —jadeó—. Sólo... sólo tengo que recobrar el aliento.»

—Quédate aquí —le dije—. Voy a explorar.

«Eso de "quédate aquí" me parece factible. Podré hacerlo.»

Me puse la gorra de invisibilidad y me dirigí al supermercado. Me resultaba difícil no moverme a hurtadillas. Tenía que recordarme todo el rato que nadie podía verme. Y al mismo tiempo tenía que acordarme de dejar paso y hacerme a un lado para que la gente no chocase conmigo.

Quería entrar para calentarme un poco y tomar una taza de chocolate caliente. Aún me quedaban unas monedas en el bolsillo. Podía dejarlas en el mostrador. Me estaba preguntando si la taza se volvería invisible en cuanto la tocara o si el chocolate se quedaría flotando en el aire a la vista de todos, cuando todo mi plan se fue al garete: Zoë, Thalia, Bianca y Grover salían ya del local.

—¿Estás seguro, Grover? —decía Thalia.

—Eh... bastante seguro. Al noventa y nueve por ciento. Bueno, al ochenta y cinco.

—¿Y lo has hecho con unas simples bellotas? —preguntó Bianca con incredulidad.

Grover pareció ofendido.

—Es un conjuro de rastreo consagrado por la tradición. Y bueno, estoy bastante seguro de haberlo hecho bien.

—Washington está a unos cien kilómetros —dijo Bianca—. Nico y yo... —Frunció el entrecejo—. Vivíamos allí. ¡Qué... qué extraño! Se me había olvidado.

—Esto no me gusta —murmuró Zoë—. Deberíamos dirigirnos directamente al oeste. La profecía decía al oeste.

—Como si tu destreza para seguir el rastro fuese mejor, ¿no? —refunfuñó Thalia.

Zoë dio un paso hacia ella.

—¿Cómo osas poner en duda mi destreza, bellaca? ¡No tienes ni idea de lo que es una cazadora!

—¿Bellaca? ¿Me llamas bellaca? ¿Qué narices significa eso?

—Eh, vosotras —dijo Grover, nervioso—. No empecéis otra vez.

—Grover tiene razón —añadió Bianca—. Washington es nuestra mejor alternativa.

Zoë no parecía convencida, pero asintió a regañadientes.

—Muy bien. En marcha.

—Vas a conseguir que nos detengan por empeñarte en conducir —rezongó Thalia—. Yo aparento más que tú los dieciséis.

—Quizá —respondió Zoë—. Pero yo llevo conduciendo automóviles desde que los inventaron. Vamos.

Mientras continuábamos hacia el sur siguiendo a la furgoneta a vista de pájaro, o mejor dicho, de pegaso, me pregunté si Zoë hablaba en serio. Yo no sabía exactamente cuándo se habían inventado los coches, pero me figuraba que en tiempos prehistóricos, cuando la gente miraba la televisión en blanco y negro y cazaba dinosaurios.

¿Qué edad tendría Zoë? ¿Y a qué se refería el señor D? ¿Qué mala experiencia habría tenido ella con los héroes?

Cuando nos acercábamos a Washington, *Blackjack* empezó a perder velocidad y altitud. Jadeaba.

—¿Estás bien? —le pregunté.

«Perfecto, jefe. Podría... cargar con un ejército.»

—A mí no me lo parece. —De repente me sentí culpable. Lo había tenido volando durante medio día casi sin parar y a ritmo de autopista. Incluso para un caballo alado, aquello tenía que ser una tremenda paliza.

«¡No se preocupe por mí, jefe! Soy un tipo duro.»

Aunque debía de ser verdad, no podía olvidar que *Blackjack* era capaz de venirse abajo antes de soltar una queja, y no quería que eso sucediera.

Por suerte, la furgoneta empezó a disminuir de velocidad. Cruzó el río Potomac y entró en el centro de Washington. Yo me puse a pensar en patrullas aéreas, misiles y cosas por el estilo. No sabía cómo funcionarían esos sistemas de defensa; ni siquiera estaba seguro de que un radar militar pudiese detectar a un pegaso, pero tampoco quería averiguarlo con un repentino zambombazo que me borrase del mapa.

—Bájame aquí —pedí a *Blackjack*—. Ya los tenemos bastante cerca.

El pobre estaba tan cansado que no discutió. Descendió hacia el Monumento a Washington, que en realidad es un obelisco blanco, y me dejó sobre el césped.

La furgoneta estaba aparcada a pocas manzanas.

Miré a *Blackjack*.

—Quiero que vuelvas al campamento —le dije—. Tómate un buen descanso y dedícate a pastar un poco. Yo me las arreglaré.

Ladeó la cabeza con aire escéptico.

«¿Está seguro, jefe?»

—Tú ya has hecho bastante. Me las arreglaré solo. Y mil gracias.

«Mil kilos de heno —musitó *Blackjack*—. Eso estaría bien. De acuerdo, jefe, pero vaya con cuidado. Intuyo que no han venido aquí a ver a un tipo guapo y simpático como yo.»

Le prometí que me andaría con ojo. *Blackjack* desplegó las alas, se elevó en el aire y trazó un par de círculos alrededor del monumento antes de perderse entre las nubes.

Observé la furgoneta. Ahora estaban bajándose todos. Grover señalaba uno de los grandes edificios que se alinean frente al National Mall. Thalia asintió y los cuatro echaron a andar azotados por un viento helado.

Empecé a seguirlos, pero de pronto me quedé petrificado.

Una manzana más allá, de un coche negro bajó un hombre de pelo gris cortado al estilo militar. Llevaba gafas oscuras y un abrigo negro. Sí, ya sé que en Washington hay tipos así por todas partes. Pero yo había visto aquel coche en la autopista un par de veces. Siempre hacia el sur. Habían seguido a la furgoneta.

El tipo sacó su teléfono móvil y habló un momento. Luego miró alrededor, como asegurándose de que no había nadie a la vista, y echó a andar por el Mall hacia mis amigos.

Y lo peor de todo: al volverse, lo reconocí. Era el doctor Espino, la mantícora de Westover Hall.

Con la gorra de invisibilidad, seguí a Espino a cierta distancia. El corazón me latía desbocado. Si él había sobrevivido a la caída por el acantilado, Annabeth tenía que haber salido ilesa también. Mis sueños no me habían engañado. Seguía viva, la tenían prisionera.

Espino se mantenía bastante alejado de mis amigos y hacía todo lo posible para no ser visto.

Grover se detuvo por fin frente a un gran edificio con un rótulo que rezaba: «Museo Nacional del Aire y el Espacio.» ¡El Instituto Smithsoniano! Yo había estado allí con mi madre hacía un millón de años, sólo que entonces todo me parecía mucho más grande.

Thalia tanteó la puerta. Estaba abierto, sí, aunque no había mucha gente que entrara. Hacía demasiado frío y no era época escolar. Los cuatro se deslizaron hacia el interior.

El doctor Espino vaciló. Al parecer, no quería entrar en el museo. Dio media vuelta y se encaminó al otro lado del Mall. Con una decisión impulsiva, lo seguí.

Cruzó la calle y subió las escaleras del Museo de Historia Natural. Había un gran cartel en la puerta. A primera vista leí: «Cerrado por las fieras.» Luego deduje que tenía que ser «fiestas».

Entré tras él y lo seguí por una gran sala llena de esqueletos de dinosaurio y mastodontes. Se oían voces al fondo, tras unas grandes puertas. Fuera había dos centinelas. Le abrieron a Espino y tuve que apresurarme antes de que las cerraran.

Lo que vi allí dentro era tan espantoso que casi se me escapó un grito, lo cual seguramente me habría costado el pellejo.

Me hallaba en una enorme estancia redonda, con una galería que la rodeaba un metro por encima del suelo. En aquella galería había al menos una docena de guardias mortales, además de un par de monstruos: dos mujeres-reptil, cada una con dos colas de serpiente en lugar de piernas. Las había visto en otra ocasión. Annabeth las había llamado *dracaenae* de Escitia.

Pero eso no era lo peor. Entre las dos mujeres-serpiente —y habría jurado que mirándome— estaba mi viejo enemigo Luke. Tenía un aspecto terrible: la piel lívida como la cera y el pelo —antes rubio— casi del todo gris, como si hubiera envejecido diez años en unos meses. Aún conservaba el brillo colérico de sus ojos, y también la cicatriz de la mejilla, donde un dragón lo había arañado una vez. Pero la cicatriz tenía ahora un feo color rojizo, como si se le hubiese vuelto a abrir hacía poco.

Junto a él, sentado de modo que las sombras lo ocultaban, había otro hombre. Lo único que le veía eran los nudillos, aferrados a los brazos dorados de su silla, que parecía un trono.

—¿Y bien? —preguntó el hombre de la silla. Su voz era igual que la que había oído en mi sueño: no la voz espeluznante de Cronos, sino más profunda, más grave, como si la tierra misma se hubiera puesto a hablar. Su resonancia llenaba la sala pese a que no estaba gritando.

El doctor Espino se quitó las gafas oscuras. Sus ojos de dos colores, marrón y azul, relucían de pura excitación. Después de una rígida reverencia, habló con su extraño acento francés.

—Están aquí, General.

—Eso ya lo sé, idiota —respondió el hombre con voz tonante—. Pero ¿dónde?

—En el museo de cohetes.

—El Museo del Aire y el Espacio —corrigió Luke con irritación.

El doctor Espino le lanzó una mirada furibunda.

—Como usted diga, señorrrrr...

Me dio la sensación de que habría preferido traspasarlo con una de sus espinas.

—¿Cuántos? —preguntó Luke.

Espino fingió no haberlo oído.

—¡¡¿Cuántos?!! —insistió el General.

—Cuatro, General. El sátiro, Grover Underwood. La chica con el pelo negro en punta y con ropa... ¿cómo se dice?... punk, armada con ese escudo espantoso...

—Thalia —dijo Luke.

—Y otras dos chicas... cazadoras. Una de ellas con una diadema de plata.

—A ésa la conozco —gruñó el General.

Todo el mundo se removió incómodo.

—Déjeme apresarlos —le rogó Luke al General—. Tenemos más que suficientes...

—Paciencia —replicó el General—. Ya deben de estar bastante ocupados. Les he mandado un compañero de juegos para entretenerlos.

—Pero...

—No podemos arriesgarte, muchacho.

—Eso es, muchacho —dijo Espino con una cruel sonrisa—. Usted es demasiado frágil. Déjenme que acabe yo con ellos.

—No. —El General se alzó de su silla y entonces pude echarle un vistazo.

Era alto y musculoso, con la piel levemente bronceada y el pelo oscuro peinado hacia atrás. Vestía un traje de seda marrón de aspecto muy caro, como los que llevan los tipos de Wall Street, aunque nadie lo habría tomado por un *broker*. Tenía un rostro brutal, hombros enormes y manos capaces de partir en dos el mástil de una bandera. Sus ojos eran como piedras. Tuve la sensación de estar mirando una estatua viviente. Resultaba asombroso que pudiera moverse.

—Ya me has fallado una vez, Espino —tronó.

—Pero General...

—¡Sin excusas!

Espino retrocedió un paso. Yo lo había considerado un tipo espeluznante cuando lo vi por primera vez con su uniforme negro en la academia militar de Westover. Ahora, en cambio, de pie ante el General, parecía un novato patético. El General sí impresionaba. No necesitaba uniforme. Era un líder nato.

—Debería arrojarte a las profundidades del Tártaro por tu incompetencia —dijo—. Te mando a que captures al hijo de uno de los tres dioses mayores y tú me traes a una esmirriada hija de Atenea.

—¡Pero usted me prometió una oportunidad para vengarme! —protestó Espino—. ¡Y una unidad para mí!

—Soy el comandante en jefe del señor Cronos —dijo el General—. ¡Y elegiré como lugartenientes a quienes me ofrezcan resultados! Sólo gracias a Luke logramos salvar en parte nuestro plan. Y ahora, Espino, fuera de mi vista. Hasta que encuentre alguna tarea menor para ti.

Espino se puso rojo de rabia. Creí que iba a empezar a echar espumarajos o disparar espinas, pero se limitó a inclinarse torpemente y abandonó la estancia.

—Bien, muchacho —dijo el General, mirando a Luke—, lo primero que hemos de hacer es separar de los demás a la mestiza Thalia. El monstruo que buscamos acudirá entonces a ella.

—Será difícil deshacerse de las cazadoras —dijo Luke—. Zoë Belladona...

—¡No pronuncies ese nombre!

Luke tragó saliva.

—P... perdón, General. Yo sólo...

El General lo hizo callar con un gesto.

—Déjame mostrarte, muchacho, cómo derrotaremos a las cazadoras.

Señaló a un guardia que se hallaba en el nivel inferior de la estancia.

—¿Tienes los dientes?

El tipo se adelantó pesadamente con una vasija de cerámica.

—¡Sí, General!

—Plántalos —le ordenó.

En el centro de la sala había un gran círculo de tierra, donde supongo que estaba previsto exponer un dinosaurio. Observé con inquietud al guardia mientras extraía de la vasija unos aguzados dientes blancos y los iba hundiendo en la tierra. Luego alisó la superficie ante la gélida sonrisa del General.

El guardia retrocedió y se sacudió el polvo de las manos.

—¡Listo, General!

—¡Excelente! Riégalos, y luego dejaremos que sigan el rastro de su presa.

El guardia asió una pequeña regadera decorada con margaritas que resultaba más bien incongruente, porque no era agua lo que salía de ella, sino un líquido rojo oscuro. Y me daba la sensación de que no era ponche de frutas.

La tierra empezó a burbujear.

—Muy pronto, Luke —dijo el General—, te mostraré tales soldados que harán que resulte insignificante el ejército que tienes en ese barco.

Luke apretó los puños.

—¡Me he pasado un año entrenando a mis fuerzas! Cuando el *Princesa Andrómeda* llegue a la montaña serán los mejores...

—¡Ja! —soltó el General—. No niego que tus tropas puedan convertirse en una magnífica guardia de honor del señor Cronos. Y tú, naturalmente, tendrás un papel que desempeñar...

Me pareció que Luke palidecía aún más.

—... pero bajo mi liderazgo, las fuerzas del señor Cronos se verán multiplicadas por cien. Seremos incontenibles. Mira, ahí están mis máquinas más mortíferas.

La tierra sufrió una especie de erupción, e impulsivamente me eché atrás.

En cada punto donde habían plantado un diente surgía ahora una criatura de la tierra. La primera emitió un sonido:

—¡Miau!

Era un gatito. Un cachorro anaranjado con rayas de tigre. Luego apareció otro, y otro, hasta una docena, y todos se pusieron a jugar y revolcarse por la tierra.

Todo el mundo los miraba sin dar crédito. El General rugió:

—¿Qué es esto? ¿Gatitos de peluche? ¿De dónde has sacado esos dientes?

El guardia que los había traído se encogió de pánico.

—¡De la exposición, señor! Como usted me dijo. El tigre dientes-de-sable...

—¡No, idiota! ¡Te he dicho el tiranosaurio! Recoge esas... esas pequeñas bestias infernales y sácalas de aquí. No vuelvas a presentarte ante mí nunca más.

El tipo estaba tan aterrorizado que se le cayó al suelo la regadera. Recogió los gatitos y salió corriendo.

—¡Tú! —El General señaló a otro guardia—. Tráeme los dientes que he pedido. ¡Ahora!

El tipo se apresuró a cumplir sus órdenes.

—Imbéciles —murmuró el General.

—Por eso yo no utilizo mortales —dijo Luke—. No son de fiar.

—Son débiles de carácter, fáciles de sobornar, violentos —corroboró el General—. Me encantan.

Un minuto después, el guardia regresó a toda prisa con las manos llenas de grandes y aguzados colmillos.

—Magnífico —dijo el General. Se subió a la barandilla de la galería y desde allí saltó, elevándose seis metros por los aires.

Al caer, el suelo de mármol se resquebrajó por el impacto. Hizo una mueca y se masajeó el cuello.

—¡Mis malditas cervicales!

—¿Una almohadilla caliente, señor? —le ofreció el guardia—. ¿Una tableta de paracetamol?

—¡No! Ya se me pasará. —Se sacudió su traje de seda y le arrebató los dientes al guardia—. Lo haré yo mismo.

Sostuvo un diente y sonrió.

—Dientes de dinosaurio... ¡ja! Estos estúpidos mortales ni siquiera saben que tienen dientes de dragón en su poder. Y no de cualquier dragón. ¡Estos dientes proceden de la antigua Síbaris en persona! Nos vendrán de perlas. Los plantó en la tierra. Una docena en total. Recogió la regadera y roció el suelo de líquido rojo. Luego la dejó a un lado y abrió los brazos.

—¡Alzaos!

El suelo tembló. El esqueleto de una mano surgió disparado de la tierra y apretó el puño.

El General levantó la vista hacia la galería.

—Deprisa, ¿tenéis el rastro?

—Sssssí, señor —dijo una de las mujeres-serpiente, y sacó una faja de tela plateada, como la que llevaban las cazadoras.

—Magnífico —dijo el General—. En cuanto mis guerreros huelan el rastro, perseguirán a su propietaria sin descanso. Nada los detendrá: ningún arma conocida por los mestizos o las cazadoras. Harán trizas a las cazadoras y sus aliados. ¡Pásamela!

En ese momento surgieron los esqueletos de la tierra. Eran doce, uno por cada diente plantado por el General. No eran como los esqueletos de plástico de Halloween, ni como los que habrás visto en las películas de serie B. A éstos les creció la carne hasta que se convirtieron en hombres. Hombres de piel grisácea, con ojos amarillos y ropa moderna: camisetas grises sin mangas, pantalones de camuflaje, botas de combate. Si no los mirabas de cerca, casi podías creer que eran humanos. Pero tenían la piel transparente y sus huesos relucían debajo con un brillo trémulo, como imágenes de rayos X.

Uno de ellos me miró con una expresión helada, y comprendí en el acto que ninguna gorra de invisibilidad iba a despistarlo.

La mujer-serpiente había arrojado la faja, que revoloteó lentamente por el aire hacia la mano del General. En cuanto él se la entregase a los guerreros, saldrían en busca de Zoë y los demás, y no cejarían hasta aniquilarlos.

No tuve tiempo de pensarlo. Corrí y salté con todas mis fuerzas, chocando con los guerreros y atrapando la faja en el aire.

—¿Qué significa esto? —bramó el General.

Aterricé a los pies de un guerrero-esqueleto, que silbó como una serpiente.

—Un intruso —tronó el General—. Un enemigo cubierto de tinieblas. ¡Sellad las puertas!

—¡Es Percy Jackson! —gritó Luke—. Tiene que ser él.

Corrí hacia la salida. Oí el ruido de un desgarrón y vi que el guerrero-esqueleto me había arrancado un trozo de la manga. Cuando volví la vista, se había pegado a la nariz el trozo de tela y lo husmeaba a conciencia. Luego se lo pasó a los otros. Habría querido chillar de pánico, pero no podía. Me colé entre las puertas un segundo antes de que los centinelas las cerrasen de golpe a mi espalda.

Y luego corrí.

10

Me cargo unas cuantas naves espaciales

Crucé el Mall pitando, sin atreverme a mirar atrás, y me metí disparado en el Museo del Aire y el Espacio. Me quité la gorra de invisibilidad en cuanto crucé la recepción. La parte principal del museo era una sala gigantesca llena de cohetes y aviones colgados del techo. Por todo el perímetro discurrían tres galerías elevadas que permitían observar las piezas expuestas desde distintos niveles. No había mucha gente. Sólo algunas familias y un par de grupos de niños, seguramente de excursión escolar. Habría querido gritarles que echaran a correr, pero pensé que no lograría otra cosa que acabar detenido. Tenía que encontrar a Thalia, Grover y las cazadoras. En cualquier momento los tipos-esqueleto irrumpirían en el museo, y mucho me temía que no se decantarían por la visita guiada.

Tropecé con Thalia. Literalmente. Yo subía a toda velocidad por la rampa que llevaba a la galería más alta y choqué con ella con tal fuerza que la dejé sentada en una cápsula Apolo.

Grover dio un grito de sorpresa.

Antes de que pudiese recuperar el equilibrio, Zoë y Bianca me apuntaban ya con sus flechas (los arcos habían surgido como de la nada).

Cuando Zoë me reconoció, no pareció muy deseosa de bajar el arco.

—¡Tú! ¿Cómo osas presentarte aquí?

—¡Percy! —dijo Grover—. ¡Gracias a los dioses!

Zoë le lanzó una mirada fulminante y él se sonrojó.

—Bueno... eh... Cielos, se supone que no deberías estar aquí.

—Luke —dije, tratando de recobrar el aliento—. Está aquí.

La cólera en los ojos de Thalia se disolvió en el acto. Se llevó una mano a su pulsera de plata.

—¿Dónde?

Les conté lo del Museo de Historia Natural: la escena entre el doctor Espino, Luke y el General.

—¿El General está aquí? —Zoë parecía consternada—. Imposible. Mientes.

—¿Por qué iba a mentir? Escucha, no tenemos tiempo. Hay guerreros-esqueleto...

—¿Qué? —preguntó Thalia—. ¿Cuántos?

—Doce —dije—. Y algo más todavía: ese tipo, el General, ha dicho que había enviado a un «compañero de juegos» para distraeros. Un monstruo.

Thalia y Grover se miraron.

—Estábamos siguiéndole el rastro a Artemisa —dijo Grover—. Casi habría jurado que conducía aquí. Hay un intenso olor a monstruo. Debió de detenerse por aquí cuando buscaba a esa bestia misteriosa. Pero aún no hemos encontrado nada.

—Zoë —dijo Bianca, nerviosa—. Si es el General...

—¡No puede ser! —espetó Zoë—. Percy habrá visto un mensaje Iris o alguna clase de ilusión.

—Las ilusiones no resquebrajan un suelo de mármol —le dije.

Zoë respiró hondo, tratando de serenarse. Yo no sabía por qué se lo tomaba como algo personal, ni de qué conocía al General, pero supuse que no era momento de preguntar.

—Si eso de los guerreros-esqueleto es cierto —dijo por fin—, no hay tiempo para discutir. Son los peores, los más horribles... Debemos irnos ahora mismo.

—Buena idea —asentí.

—No me refería a ti, chico —agregó Zoë—. Tú no tomas parte en esta búsqueda.

—¡Eh, que estoy haciendo lo posible para salvaros!

—No deberías haber venido, Percy —dijo Thalia gravemente—. Pero ya que estás aquí... Venga. Volvamos a la furgoneta.

—Esa decisión no os corresponde a vos —replicó Zoë.

Thalia frunció el entrecejo.

—Tú no mandas aquí, Zoë. Y me da igual la edad que tengas. ¡Sigues siendo una mocosa engreída!

—Nunca has demostrado sensatez cuando se trata de chicos —refunfuñó Zoë—. ¡Nunca has sabido prescindir de ellos!

Thalia parecía a punto de abofetearla. Y entonces nos quedamos todos helados: se oyó un rugido tan atronador que pensé que había despegado uno de los cohetes.

Abajo, varias personas gritaban. Un niño pequeño chilló entusiasmado:

—¡*Kitty*!

Una cosa enorme saltó rampa arriba. Era del tamaño de un camión de mercancías, con uñas plateadas y un resplandeciente pelaje dorado. Yo había visto una vez a ese monstruo. Dos años atrás, lo había divisado brevemente desde un tren. Ahora, visto de cerca, parecía todavía más grande.

—El León de Nemea —dijo Thalia—. No os mováis.

El león rugió con tal fuerza que me puso los pelos de punta y casi me hizo la raya en medio. Sus colmillos relucían como el acero inoxidable.

—Separaos cuando dé la señal —dijo Zoë—. Intentad distraerlo.

—¿Hasta cuándo? —preguntó Grover.

—Hasta que se me ocurra una manera de matarlo. ¡Ya!

Destapé a *Contracorriente* y rodé hacia la izquierda. Silbaron varias flechas y Grover se puso a gorjear un agudo pío-pío con sus flautas. Zoë y Bianca treparon por la cápsula Apolo. Le disparaban flechas incendiarias al monstruo, pero todas se partían contra su pelaje metálico sin hacerle nada. El león le asestó un golpe a la cápsula, ladeándola, y las cazadoras salieron despedidas. Grover cambió de tercio y se puso a tocar una melodía frenética. El león se volvió hacia él, pero Thalia se interpuso en su camino con la Égida y la fiera retrocedió rugiendo.

—¡¡Grrrrrr!!

—¡Atrás! —gritó Thalia—. ¡Atrás!

El león gruñó y dio un zarpazo al aire, pero continuó reculando como si el escudo fuera un fuego abrasador.

Por un momento creí que Thalia lo tenía controlado, pero entonces vi que el león se agazapaba con todos los músculos en tensión. Yo había visto muchas peleas de gatos en los callejones que había cerca de nuestro apartamento en Nueva York. Sabía que estaba a punto de saltar.

—¡¡Eeeh!! —grité con todas mi fuerzas.

No sé en qué estaría pensando, pero arremetí contra la bestia. Lo único que quería era alejarla de mis amigos. Le di un mandoble en el flanco con mi espada, un golpe que debería haberlo hecho picadillo, pero la hoja se estrelló contra su pelaje con un ruido metálico y sólo le arrancó un puñado de chispas.

El león me dio un zarpazo y me desgarró un buen trozo de abrigo. Retrocedí contra la barandilla y, cuando cargó contra mí, no tuve más remedio que volverme y saltar.

Caí en el ala de un antiguo avión plateado, que se balanceó y no me lanzó por muy poco al suelo, tres pisos más abajo.

Una flecha me pasó silbando junto a la cabeza. El león también saltó y aterrizó sobre el avión. Los cables que lo sostenían empezaron a gemir.

La fiera se abalanzó sobre mí, así que sin pensarlo me dejé caer sobre la siguiente pieza: un extraño artilugio espacial con aspas de helicóptero. Levanté la vista y vi al león rugiendo con las fauces abiertas. Tenía la lengua y la garganta rojas.

Ése es el blanco, pensé. Su pelaje era del todo invulnerable, pero si lograba herirle en la boca... El único problema era que se movía demasiado deprisa. Entre sus garras y sus colmillos, no podría acercarme lo bastante sin quedar cortadito en lonchas.

—¡Zoë! —grité—. ¡Apuntadle a la boca!

El monstruo saltó. Una flecha silbó a su lado sin acertarle. Me dejé caer en lo alto de la pieza que había expuesta en la planta baja: una reproducción inmensa del globo terráqueo. Me deslicé por territorio ruso y, a la altura del ecuador, salté.

El León de Nemea dio un rugido e intentó mantener el equilibrio sobre la nave espacial, pero pesaba demasiado. Uno de los cables se partió. Mientras la nave empezaba a balancearse como un péndulo, el león cayó de un salto sobre el Polo Norte.

—¡Grover! —grité—. ¡Despeja la zona!

Varios grupos de niños corrían dando gritos de pánico. Grover trató de reunirlos en un rincón, lejos del monstruo. El otro cable de la nave se partió entonces y ésta se desplomó al suelo con gran estruendo. Thalia saltó desde la barandilla de la segunda planta y cayó al otro lado del globo terráqueo. El león nos miró desde el Polo Norte, tratando de decidir a cuál de los dos destrozaba primero.

Zoë y Bianca estaban arriba, con los arcos listos, pero tenían que moverse continuamente para buscar un buen ángulo.

—¡No tenemos un disparo claro! —gritó Zoë—. ¡Hacedle abrir la boca otra vez!

El león gruñó desde lo alto del globo terráqueo.

Miré a ambos lados. Una alternativa. Necesitaba...

¡La tienda de regalos! Me había venido el recuerdo de mi visita al museo cuando era niño y de una cosa que le hice comprar a mi madre (aunque luego me arrepentí). Si todavía la vendieran...

—Thalia —dije—, mantenlo distraído.

Ella asintió.

Lo apuntó con su lanza y un arco eléctrico azul salió disparado de la punta y fue a darle al león en la cola.

—¡Grrrrr!

El animal giró y saltó hacia ella. Thalia se hizo a un lado, sosteniendo la Égida para mantenerlo a raya, mientras yo corría hacia la tienda de regalos.

—¡No es momento para *souvenirs*, chico! —gritó Zoë.

Irrumpí en la tienda, derribando montones de camisetas y saltando por encima de mesas abarrotadas de planetas fosforescentes y cacharros espaciales. La dependienta no protestó. Estaba muy ocupada escondiéndose detrás de la caja.

¡Allí estaban! En la pared del fondo: aquellos relucientes paquetes plateados. Había estantes enteros con los tipos más variados. Recogí todos los que pude y salí corriendo.

Zoë y Bianca seguían rociando al monstruo con una lluvia de flechas. Pero no servía de nada. El león se cuidaba mucho de no abrir la boca en exceso. Trataba de darle un mordisco a Thalia o de arañarla con sus garras, pero mantenía los ojos apenas entreabiertos para protegerse.

Thalia lo hostigó con su lanza y retrocedió enseguida. El león la estaba arrinconando.

—¡Percy —gritó—, si piensas hacer algo...!

El monstruo dio un rugido y la barrió de un zarpazo inesperado como si fuese un muñeco, mandándola por los aires contra un cohete de la serie Titán. Thalia se dio un buen golpe en la cabeza y quedó atontada en el suelo.

—¡Eh, tú! —le grité al león. Estaba demasiado lejos para alcanzarlo, de modo que me arriesgué y le arrojé mi espada como si fuera un puñal. Le rebotó en un flanco, pero al menos sirvió para captar su atención. Se volvió hacia mí gruñendo.

Sólo había una manera de acercarse lo bastante. Me lancé al ataque y, cuando el animal se disponía a saltar, le embutí entre las fauces una bolsa de comida espacial: una buena ración de helado de fresa liofilizado, envuelto en celofán.

El león abrió los ojos de par en par y empezó a sufrir arcadas, como un gato atragantado con una bola de pelo.

No era de extrañar. A mí me había pasado lo mismo de niño, una vez que intenté tragarme aquella comida espacial. Una cosa sencillamente asquerosa.

—¡Zoë, prepárate! —ordené.

La gente gritaba a mis espaldas. Grover tocaba otra canción espantosa con sus flautas.

Me aparté del león como pude. Ahora ya había logrado tragarse el paquete y me miraba con odio reconcentrado.

—¡Hora del aperitivo! —chillé.

Cometió el error de soltarme un rugido, así que le lancé otro bocado de fresa espacial al gaznate. Por suerte, aunque el béisbol no era precisamente mi debilidad, yo siempre había sido un lanzador bastante bueno. Antes de que el león dejara de sufrir arcadas, le colé otros dos sabores distintos de helado y una ración de espaguetis liofilizados.

Los ojos se le salían de las órbitas. Abrió la boca del todo y se alzó sobre sus patas traseras, tratando de evitarme.

—¡Ahora! —grité.

De inmediato, las flechas cruzaron sus fauces: dos, cuatro, seis. La bestia se retorció enloquecida, dio una vuelta sobre sí misma, cayó hacia atrás y se quedó inmóvil.

Las alarmas aullaban por doquier en el museo; la gente salía en manada por las puertas de emergencia y los guardias de seguridad corrían de un lado para otro, muertos de pánico, aunque sin entender qué sucedía.

Grover se arrodilló junto a Thalia y la ayudó a levantarse. Parecía estar bien, sólo algo aturdida. Zoë y Bianca saltaron desde la galería y aterrizaron a mi lado.

Zoë me observó con cautela.

—Interesante... estrategia.

—Bueno, ha funcionado.

No me lo discutió.

El león había empezado a derretirse, como sucede a veces con los monstruos muertos, hasta que finalmente no quedó nada en el suelo salvo su reluciente pelaje, reducido al tamaño de un león normal.

—Agárrala —me dijo Zoë.

Me quedé mirándola.

—¿La piel del león? ¿No será una violación de los derechos de los animales o algo así?

—Es un botín de guerra —contestó muy solemne—. Os lo habéis ganado con todo derecho.

—Pero lo has matado tú.

Ella meneó la cabeza, casi sonriendo.

—Si la fiera ha caído, ha sido por vuestro sándwich espacial. A cada cual lo suyo, Percy Jackson. Quedaos con el pellejo.

Lo recogí del suelo. Para mi sorpresa, era muy ligero. Suave y blando también. No parecía en absoluto capaz de detener una estocada. Mientras lo contemplaba, se fue transformando hasta convertirse en un abrigo largo marrón dorado.

—No es que sea mi estilo exactamente —murmuré.

—Tenemos que salir de aquí —terció Grover—. Los guardias de seguridad no van a seguir alelados toda la vida.

Por primera vez reparé en el hecho asombroso de que los guardias no se nos hubieran echado encima para detenernos. Corrían en todas direcciones, salvo en la nuestra, como enloquecidos buscando alguna cosa. Algunos chocaban contra las paredes o entre ellos.

—¿Tú los has dejado así?

Asintió, algo avergonzado.

—Una cancioncilla de confusión. Siempre funciona. Pero sólo unos minutos.

—Los guardias de seguridad no son lo peor —dijo Zoë—. Mirad.

A través de las puertas de cristal del museo, vimos a un grupo de hombres cruzando el césped de la entrada. Hombres grises con uniforme de camuflaje. Aún estaban demasiado lejos para verles los ojos, pero yo ya sentía sus miradas clavadas en mí.

—Idos —dije—. Me persiguen a mí. Yo los distraeré.

—No —dijo Zoë—. Vamos juntos.

La miré.

—Pero si dijiste...

—Ahora formas parte de esta búsqueda —repuso a regañadientes—. No es que me guste, pero el destino no puede modificarse. Tú eres el quinto miembro del grupo. Y no dejamos a nadie atrás.

11

Grover se agencia un Lamborghini

Estábamos cruzando el río Potomac cuando divisamos un helicóptero. Un modelo militar negro y reluciente como el que habíamos visto en Westover Hall. Venía directo hacia nosotros.

—Han identificado la furgoneta —advertí—. Tenemos que abandonarla.

Zoë viró bruscamente y se metió en el carril de la izquierda. El helicóptero nos ganaba terreno.

—Quizá los militares lo derriben —dijo Grover, esperanzado.

—Los militares deben de creer que es uno de los suyos —continué—. ¿Cómo se las arregla el General para utilizar mortales?

—Son mercenarios —repuso Zoë con amargura—. Es repulsivo, pero muchos mortales son capaces de luchar por cualquier causa con tal de que les paguen.

—Pero ¿es que no comprenden para quién están trabajando? —pregunté—. ¿No ven a los monstruos que los rodean?

Zoë meneó la cabeza.

—No sé hasta qué punto ven a través de la Niebla. Pero dudo que les importase mucho si supieran la verdad. A veces los mortales pueden ser más horribles que los monstruos.

El helicóptero seguía aproximándose. A aquel paso acabarían batiendo una marca mundial, mientras que nosotros, con el tráfico de Washington, lo teníamos más difícil.

Thalia cerró los ojos y se puso a rezar.

—Eh, papá. Un rayo nos iría de perlas ahora mismo. Por favor.

Pero el cielo permaneció gris y cubierto de nubes cargadas de aguanieve. Ni un solo indicio de una buena tormenta.

—¡Allí! —señaló Bianca—. ¡En ese aparcamiento!

—Quedaremos acorralados —dijo Zoë.

—Confía en mí —respondió Bianca.

Zoë cruzó dos carriles y se metió en el aparcamiento de un centro comercial en la orilla sur del río. Salimos de la furgoneta y bajamos unas escaleras, siguiendo a Bianca.

—Es una boca del metro —informó—. Vayamos al sur. A Alexandria.

—Cualquier dirección es buena —asintió Thalia.

Compramos los billetes y cruzamos los torniquetes, mirando hacia atrás por si nos seguían. Unos minutos más tarde, estábamos a bordo de un tren que se dirigía al sur, lejos de la capital. Cuando salió al exterior, vimos al helicóptero volando en círculo sobre el aparcamiento. No nos seguían.

Grover dio un suspiro.

—Suerte que te has acordado del metro, Bianca.

Ella pareció halagada.

—Sí, bueno... Me fijé en esta estación cuando pasamos por aquí el verano pasado. Recuerdo que me llamó la atención porque no existía cuando Nico y yo vivíamos en Washington.

Grover frunció el entrecejo.

—¿Nueva, dices? Esa estación parecía muy vieja.

—Quizá —dijo Bianca—. Pero cuando nosotros vivíamos aquí, de niños, el metro no existía, te lo aseguro.

Thalia se incorporó en su asiento.

—Un momento... ¿Dices que no había ninguna línea de metro?

Bianca asintió.

Yo no sabía nada de Washington, pero no entendía cómo era posible que todo su sistema de metro tuviera menos de doce años. Supongo que los demás estaban pensando lo mismo, porque parecían igual de perplejos.

—Bianca —dijo Zoë—, ¿cuánto hace...?

Se interrumpió al oír el ruido del helicóptero, que fue aumentando de volumen rápidamente.

—Tenemos que cambiar de tren —dije—. En la próxima estación.

Durante la media hora siguiente, sólo pensamos en escapar. Cambiamos dos veces de tren. No sabíamos adónde íbamos, pero logramos despistar al helicóptero al cabo de un rato.

Por desgracia, cuando bajamos del tren, nos encontramos al final de la línea, en medio de una zona industrial donde sólo había hangares y raíles. Y nieve. Montañas de nieve. Daba la sensación de que hacía mucho más frío allí. Yo me alegraba de tener mi nuevo abrigo de piel de león.

Vagamos por las cocheras del ferrocarril, pensando que tal vez habría otro tren de pasajeros, pero sólo encontramos hileras e hileras de vagones de carga, muchos cubiertos de nieve, como si no se hubieran movido en años.

Vimos a un vagabundo junto a un cubo de basura en el que había encendido un fuego. Debíamos de tener una pinta bastante patética, porque nos dirigió una sonrisa desdentada y dijo:

—¿Necesitáis calentaros? ¡Acercaos!

Nos acurrucamos todos alrededor del fuego. A Thalia le castañeteaban los dientes.

—Esto es ge... ge... ge... nial.

—Tengo las pezuñas heladas —dijo Grover.

—Los pies —lo corregí, para disimular ante el vagabundo.

—Quizá tendríamos que ponernos en contacto con el campamento —dijo Bianca.

—No —replicó Zoë—. Ellos ya no pueden ayudarnos. Tenemos que concluir esta búsqueda por nuestros propios medios.

141

Observé las cocheras, desanimado. Muy lejos, en algún punto del oeste, Annabeth corría un grave peligro y Artemisa yacía encadenada. Un monstruo del fin del mundo andaba suelto. Y nosotros, entretanto, estábamos varados en los suburbios de Washington, compartiendo hoguera con un vagabundo.

—¿Sabes? —dijo el tipo—, uno nunca se queda del todo sin amigos. —Tenía la cara mugrienta y una barba desaliñada, pero su expresión parecía bondadosa—. ¿Necesitáis un tren que vaya hacia el oeste?

—Sí, señor —respondí—. ¿Sabe usted de alguno?

Señaló con su mano grasienta. Y entonces vi un tren de carga reluciente, sin nieve encima. Era uno de esos trenes de transporte de automóviles, con mallas de acero y tres plataformas llenas de coches. A un lado ponía: «Línea del sol oeste.»

—Ése... nos viene perfecto —dijo Thalia—. Gracias, eh...

Se volvió hacia el vagabundo, pero había desaparecido. El cubo de basura estaba frío y completamente vacío, como si el hombre se hubiera llevado también las llamas.

Una hora más tarde nos dirigíamos hacia el oeste traqueteando. Ahora ya no había discusiones sobre quién conducía, porque teníamos un coche de lujo cada uno. Zoë y Bianca se habían quedado profundamente dormidas en un Lexus de la plataforma superior. Grover jugaba a los conductores de carreras al volante de un Lamborghini. Y Thalia le había hecho el puente a la radio de un Mercedes negro para captar las emisoras de rock alternativo de Washington.

—¿Puedo sentarme aquí? —le pregunté.

Ella se encogió de hombros, así que me senté en el asiento del copiloto.

En la radio sonaban los White Stripes. Conocía la canción porque era uno de los pocos discos míos que le gustaban a mi madre. Decía que le recordaba a Led Zeppelin. Pensar en mi madre me entristecía, porque no parecía

Thalia. Pensé en cuán distinta era de Zoë. Ésta, tan formal y distante como una princesa; ella, con sus ropas andrajosas y su actitud rebelde. Y no obstante, había algo similar en ambas. El mismo tipo de dureza. Ahora mismo, con la cara sumida en la sombra y una expresión lúgubre, tenía todo el aspecto de una cazadora.

Y de repente se me ocurrió.

—Por eso no te llevas bien con Zoë.

Ella frunció el entrecejo.

—¿Qué?

—Las cazadoras trataron de reclutarte —dije sin estar del todo convencido.

Sus ojos brillaron peligrosamente. Pensé que iba a echarme del Mercedes, pero se limitó a suspirar.

—Estuve a punto de unirme a ellas —reconoció al fin—. Luke, Annabeth y yo nos tropezamos una vez con las cazadoras, y Zoë intentó convencerme. Casi lo logró, pero...

—¿Pero?

Sus dedos aferraron el volante.

—Tendría que haber dejado a Luke.

—Ah.

—Zoë y yo acabamos peleándonos. Ella me dijo que era una estúpida. Que me arrepentiría de mi elección. Que algún día Luke me fallaría.

Observé el sol a través de la malla metálica. Daba la impresión de que viajábamos más rápido a cada segundo que pasaba: las sombras parpadeaban como un proyector antiguo.

—¡Vaya palo! —dije—, tener que reconocer que acertaba.

—¡No es cierto! Luke nunca me falló. Nunca.

—Tendremos que luchar con él —le recordé—. No habrá más remedio.

Thalia no respondió.

—Tú no lo has visto últimamente —le advertí—. Sé que es difícil de creer, pero...

—Haré lo que debo.

—¿Incluso si eso significa matarlo?

—Hazme un favor —dijo—. Sal de mi coche.

144

Me sentí tan mal por ella qu[e]
disponía a alejarme, bajó la venta[na]

—Percy.

Tenía los ojos enrojecidos, aun[que]
o tristeza.

—Annabeth también quería u[n]
Quizá deberías preguntarte por qu[é]

Antes de que pudiera responde[r]
ventanilla.

Me senté al volante del Lamborghini
en la parte de atrás. Había pasado un[a]
presionar a Zoë y Bianca con su músi[ca]
nalmente se había dado por vencido.

Mientras miraba cómo se ponía el [sol]
beth. Me daba miedo dormirme. Me in[timidaba]
diera soñar.

—No tengas miedo de los sueños —
lado.

Me volví. En cierto sentido, no me [ex]
trarme en el asiento del copiloto al vagab[undo]
ras del ferrocarril. Llevaba unos tejanos
casi parecían blancos. Tenía el abrigo des[gastado]
no se le salía por las costuras. Parecía algo
de peluche arrollado por un camión de me[tal]

—Si no fuera por los sueños —dijo—, [sabría]
mitad de las cosas que sé del futuro. Son [como]
que los periódicos del Olimpo. —Se aclar[ó]
alzó las manos con aire teatral.

Los sueños igual que un iPod
me dictan verdades al oído
y me cuentan cosas guay.

—¿Apolo? —deduje. Sólo él sería capaz
un haiku tan malo.

Él se llevó un dedo a los labios.

—Estoy de incógnito. Llámame Fred.

probable que pudiese estar en casa para Navidades. Quizá no viviría tanto tiempo.

—Bonito abrigo —dijo Thalia.

Me envolví en aquella piel marrón, agradecido por el calorcito que me proporcionaba.

—Sí, pero el León de Nemea no era el monstruo que estamos buscando.

—Ni de lejos. Nos queda mucha tela que cortar.

—Sea cual sea ese monstruo misterioso, el General dijo que saldría a tu encuentro. Querían separarte del grupo para que el monstruo pudiera luchar en solitario contigo.

—¿Dijo eso?

—Bueno, algo parecido.

—Fantástico. Me encanta que me utilicen como cebo.

—¿No tienes idea de qué monstruo podría ser?

Ella meneó la cabeza, malhumorada.

—Sabes adónde vamos, ¿no? —dijo en cambio—. San Francisco. Era allí adonde se dirigía Artemisa.

Recordé que Annabeth me había dicho algo sobre San Francisco en el baile: que su padre se mudaba allí y ella no podía acompañarlo. Que los mestizos no podían vivir en ese lugar.

—¿Por qué? —pregunté—. ¿Qué tiene de malo San Francisco?

—La Niebla allí es muy densa porque la Montaña de la Desesperación está muy cerca. La magia de los titanes (o lo que queda de ella) todavía perdura allí. Los monstruos sienten por esa zona una atracción que no puedes ni imaginarte.

—¿Qué es la Montaña de la Desesperación?

Ella arqueó una ceja.

—¿De verdad no lo sabes? Pregúntaselo a la estúpida de Zoë. Ella es la experta.

Miró al frente con rabia. Me habría gustado preguntarle a qué se refería, pero tampoco quería parecer un idiota. Me molestaba la sensación de que ella supiese más que yo, de manera que mantuve la boca cerrada.

El sol de la tarde se colaba a través de la malla del vagón de carga, arrojando una sombra sobre el rostro de

Thalia. Pensé en cuán distinta era de Zoë. Ésta, tan formal y distante como una princesa; ella, con sus ropas andrajosas y su actitud rebelde. Y no obstante, había algo similar en ambas. El mismo tipo de dureza. Ahora mismo, con la cara sumida en la sombra y una expresión lúgubre, tenía todo el aspecto de una cazadora.

Y de repente se me ocurrió.

—Por eso no te llevas bien con Zoë.

Ella frunció el entrecejo.

—¿Qué?

—Las cazadoras trataron de reclutarte —dije sin estar del todo convencido.

Sus ojos brillaron peligrosamente. Pensé que iba a echarme del Mercedes, pero se limitó a suspirar.

—Estuve a punto de unirme a ellas —reconoció al fin—. Luke, Annabeth y yo nos tropezamos una vez con las cazadoras, y Zoë intentó convencerme. Casi lo logró, pero...

—¿Pero?

Sus dedos aferraron el volante.

—Tendría que haber dejado a Luke.

—Ah.

—Zoë y yo acabamos peleándonos. Ella me dijo que era una estúpida. Que me arrepentiría de mi elección. Que algún día Luke me fallaría.

Observé el sol a través de la malla metálica. Daba la impresión de que viajábamos más rápido a cada segundo que pasaba: las sombras parpadeaban como un proyector antiguo.

—¡Vaya palo! —dije—, tener que reconocer que acertaba.

—¡No es cierto! Luke nunca me falló. Nunca.

—Tendremos que luchar con él —le recordé—. No habrá más remedio.

Thalia no respondió.

—Tú no lo has visto últimamente —le advertí—. Sé que es difícil de creer, pero...

—Haré lo que debo.

—¿Incluso si eso significa matarlo?

—Hazme un favor —dijo—. Sal de mi coche.

Me sentí tan mal por ella que no discutí. Cuando me disponía a alejarme, bajó la ventanilla y me llamó:

—Percy.

Tenía los ojos enrojecidos, aunque no supe si de rabia o tristeza.

—Annabeth también quería unirse a las cazadoras. Quizá deberías preguntarte por qué.

Antes de que pudiera responder, subió el cristal de la ventanilla.

Me senté al volante del Lamborghini de Grover. Él dormía en la parte de atrás. Había pasado un rato tratando de impresionar a Zoë y Bianca con su música de flauta, pero finalmente se había dado por vencido.

Mientras miraba cómo se ponía el sol, pensé en Annabeth. Me daba miedo dormirme. Me inquietaba lo que pudiera soñar.

—No tengas miedo de los sueños —dijo una voz a mi lado.

Me volví. En cierto sentido, no me sorprendió encontrarme en el asiento del copiloto al vagabundo de las cocheras del ferrocarril. Llevaba unos tejanos tan gastados que casi parecían blancos. Tenía el abrigo desgarrado y el relleno se le salía por las costuras. Parecía algo así como un osito de peluche arrollado por un camión de mercancías.

—Si no fuera por los sueños —dijo—, yo no sabría ni la mitad de las cosas que sé del futuro. Son mucho mejores que los periódicos del Olimpo. —Se aclaró la garganta y alzó las manos con aire teatral.

> Los sueños igual que un iPod,
> me dictan verdades al oído
> y me cuentan cosas guay.

—¿Apolo? —deduje. Sólo él sería capaz de componer un haiku tan malo.

Él se llevó un dedo a los labios.

—Estoy de incógnito. Llámame Fred.

145

—¿Un dios llamado Fred?

—Bueno... Zeus se empeña en respetar ciertas normas. Prohibido intervenir en una operación de búsqueda humana. Incluso si ocurre algo grave de verdad. Pero nadie se mete con mi hermanita, qué caramba. Nadie.

—¿Puedes ayudarnos, entonces?

—Chist. Ya lo he hecho. ¿No has mirado fuera?

—El tren. ¿A qué velocidad vamos?

Él ahogó una risita.

—Bastante rápidos. Por desgracia, el tiempo se nos acaba. Casi se ha puesto el sol. Pero imagino que habremos recorrido al menos un buen trozo de América.

—Pero ¿dónde está Artemisa?

Su rostro se ensombreció.

—Sé muchas cosas y veo muchas cosas. Pero eso no lo sé. Una nube me la oculta. No me gusta nada.

—¿Y Annabeth?

Frunció el entrecejo.

—Ah, ¿te refieres a esa chica que perdiste? Humm. No sé.

Hice un esfuerzo para no enfurecerme. Sabía que a los dioses les costaba tomarse en serio a los mortales, e incluso a los mestizos. Vivimos vidas muy cortas, comparados con ellos.

—¿Y qué me dices del monstruo que Artemisa estaba buscando? —le pregunté—. ¿Sabes lo que es?

—No. Pero hay alguien que tal vez lo sepa. Si aún no has encontrado a ese monstruo cuando llegues a San Francisco, busca a Nereo, el viejo caballero del mar. Tiene una larga memoria y un ojo muy penetrante. Posee el don del conocimiento, aunque a veces se ve oscurecido por mi Oráculo.

—Pero si es tu Oráculo —protesté—. ¿No puedes decirnos lo que significa la profecía?

Apolo suspiró.

—Eso es como pedirle a un pintor que te hable de su cuadro, o a un poeta que te explique su poema. Es como decirle que ha fracasado. El significado sólo se aclara a través de la búsqueda.

—Dicho de otro modo, no lo sabes.

Apolo consultó su reloj.

—¡Uy, mira qué hora es ya! He de irme corriendo. No creo que pueda arriesgarme a ayudaros otra vez, Percy. ¡Pero recuerda lo que te he dicho! Duerme un poco. Y cuando vuelvas, espero que hayas compuesto un buen haiku sobre el viaje.

Yo quise responder que no estaba cansado y que no había escrito un haiku en mi vida, pero Apolo chasqueó dos dedos y se me cerraron los ojos.

En mi sueño, yo era otra persona. Iba con una anticuada túnica griega (demasiado ventilada en los bajos) y unas sandalias de cuero con cordones. Llevaba la piel del León de Nemea anudada a la espalda como una capa y corría, arrastrado por una chica que me agarraba con fuerza de la mano.

—¡Deprisa! —decía. Estaba demasiado oscuro para verle la cara con claridad, pero percibía el miedo en su voz—. ¡Deprisa o nos encontrará!

Era de noche. Un millón de estrellas resplandecían en el cielo. Corríamos entre hierbas muy altas y el olor de las flores daba al aire un aroma embriagador. Era un hermoso jardín y, sin embargo, la chica me guiaba a través de él como si estuviéramos a punto de morir.

—No tengo miedo —le decía yo.

—¡Deberías tenerlo! —respondía, y seguía arrastrándome. Sus largas trenzas oscuras le bailaban en la espalda. Su manto de seda resplandecía levemente a la luz de las estrellas.

Subíamos corriendo la cuesta. Me llevaba detrás de un arbusto espinoso y nos derrumbábamos jadeando. No entendía por qué ella tenía tanto miedo. El jardín parecía tranquilo. Y yo me sentía muy fuerte, mucho más de lo que me había sentido nunca.

—No hace falta que corramos —le decía. Mi voz sonaba más grave, más segura—. He vencido a miles de monstruos con mis manos desnudas.

—A éste no —respondía la chica—. Ladón es demasiado fuerte. Debes subir la montaña dando un rodeo para llegar a mi padre. Es la única manera.

El dolor que latía en su voz me sorprendió. Estaba preocupada de verdad, casi como si yo le importara.

—No me fío de tu padre —replicaba.

—No debes fiarte —asentía ella—. Tendrás que engañarlo. Pero no puedes tomar el premio directamente... ¡o morirás!

Yo reía entre dientes.

—Entonces, ¿por qué no me ayudas, bella muchacha?

—Tengo miedo. El Ladón me detendría. Y mis hermanas, si se enterasen, me repudiarían.

—Entonces no hay más remedio. —Me incorporaba frotándome las manos.

—¡Espera! —decía la chica.

Parecía atormentada por una duda. Finalmente, con dedos temblorosos, se llevaba una mano al pelo y se quitaba un largo broche blanco.

—Si has de luchar, llévate esto. Me lo dio mi madre, Pleione. Ella era hija del océano y la fuerza del océano se halla encerrada en él. Mi poder inmortal.

La chica soplaba en el broche y éste brillaba levemente. Destellaba a la luz de las estrellas como un brillante caracol marino.

—Llévatelo —me decía—. Y conviértelo en un arma.

Yo me echaba a reír.

—¿Un broche para el pelo? ¿Cómo va a matar esto a Ladón, bella muchacha?

—Tal vez no sirva —reconocía—. Pero es lo único que puedo ofrecerte si te obstinas en tu propósito.

Su voz me ablandaba el corazón. Alargaba la mano y tomaba el broche. Éste empezaba a crecer en el acto y a hacerse más pesado... hasta que me encontraba con una espada de bronce reluciendo en mi mano. La miraba y me resultaba muy familiar.

—Bien equilibrada —decía—. Aunque normalmente prefiero usar mis manos desnudas. ¿Cómo llamaré a esta espada?

—*Anaklusmos* —respondía la chica con tristeza—. La corriente que te toma por sorpresa. Y que antes de darte cuenta, te ha arrastrado a mar abierto.

Antes de que pudiera darle las gracias, se oía un rumor entre la hierba, un silbido semejante al aire escapando de un neumático, y la chica exclamaba:

—¡Demasiado tarde! ¡Ya está aquí!

Me incorporé de golpe en el asiento del Lamborghini. Grover me sacudía un brazo.

—Percy, ya es de día. El tren ha parado. ¡Vamos!

Intenté sacudirme el sueño. Thalia, Zoë y Bianca habían alzado la malla metálica. Fuera se veían montañas nevadas con grupos de pinos diseminados aquí y allá; un sol encarnado asomaba entre dos picos.

Saqué mi bolígrafo del bolsillo y lo miré detenidamente. *Anaklusmos*, el antiguo nombre griego de *Contracorriente*. Tenía una forma distinta, pero estaba seguro de que la hoja era la misma que había visto en mi sueño.

Y también estaba seguro de otra cosa: la chica que había visto era Zoë Belladona.

12

Practico *snowboard* con un cerdo

Habíamos llegado a los alrededores de una población de esquí enclavada entre las montañas. El cartel rezaba: «Bienvenido a Cloudcroft, Nuevo México.» El aire era frío y estaba algo enrarecido. Los tejados estaban todos blancos y se veían montones de nieve sucia apilados en los márgenes de las calles. Pinos muy altos asomaban al valle y arrojaban una sombra muy oscura, pese a ser un día soleado.

Incluso con mi abrigo de piel de león, estaba helado cuando llegamos a Main Street, que quedaba a un kilómetro de las vías del tren. Mientras caminábamos, le conté a Grover la conversación que había mantenido con Apolo la noche anterior, incluido su consejo de que buscase a Nereo en San Francisco.

Grover parecía inquieto.

—Está bien, supongo —dijo—. Pero antes hemos de llegar allí.

Yo hacía lo posible para no deprimirme pensando en nuestras posibilidades. No quería causarle un ataque de pánico a Grover, pero sabía que había otra fecha límite que pendía sobre nuestras cabezas, además de la que nos obligaba a salvar a Artemisa antes de la Asamblea de los Dioses. El General había dicho que sólo mantendría con vida a Annabeth hasta el solsticio de invierno, es decir, hasta el viernes. Sólo faltaban cuatro días. También había hablado de un sacrificio. Y eso no me gustaba nada.

Nos detuvimos en el centro del pueblo. Desde allí se veía casi todo: una escuela, un puñado de tiendas para turistas y una cafetería, algunas cabañas de esquí y una tienda de comestibles.

—Estupendo —dijo Thalia, mirando alrededor—. Ni estación de autobuses, ni taxis ni alquiler de coches. No hay salida.

—¡Hay una cafetería! —exclamó Grover.

—Sí —estuvo de acuerdo Zoë—. Un café iría bien.

—Y unos pasteles —añadió Grover con ojos soñadores—. Y papel de cera.

Thalia suspiró.

—Está bien. ¿Qué tal si vais vosotros dos por algo de desayuno? Percy, Bianca y yo iremos a la tienda de comestibles. Quizá nos indiquen por dónde seguir.

Quedamos en reunirnos delante de la tienda un cuarto de hora más tarde. Bianca parecía algo incómoda con la idea de acompañarnos, pero vino sin rechistar.

En la tienda nos enteramos de varias cosas interesantes sobre Cloudcroft: no había suficiente nieve para esquiar, allí vendían ratas de goma a un dólar la pieza, y no había ningún modo fácil de salir del pueblo si no tenías coche.

—Pueden pedir un taxi de Alamogordo —nos dijo el encargado, aunque no muy convencido—. Queda abajo de todo, al pie de la montaña, pero tardará al menos una hora. Y les costará varios cientos de pavos.

El hombre parecía tan solo que le compré una rata de goma. Salimos y esperamos en el porche.

—Fantástico —refunfuñó Thalia—. Voy a recorrer la calle, a ver si en alguna de esas tiendas me sugieren otra cosa.

—Pero el encargado ha dicho...

—Ya —me cortó—. Voy a comprobarlo, nada más.

La dejé marchar. Conocía bien la agitación que sentía. Todos los mestizos tienen problemas de déficit de atención a causa de sus reflejos innatos para el combate. No soportamos la espera. Además, me daba la impresión de que Thalia aún estaba disgustada por la conversación sobre Luke de la noche pasada.

151

Bianca y yo permanecimos parados delante de la tienda con cierta incomodidad. Es decir... yo nunca me sentía demasiado cómodo hablando a solas con una chica, y hasta entonces no había estado solo con Bianca. No sabía qué decir, sobre todo ahora que era una cazadora.

—Bonita rata —dijo ella por fin.

La dejé en la barandilla del porche. Quizá atraería clientela a la tienda de comestibles.

—¿Y cómo va eso de ser cazadora? —le pregunté.

Ella frunció los labios.

—¿No estarás enfadado aún porque me uní a ellas?

—No. Mientras tú... eh... seas feliz.

—No creo que «feliz» sea la palabra indicada cuando la señora Artemisa ha desaparecido. Pero ser una cazadora es superguay. Ahora me siento más serena en cierto sentido. Es como si todo lo que me rodea fuese más despacio. Supongo que debe de ser la inmortalidad.

La observé, tratando de ver la diferencia. Era cierto que se la veía más segura que antes, más tranquila. Ya no se tapaba la cara con una gorra verde. Llevaba el pelo recogido y me miraba a los ojos al hablar. Con un escalofrío, me di cuenta de que dentro de quinientos o mil años, Bianca di Angelo tendría exactamente el mismo aspecto que ahora. Tal vez mantendría una conversación parecida con otro mestizo... Y yo llevaría muchísimo tiempo muerto, pero ella seguiría pareciendo una chica de doce años.

—Nico no ha comprendido mi decisión —murmuró Bianca, y me miró como si quisiese que la tranquilizara.

—Estará bien en el campamento —le dije—. Están acostumbrados a acoger a un montón de chicos. Annabeth vivió allí.

Bianca asintió.

—Espero que la encontremos. A Annabeth, quiero decir. Tiene suerte de contar con un amigo como tú.

—No le sirvió de mucho.

—No te culpes, Percy. Tú arriesgaste la vida para salvarnos a mi hermano y a mí. Aquello fue muy valiente de tu parte. Si no te hubiese conocido, no me habría parecido bien dejar a Nico en el campamento. Pero pensé que si allí había gente como tú, Nico estaría en buenas manos. Tú eres un buen tipo.

Aquel cumplido me pilló por sorpresa.

—¿Aunque te derribase para capturar la bandera?

Ella se echó a reír.

—Vale. Aparte de eso, eres un buen tipo.

A unos cien metros, vi que Zoë y Grover salían ya de la cafetería cargados de pasteles y bebidas. No me apetecía que volvieran en ese momento. Era extraño, pero me gustaba hablar con Bianca. No era tan desagradable, al fin y al cabo. Y en todo caso, resultaba más fácil de tratar que Zoë Belladona.

—¿Y cómo os las habéis arreglado hasta ahora tú y Nico? —le pregunté—. ¿A qué colegio fuisteis antes de Westover?

Ella arrugó la frente.

—Creo que estuvimos en un internado de Washington. Parece como si hiciera muchísimo tiempo.

—¿Nunca vivisteis con vuestros padres? Es decir, con vuestro progenitor mortal.

—Nos dijeron que nuestros padres habían muerto. Había un fondo en el banco para nosotros. Un montón de dinero, creo. De vez en cuando aparecía un abogado para comprobar que todo fuese bien. Luego tuvimos que dejar aquel colegio.

—¿Por qué?

Ella volvió a arrugar la frente.

—Teníamos que ir a un sitio. Un sitio importante, recuerdo. Hicimos un largo viaje y nos alojamos en un hotel varias semanas. Y entonces... No sé. Un día vino otro abogado a sacarnos de allí. Nos dijo que ya era hora de que nos fuéramos. Nos llevó otra vez hacia el este. Cruzamos Washington, subimos hasta Maine y tomamos el camino a Westover.

Una historia bastante extraña. Claro que Bianca y Nico eran mestizos. Nada podía ser demasiado normal en su caso.

—¿O sea, que tú te has ocupado de Nico durante casi toda tu vida? —pregunté—. ¿Simplemente vosotros dos?

Ella asintió.

—Por eso me moría de ganas de unirme a las cazadoras. Ya sé que suena egoísta, pero quería tener mi propia vida y mis propias amigas. Quiero mucho a Nico, no me entiendas mal, pero necesitaba descubrir cómo sería vivir sin ser la hermana mayor las veinticuatro horas del día. Recordé cómo me había sentido el verano anterior cuando me enteré de que tenía un hermano menor que resultó ser un cíclope. En parte me identificaba con lo que Bianca me estaba contando.

—Zoë parece confiar en ti —le dije—. Y por cierto, ¿qué era eso que estabais hablando? ¿Algo peligroso de la misión...?

—¿Cuándo?

—Ayer por la mañana. En el pabellón del campamento —dije sin poder contenerme—. Tenía que ver con el General...

Su rostro se ensombreció.

—¿Cómo es posible...? Ah, la gorra de invisibilidad. ¿Nos estabas espiando?

—¡No! O sea, en realidad, yo sólo...

Me salvó de mi confusión la llegada de Zoë y Grover con las bebidas y los pasteles. Chocolate caliente para Bianca y para mí. Café para ellos. Me comí una magdalena de arándanos, y estaba tan buena que casi conseguí olvidarme de la mirada indignada que me dirigía Bianca.

—Deberíamos probar el conjuro de rastreo —dijo Zoë—. ¿Aún te quedan bellotas, Grover?

—Humm —farfulló. Estaba masticando una magdalena integral, con envoltorio y todo—. Creo que sí. Sólo tengo que... —Se quedó petrificado.

Iba a preguntarle qué ocurría, cuando una cálida brisa pasó por mi lado, como si en mitad del invierno se hubiera extraviado una ráfaga primaveral. Aire fresco perfumado de sol y flores silvestres. Y algo más: como una voz que tratara de decir algo. Una advertencia.

Zoë sofocó un grito.

Grover dejó caer su taza decorada con un estampado de pájaros. De repente, los pájaros se despegaron de la taza y salieron volando: una bandada de palomas diminutas. Mi rata de goma soltó un chillido; correteó por la barandilla y se perdió entre los árboles. Una rata con pelaje y bigotes reales.

Grover se derrumbó junto con su taza de café, que humeó en la nieve. Lo rodeamos de inmediato y tratamos de reanimarlo. Él gemía y parpadeaba.

—¡Escuchad! —dijo Thalia, que subía por la calle corriendo—. Acabo de... ¿Pero qué le ha pasado a Grover?

—No lo sé —declaré—. Se ha desmayado.

—Aggg... —gemía Grover.

—¡Pues levantadlo! —ordenó Thalia. Empuñaba la lanza y miraba hacia atrás—. Hemos de salir de aquí.

Habíamos llegado ya al extremo del pueblo cuando aparecieron los dos primeros guerreros-esqueleto. Surgieron de los árboles que había a ambos lados del camino. En lugar del traje gris de camuflaje, ahora llevaban el uniforme azul de la policía estatal de Nuevo México, pero seguían teniendo piel gris transparente y ojos amarillos.

Desenfundaron sus pistolas. Reconozco que yo había pensado más de una vez que sería genial aprender a manejar una pistola, pero cambié de opinión en cuanto los guerreros-esqueleto me apuntaron con las suyas.

Thalia le dio unos golpecitos a su pulsera. La *Égida* se desplegó en espiral en su brazo, pero los guerreros no se arredraron. Sus relucientes ojos amarillos me taladraban.

Saqué a *Contracorriente*, aunque no sabía muy bien de qué me iba a servir contra un par de pistolas.

Zoë y Bianca prepararon sus arcos. La pobre Bianca tenía ciertos problemas porque Grover seguía medio desmayado y apoyaba todo su peso en ella.

—Retroceded —dijo Thalia.

Empezamos a hacerlo, pero entonces oí un crujido de ramas. Dos guerreros-esqueleto más aparecieron detrás. Estábamos rodeados.

Me estaba preguntando dónde se habrían metido los demás guerreros-esqueleto. Había visto una docena en el museo. Entonces vi que uno se acercaba un teléfono móvil a la boca y decía algo. No hablaba, en realidad. Emitía un chirrido, como unos dientes royendo un hueso. Y de repente comprendí lo que sucedía: los guerreros-esqueleto se habían dispersado para buscarnos. Ahora estaban avisando a los demás. Muy pronto tendríamos al equipo completo con nosotros.

—Está cerca —gimió Grover.

—Están aquí —dije yo.

—No —insistió él—. El regalo. El regalo del Salvaje.

No entendía a qué se refería, pero me preocupaba su estado. No estaba en condiciones de caminar, mucho menos de luchar.

—Debemos combatir uno contra uno —dijo Thalia—. Cuatro contra cuatro. Quizá así dejen en paz a Grover.

—De acuerdo —repuso Zoë.

—¡El Salvaje! —gimió Grover.

Un viento cálido sopló por todo el cañón, sacudiendo los árboles, pero yo mantuve los ojos fijos en aquellos pavorosos esqueletos. Recordé cómo se regodeaba el General ante el destino de Annabeth. Recordé cómo la había traicionado Luke.

Y cargué contra ellos.

El primer guerrero-esqueleto disparó. El tiempo pareció ralentizarse. No voy a decir que viese venir la bala, pero sí percibí su trayectoria, tal como percibía las corrientes en el mar. La desvié con la hoja de mi espada y seguí adelante.

Mientras el esqueleto sacaba una porra, yo le rebané los brazos por el hombro. Luego le lancé un mandoble a la cintura y lo partí en dos.

Sus huesos se desmoronaron con estrépito en el asfalto. Pero casi de inmediato, empezaron a reunirse y ensamblarse de nuevo. El segundo esqueleto soltó un chirrido con sus dientes y me apuntó, pero yo le asesté un buen golpe en la mano y su pistola rodó por la nieve.

Creía que no lo estaba haciendo mal del todo hasta que los otros dos guerreros me dispararon desde atrás.

—¡Percy! —gritó Thalia.

Aterricé boca abajo en el pavimento. Pasó un momento antes de que comprendiera... que no estaba muerto. El impacto de las balas me había llegado amortiguado, como un buen empujón.

¡La piel del León de Nemea! Mi abrigo era a prueba de balas.

Thalia arremetió contra el segundo esqueleto. Zoë y Bianca habían empezado a disparar sus flechas a los otros dos. Grover se mantenía en pie y extendía los brazos hacia los árboles, como si quisiera abrazarlos.

Se oyó un estruendo en el bosque, a nuestra izquierda, algo parecido a una excavadora. Quizá llegaban refuerzos para los guerreros-esqueleto. Me puse en pie y esquivé una porra. El esqueleto que había cortado en dos se había recompuesto y se echaba otra vez sobre mí.

No había modo de pararlos. Zoë y Bianca les disparaban a bocajarro, pero las flechas no les hacían mella. Uno de ellos embistió a Bianca. Creí que estaba perdida, pero ella sacó de improviso su cuchillo de caza y se lo clavó en el pecho. El guerrero entero ardió en llamas en el acto, dejando sólo un montoncito de ceniza y una placa de policía.

—¿Cómo lo has hecho? —preguntó Zoë.

—No lo sé —dijo Bianca, nerviosa—. ¿Un golpe de suerte?

—¡Pues repítelo!

Bianca lo intentó, pero los tres esqueletos restantes recelaban de ella y no se le acercaban. Nos obligaron a retroceder blandiendo sus porras.

—¿Algún plan? —dije mientras nos batíamos en retirada.

Nadie respondió. Inesperadamente, los árboles que había a espaldas de los guerreros empezaron a estremecerse y sus ramas a quebrarse.

—Un regalo —murmuró Grover entre dientes.

Entonces, con un poderoso rugido, irrumpió en el camino el cerdo más grande que he visto en mi vida. Era un jabalí salvaje de unos diez metros de altura, con un hocico rosado y lleno de mocos y colmillos del tamaño de una canoa. Tenía el lomo erizado y unos ojos enfurecidos.

157

—¡Oíííííiink! —chilló, y barrió a los tres esqueletos del camino con sus colmillos. Tenía una fuerza tan enorme que los mandó por encima de los árboles y rodaron ladera abajo hasta hacerse pedazos, dejando un reguero de huesos retorcidos.

Luego el cerdo se volvió hacia nosotros.

Thalia alzó su lanza, pero Grover dio un grito.

—¡No lo mates!

El jabalí gruñó y arañó el suelo, dispuesto a embestir.

—Es el Jabalí de Erimanto —dijo Zoë, tratando de conservar la calma—. No creo que podamos matarlo.

—Es un regalo —dijo Grover—. Una bendición del Salvaje.

La bestia volvió a chillar y nos embistió con sus colmillos. Zoë y Bianca se echaron de cabeza a un lado. Yo tuve que empujar a Grover para que no saliera disparado en el Expreso Colmillo de Jabalí.

—¡Sí, una gran bendición! —dije—. ¡Dispersaos!

Corrimos en todas direcciones y por un instante el jabalí pareció confundido.

—¡Quiere matarnos! —dijo Thalia.

—Por supuesto —respondió Grover—. ¡Es salvaje!

—¿Y dónde está la bendición? —preguntó Bianca.

Parecía una buena pregunta, pero al parecer el cerdo se sintió ofendido, pues cargó contra ella. Por suerte, era más rápida de lo que yo creía: rodó para eludir las pezuñas y reapareció detrás de la bestia, que atacó con sus colmillos y pulverizó el cartel de «BIENVENIDOS A CLOUDCROFT».

Me devanaba los sesos tratando de acordarme del mito del jabalí. Estaba casi seguro de que Hércules había luchado con él una vez, pero no conseguía recordar cómo lo había vencido. Tenía una vaga sensación de que el bicho había arrasado muchas ciudades griegas antes de que Hércules lograra someterlo. Rogué que Cloudcroft estuviera asegurada contra catástrofes (incluidos ataques de jabalíes salvajes).

—¡No os quedéis quietos! —chilló Zoë.

Ella y Bianca corrieron en direcciones opuestas. Grover bailaba alrededor del jabalí tocando sus flautas, mien-

158

tras el animal soltaba bufidos y trataba de ensartarlo. Pero Thalia y yo fuimos los que nos llevamos la palma en cuestión de mala suerte. Cuando la bestia se volvió hacia nosotros, Thalia cometió el error de alzar la *Égida* para cubrirse. La visión de la cabeza de la Medusa le arrancó un pavoroso chillido al jabalí. Quizá se parecía demasiado a alguno de sus parientes. El caso es que nos embistió enloquecido.

Logramos mantener las distancias porque corríamos cuesta arriba esquivando árboles, mientras que el monstruo iba en línea recta y tenía que derribarlos.

Al otro lado de la colina encontré un viejo tramo de vía férrea, medio enterrado en la nieve.

—¡Por aquí! —Agarré a Thalia del brazo y corrimos por los raíles con el jabalí rugiendo a nuestra espalda.

El animal se deslizaba y resbalaba por la pendiente. Sus pezuñas no estaban hechas para aquello, gracias a los dioses.

A cierta distancia había un túnel que desembocaba en un viejo puente de caballetes que cruzaba un desfiladero. Tuve una idea loca.

—¡Sígueme!

Thalia redujo la velocidad —no tuve tiempo de preguntarle por qué—, pero yo la arrastré y ella me siguió a regañadientes. A nuestra espalda venía un tanque porcino de diez toneladas, derribando pinos y aplastando rocas con sus pezuñas.

Thalia y yo cruzamos el túnel y llegamos al otro lado.

—¡No! —gritó Thalia.

Había palidecido como la cera. Estábamos en el inicio mismo del puente. A nuestros pies, la ladera descendía abruptamente formando un barranco de unos veinte metros de profundidad.

Teníamos al jabalí justo detrás.

—¡Vamos! —dije—. Seguramente aguantará nuestro peso.

—¡No puedo! —gritó Thalia con ojos desorbitados.

El jabalí se había metido a toda marcha en el túnel y avanzaba destrozándolo a su paso.

—¡Ahora! —grité.

Ella miró hacia abajo y tragó saliva. Habría jurado que se estaba poniendo verde, aunque no tenía tiempo de adivinar la causa: el jabalí venía por el túnel directo hacia nosotros. Plan B: le hice un placaje a Thalia y, evitando el puente, empezamos a deslizarnos por la ladera. Casi sin pensarlo, nos montamos sobre la *Égida* como si fuera una tabla de *snowboard*, y bajamos zumbando entre las rocas, el barro y la nieve. El jabalí tuvo menos suerte; no podía virar tan deprisa, de modo que sus diez toneladas se adentraron en el puente, que crujió y cedió bajo su peso. El animal se despeñó por el barranco con un chillido agónico y aterrizó en un ventisquero con un estruendo colosal.

Nos detuvimos derrapando. Los dos jadeábamos. Yo me había hecho multitud de cortes y sangraba. Thalia tenía el pelo lleno de agujas de pino. Muy cerca, la bestia daba chillidos y forcejeaba. Lo único que se le veía era la punta erizada del lomo. Estaba completamente encajado en la nieve, como un juguete en su molde de poliestireno. No parecía herido, pero tampoco podía moverse.

Miré a Thalia y le dije:

—Te dan miedo las alturas, ¿eh?

Ahora que estábamos a salvo al pie del desfiladero, tenía su expresión malhumorada de siempre.

—No seas idiota.

—Lo cual explica por qué te asustaste en el autobús de Apolo. Y por qué no querías hablar de ello.

Respiró hondo y se sacudió las agujas de pino del pelo.

—Te juro que si se lo cuentas a alguien...

—No, no —la tranquilicé—. Pero es increíble. O sea... la hija de Zeus, el señor de los cielos, ¿tiene miedo a las alturas?

Thalia estaba a punto de derribarme en la nieve cuando la voz de Grover sonó por encima de nuestras cabezas:

—¡Eeeeeoooo!

—¡Aquí abajo! —grité.

Unos minutos después se nos unieron Zoë, Bianca y Grover. Nos quedamos todos mirando al jabalí, que seguía forcejeando en la nieve.

160

—Una bendición del Salvaje —dijo Grover, aunque ahora parecía inquieto.

—Estoy de acuerdo —dijo Zoë—. Hemos de utilizarlo.

—Un momento —dijo Thalia, irritada. Aún parecía que acabara de ser derrotada por un árbol de Navidad—. Explícame por qué estás tan seguro de que este cerdo es una bendición.

Grover miraba distraído hacia otro lado.

—Es nuestro vehículo hacia el oeste. ¿Tienes idea de lo rápido que puede desplazarse este bicho?

—¡Qué divertido! —dije—. *Cowboys*, pero montados en un cerdo.

Grover asintió.

—Tenemos que domesticarlo. Me gustaría disponer de más tiempo para echar un vistazo por aquí. Pero ya se ha ido.

—¿Quién?

Él no pareció oírme. Se acercó al jabalí y saltó sobre su lomo. El animal ya empezaba a abrirse paso entre la nieve. Una vez que se liberase, no habría modo de pararlo. Grover sacó sus flautas. Se puso a tocar una tonadilla muy rápida y lanzó una manzana hacia delante. La manzana flotó en el aire y empezó a girar justo por encima del hocico del jabalí, que se puso como loco tratando de alcanzarla.

—Dirección asistida —murmuró Thalia—. Fantástico. —Avanzó entre la nieve y se situó de un salto detrás de Grover.

Aún quedaba sitio de sobras para nosotros.

Zoë y Bianca caminaron hacia el jabalí.

—Una cosa —le pregunté a Zoë—. ¿Tú entiendes a qué se refiere Grover con lo de esa bendición salvaje?

—Desde luego. ¿No lo has notado en el viento? Era muy fuerte... Creía que no volvería a sentir esa presencia.

—¿Qué presencia?

Ella me miró como si fuese idiota.

—El señor de la vida salvaje, por supuesto. Por un instante, cuando ha aparecido el jabalí, he sentido la presencia de Pan.

13

Visitamos la chatarrería de los dioses

Cabalgamos sobre el jabalí hasta que se puso el sol. Mi trasero ya no podía más. Imagínate andar todo el día montado en un cepillo de acero sobre un camino pedregoso. Así de cómodo más o menos era viajar sobre aquella bestia.

No tengo ni idea de cuántos kilómetros recorrimos, pero sí sé que las montañas se desvanecieron en el horizonte y cedieron paso a una interminable extensión de tierra llana y seca. La hierba y los matorrales se iban haciendo más y más escasos y, finalmente, nos encontramos galopando (¿galopan los jabalíes?) a través del desierto.

Al caer la noche, el jabalí se detuvo junto a un arroyo con un bufido y se puso a beber aquella agua turbia. Luego arrancó un cactus y empezó a masticarlo. Con púas y todo.

—Ya no irá más lejos —dijo Grover—. Tenemos que marcharnos mientras come.

No hizo falta que insistiera. Nos deslizamos por detrás mientras él seguía devorando su cactus y nos alejamos renqueando con los traseros doloridos.

Después de tragarse tres cactus y de beber más agua embarrada, el jabalí soltó un chillido y un eructo, dio media vuelta y echó a galopar hacia el este.

—Prefiere las montañas —dije.

—No me extraña —respondió Thalia—. Mira.

Ante nosotros se extendía una antigua carretera de dos carriles cubierta de arena. Al otro lado había un grupo de construcciones demasiado pequeño para ser un pueblo:

una casa protegida con tablones de madera, un bar de tacos mexicanos con aspecto de llevar cerrado desde antes de que naciera Zoë y una oficina de correos de estuco blanco con un cartel medio torcido sobre la entrada que rezaba: «Gila Claw, Arizona.» Más allá había una serie de colinas... aunque de repente me di cuenta de que no eran colinas. El terreno era demasiado llano para eso. No: eran montones enormes de coches viejos, electrodomésticos y chatarra diversa. Una chatarrería que parecía extenderse interminablemente en el horizonte.

—Uau —me asombré.

—Algo me dice que no vamos a encontrar un servicio de alquiler de coches aquí —dijo Thalia. Le echó una mirada a Grover—. ¿Supongo que no tendrás otro jabalí escondido en la manga?

Grover husmeaba el aire, nervioso. Sacó sus bellotas y las arrojó a la arena; luego tocó sus flautas. Las bellotas se recolocaron formando un dibujo que no tenía sentido para mí, pero que Grover observaba con gesto preocupado.

—Ésos somos nosotros —dijo—. Esas cinco bellotas de ahí.

—¿Cuál soy yo? —pregunté.

—La pequeña y deformada —apuntó Zoë.

—Cierra el pico.

—El problema es ese grupo de allí —dijo Grover, señalando a la izquierda.

—¿Un monstruo? —preguntó Thalia.

Grover parecía muy inquieto.

—No huelo nada, lo cual no tiene sentido. Pero las bellotas no mienten. Nuestro próximo desafío...

Señaló directamente la chatarrería. A la escasa luz del crepúsculo, las colinas de metal parecían pertenecer a otro planeta.

Decidimos acampar allí y recorrer la chatarrería por la mañana. Nadie quería zambullirse en plena oscuridad entre los escombros.

Zoë y Bianca sacaron cinco sacos de dormir y otros tantos colchones de espuma de sus mochilas. No sé cómo lo harían, porque eran mochilas muy pequeñas; imagino que habían sido encantadas para albergar esa cantidad de material. También el arco y el carcaj que usaban eran mágicos. Nunca me había parado a pensarlo, pero cuando los necesitaban, aparecían colgados a su espalda. Y si no, desaparecían.

La noche era helada. Grover y yo reunimos los tablones de la casa en ruinas y Thalia les lanzó una descarga eléctrica para prenderles fuego y formar una hoguera. Enseguida nos sentimos tan cómodamente instalados como es posible estarlo en una ciudad fantasma en medio de la nada.

—Han salido las estrellas —observó Zoë.

Tenía razón. Había millones de estrellas, y ninguna ciudad cuyo resplandor volviera anaranjado el cielo.

—Increíble —dijo Bianca—. Nunca había visto la Vía Láctea.

—Esto no es nada —repuso Zoë—. En los viejos tiempos había muchas más. Han desaparecido constelaciones enteras por la contaminación lumínica del hombre.

—Lo dices como si no fueses humana —observé.

Ella arqueó una ceja.

—Soy una cazadora. Me desazona lo que ocurre con los rincones salvajes de la tierra. ¿Puede decirse lo mismo de vos?

—De «ti» —la corrigió Thalia—. No de «vos».

Zoë alzó las manos, exasperada.

—No soporto este idioma. ¡Cambia demasiado a menudo!

Grover soltó un suspiro, todavía contemplando las estrellas, como si siguiera pensando en la contaminación lumínica.

—Si Pan estuviera aquí, pondría las cosas en su sitio.

Zoë asintió con tristeza.

—Quizá haya sido el café —añadió Grover—. Me estaba tomando una taza y ha llegado ese viento. Tal vez si tomase más café...

Yo estaba seguro de que el café no tenía nada que ver con lo ocurrido en Cloudcroft, pero me faltó valor para decírselo. Me acordé de la rata de goma y los pajaritos que habían cobrado vida al soplar aquel viento.

—¿Realmente crees que ha sido Pan? —pregunté—. Ya sé que a ti te gustaría que así fuera...

—Nos ha enviado ayuda —insistió—. No sé cómo ni por qué. Pero era su presencia. Cuando esta búsqueda termine, volveré a Nuevo México y tomaré un montón de café. Es la mejor pista que hemos encontrado en dos mil años. He estado tan cerca...

No respondí. No quería chafar sus esperanzas.

—Lo que a mí me gustaría saber —dijo Thalia mirando a Bianca— es cómo has destruido a uno de esos zombis. Quedan muchos todavía. Tenemos que saber cómo combatirlos.

Bianca meneó la cabeza.

—No lo sé. Simplemente le clavé el cuchillo y enseguida quedó envuelto en llamas.

—A lo mejor tu cuchillo tiene algo especial —apunté.

—Es igual que el mío —dijo Zoë—. Bronce celestial. Pero mis cuchilladas no los afectaban de esa manera.

—Quizá haya que apuñalarlos en un punto especial —dije.

A Bianca parecía incomodarla haberse convertido en el centro de la conversación.

—No importa —prosiguió Zoë—. Ya hallaremos la respuesta. Entretanto, hemos de planear el próximo paso. Una vez cruzada esa chatarrería, tenemos que seguir hacia el oeste. Si encontráramos una carretera transitada, podríamos llegar en autostop a la ciudad más próxima. Las Vegas, creo.

Iba a responderle que Grover y yo no teníamos recuerdos muy agradables de esa ciudad, pero Bianca se nos adelantó.

—¡No! —gritó—. ¡Allí no!

Parecía presa del pánico, como si acabara de bajar la pendiente más brutal de una montaña rusa.

Zoë frunció el entrecejo.

—¿Por qué?

Bianca tomó aliento, temblorosa.

—Cr... creo que pasamos una temporada allí. Nico y yo. Mientras viajábamos. Y luego... ya no recuerdo...

A mí se me ocurrió una idea siniestra. Me acordé de lo que me había contado Bianca: que ella y Nico habían pasado cierto tiempo en un hotel. Miré a Grover y tuve la impresión de que estábamos pensando lo mismo.

—Bianca —le dije—, ese hotel donde estuvisteis... ¿no se llamaría Hotel Casino Loto?

Ella abrió unos ojos como platos.

—¿Cómo lo has sabido?

—Fantástico... —murmuré.

—A ver, un momento —intervino Thalia—. ¿Qué es el Casino Loto?

—Hace un par de años —le expliqué—, Grover, Annabeth y yo nos quedamos atrapados allí. Ese hotel está diseñado para que nunca desees marcharte. Estuvimos alrededor de una hora, pero cuando salimos habían pasado cinco días. El tiempo va más rápido fuera que dentro del hotel.

—Pero... no puede ser —terció Bianca.

—Tú me contaste que llegó alguien y os sacó de allí —recordé.

—Sí.

—¿Qué aspecto tenía? ¿Qué dijo?

—No... no lo recuerdo... No quiero seguir hablando de esto. Por favor.

Zoë se echó hacia delante, con el entrecejo fruncido.

—Dijiste que Washington estaba muy cambiado cuando fuiste el verano pasado. Que no recordabas que hubiera metro allí.

—Sí, pero...

—Bianca —dijo Zoë—, ¿podrías decirme cuál es el nombre del presidente de Estados Unidos?

—No seas tonta —resopló ella, y pronunció el nombre correcto.

—¿Y el presidente anterior? —insistió Zoë.

Ella reflexionó un momento.

—Roosevelt.

Zoë tragó saliva.

—¿Theodore o Franklin?

—Franklin.

—Bianca —dijo Zoë—, el último presidente no fue Franklin Delano Roosevelt. Su presidencia terminó hace casi setenta años, en mil novecientos cuarenta y cinco. Y la de Theodore, en mil novecientos nueve.

—Imposible —se revolvió Bianca—. Yo... no soy tan vieja. —Se miró las manos como para comprobar que no las tenía arrugadas.

Thalia la miró con tristeza. Ella sabía muy bien lo que era quedar sustraída al paso del tiempo transitoriamente.

—No pasa nada, Bianca —le dijo—. Lo importante es que tú y Nico os salvasteis. Conseguisteis libraros de ese lugar.

—¿Pero cómo? —pregunté—. Nosotros pasamos allí sólo una hora y escapamos por los pelos. ¿Cómo podrías escaparte después de tanto tiempo?

—Ya te lo conté. —Bianca parecía a punto de llorar—. Llegó un hombre y nos dijo que era hora de marcharse. Y...

—Pero ¿quién era? ¿Y por qué fue a buscaros?

Antes de que pudiera responder, un fogonazo repentino nos deslumbró desde la vieja carretera. Eran los faros de un coche surgido de la nada. Casi tuve la esperanza de que fuese Apolo, dispuesto a echarnos otra vez una mano, pero el motor era demasiado silencioso para ser el carro del sol y, además, era de noche. Recogimos los sacos de dormir y nos apresuramos a apartarnos mientras una limusina de un blanco inmaculado se detenía ante nosotros.

La puerta trasera se abrió justo a mi lado. Antes de que pudiera dar un paso atrás, sentí la punta de una espada en la garganta.

Oí cómo Bianca y Zoë tensaban sus arcos. Mientras el dueño de la espada bajaba de la limusina, retrocedí muy despacio. No tenía otro remedio: me presionaba con la punta aguzada justo debajo de la barbilla.

Sonrió con crueldad.

—Ahora no eres tan rápido, ¿verdad, gamberro?

Era un tipo fornido con el pelo cortado al cepillo, con una cazadora de cuero negro de motorista, tejanos negros, camiseta sin mangas y botas militares. Llevaba gafas de sol, pero yo sabía lo que ocultaba tras ellas: unas cuencas vacías llenas de llamas.

—Ares —refunfuñé.

El dios de la guerra echó un vistazo a mis amigos.

—Descansen —dijo.

Chasqueó los dedos y sus armas cayeron al suelo.

—Esto es un encuentro amistoso. —Hincó un poco más la punta de la espada en mi garganta—. Me encantaría llevarme tu cabeza de trofeo, desde luego, pero hay alguien que quiere verte. Y yo nunca decapito a mis enemigos ante una dama.

—¿Qué dama? —preguntó Thalia.

Ares la miró.

—Vaya, vaya. Sabía que habías vuelto. —Bajó la espada y me dio un empujón—. Thalia, hija de Zeus —murmuró—. No andas en buena compañía.

—¿Qué pretendes, Ares? —replicó ella—. ¿Quién está en el coche?

El dios sonrió, disfrutando de su protagonismo.

—Bueno, dudo que ella quiera veros a los demás. Sobre todo, a ésas. —Señaló con la barbilla a Zoë y Bianca—. ¿Por qué no vais a comeros unos tacos mientras esperáis? Percy sólo tardará unos minutos.

—No vamos a dejarlo solo con vos, señor Ares —contestó Zoë.

—Además —acertó a decir Grover—, la taquería está cerrada.

Ares chasqueó los dedos de nuevo. Las luces del bar cobraron vida súbitamente. Saltaron los tablones que cubrían la puerta y el cartel de «Cerrado» se dio la vuelta: ahora ponía «Abierto».

—¿Decías algo, niño cabra?

—Hacedle caso —dije a mis amigos—. Yo me las arreglo solo.

Intentaba parecer más seguro de lo que estaba. Aunque no creo que consiguiera engañar a Ares.

—Ya habéis oído al chico —dijo—. Es un tipo fuerte y lo tiene todo controlado.

Mis amigos se dirigieron a la taquería de mala gana. Ares me miró con odio; luego abrió la puerta de la limusina como si fuese el chófer.

—Sube, gamberro —me ordenó—. Y cuida tus modales. Ella no es tan indulgente como yo con las groserías.

Me quedé boquiabierto en cuanto la vi.

Olvidé mi nombre. Olvidé dónde me hallaba. Olvidé cómo se habla con frases normales.

Llevaba un vestido rojo de raso y el pelo rizado en una cascada de tirabuzones. Su cara era la más bella que había visto jamás: un maquillaje perfecto, unos ojos deslumbrantes, una sonrisa capaz de iluminar el lado oscuro de la luna.

Ahora que pienso en ello, no sabría decirte a quién se parecía. Ni tampoco de qué color era su pelo o sus ojos. No importa. Escoge a la actriz más guapa que se te ocurra. La diosa era diez veces más hermosa. Escoge tu color de pelo favorito, el color de los ojos, lo que sea. La diosa lo poseía y lo mejoraba.

Primero, cuando me sonrió, me dio la impresión de que se parecía un poco a Annabeth. Luego, a aquella presentadora de televisión de la que estaba completamente colado en quinto curso. Luego... bueno, ya te vas haciendo una idea.

—Ah, estás aquí, Percy —dijo la diosa—. Soy Afrodita.

Me deslicé en el asiento frente a ella y repuse algo como:

—Ah... eh... uf...

Ella sonrió.

—¡Qué monada! Aguántame esto, por favor.

Me alcanzó un brillante espejo del tamaño de un plato para que se lo sostuviera. Ella se inclinó hacia delante y se repasó los labios, aunque los tenía perfectos.

—¿Sabes por qué estás aquí? —me preguntó.

Yo quería responder... ¿Por qué no era capaz de articular una frase completa? Sólo era una dama. Una dama bellísima. Con unos ojos que parecían estanques de primavera... Uau.

Me pellizqué el brazo con fuerza.

—No... no sé —acerté a decir.

—Ah, querido —dijo Afrodita—. ¿Todavía negando?

Oí cómo Ares reía entre dientes fuera. Tenía la sensación de que escuchaba cada una de nuestras palabras. La sola idea de tenerlo tan cerca me enfurecía, lo cual ayudó a que me despejara un poco.

—No sé de qué me habla —respondí.

—Entonces, ¿por qué participas en esta búsqueda?

—¡Artemisa ha sido capturada!

Ella puso los ojos en blanco.

—¡Artemisa!, ¡por favor! Ésa no tiene remedio. Quiero decir, si fuesen a secuestrar a una diosa, elegirían a una de belleza hechizante, ¿no te parece? Compadezco a los pobres que tengan que custodiar a Artemisa. ¡Qué aburrimiento!

—Pero ella estaba persiguiendo a un monstruo —protesté—. Un monstruo realmente terrible. ¡Tenemos que encontrarlo!

Afrodita me hizo sostener el espejo un poco más arriba. Por lo visto, se había encontrado un defecto microscópico en el rabillo del ojo y ahora se arreglaba el rímel.

—Siempre algún monstruo... Pero, mi querido Percy, ése es el motivo de los demás para participar en esta búsqueda. A mí me interesa más tu caso.

Se me aceleró el corazón. Yo no quería responder, pero sus ojos me arrancaron la respuesta de los labios.

—Annabeth está metida en un aprieto.

Afrodita sonrió satisfecha.

—¡Exacto!

—Tengo que ayudarla —dije—. He tenido unos sueños...

—¡Incluso has soñado con ella! ¡Qué monada!

—¡No! Es decir... no me refería a eso.

Ella chasqueó la lengua.

—Percy, yo estoy de tu lado. Soy la causante de que estés aquí, al fin y al cabo.

Me la quedé mirando.

—¿Cómo?

—La camiseta envenenada que le dieron los hermanos Stoll a Febe —dijo—. ¿Creías que había sido un accidente? ¿Y lo de enviarte a *Blackjack*? ¿Y lo de ayudarte a salir del campamento a hurtadillas?

—¿Ha sido usted?

—¡Pues claro! Porque, la verdad, hay que ver lo aburridas que son estas cazadoras... Una búsqueda de un monstruo, bla, bla, bla. ¡Para salvar a Artemisa! Dejadla donde está, qué caramba. En cambio, una búsqueda por amor...

—Un momento, yo no he dicho...

—Ay, querido. No hace falta que lo digas. Sabías que Annabeth estuvo a punto de unirse a las cazadoras, ¿no?

Me sonrojé.

—No lo sabía seguro...

—¡Estaba a punto de tirar su vida por la borda! Y tú, querido, puedes salvarla de ese destino... ¡Qué romántico!

—Eh...

—Ya puedes bajar el espejo —ordenó—. Ya estoy bien.

Yo ni me acordaba de que aún lo sostenía, pero me noté los brazos doloridos en cuanto lo bajé.

—Escucha, Percy —dijo la diosa—. Las cazadoras son tus enemigas. Olvídate de ellas, de Artemisa y del monstruo. Eso no importa. Tú concéntrate en encontrar y salvar a Annabeth.

—¿Usted sabe dónde está?

Afrodita gesticuló con irritación.

—No, no. Los detalles te los dejo a ti. Hace una eternidad que no tenemos una buena historia de amor trágico.

—A ver. En primer lugar, yo nunca he hablado de amor. Y segundo, ¿a qué viene lo de «trágico»?

—El amor lo puede todo —aseguró ella—. Mira a Helena y Paris. ¿Acaso permitieron que algo se interpusiera entre ellos?

—Pero ¿no provocaron la guerra de Troya y causaron la muerte de miles de personas?

—¡Pfff! Ésa no es la cuestión. Tú sigue a tu corazón.

—Pero... si no sé adónde va. Mi corazón, quiero decir.

Ella sonrió, compasiva. Era verdaderamente hermosa. Y no sólo porque tuviera una cara bonita o lo que fuera. Creía tantísimo en el amor que era inevitable que la cabeza te diera vueltas cuando hablaba de ello.

—No saberlo es parte de la diversión —dijo Afrodita—. ¿Verdad que resulta exquisitamente doloroso cuando no sabes con seguridad a quién amas ni quién te ama a ti? ¡Ah, criaturas! Es tan bonito que voy a echarme a llorar.

—No, no —rogué—. No lo haga.

—Y descuida —añadió—. No permitiré que te resulte fácil ni aburrido. Te reservo algunas sorpresas maravillosas. Angustia. Dudas. Espera y verás...

—Está bien, gracias. No se moleste.

—¡Qué mono! ¡Ya me gustaría que todas mis hijas pudieran romperle el corazón a un chico como tú! —Los ojos se le estaban humedeciendo—. Ahora será mejor que te vayas. Y ándate con cuidado en el territorio de mi marido, Percy. No te lleves nada. Es muy quisquilloso con sus baratijas y su chatarra.

—¿Cómo? —pregunté—. ¿Se refiere a Hefesto?

La puerta se abrió en ese momento y Ares, agarrándome del hombro, me sacó del coche de un tirón y me devolvió a la noche del desierto.

Mi audiencia con la diosa del amor había concluido.

—Tienes suerte, gamberro —me espetó Ares tras sacarme de la limusina—. Puedes dar gracias.

—¿Por qué?

—Porque nos estamos portando muy bien contigo. Si de mí dependiese...

—¿Por qué no me has matado, entonces? —le espeté. Era una estupidez decirle algo así al dios de la guerra, pero tenerlo cerca me enfurecía y me volvía temerario.

Ares asintió, como si por fin le hubiera dicho algo inteligente.

—Me encantaría matarte. De verdad —dijo—. Pero, ya ves, tengo un puesto de trabajo. En el Olimpo se rumorea que podrías desencadenar la mayor guerra de la historia.

No puedo arriesgarme a estropear una cosa así. Además, Afrodita cree que eres como el protagonista de un culebrón o algo así. Si te matara, ella tendría un mal concepto de mí. Pero no te preocupes. No he olvidado mi promesa. Un día no muy lejano, muchacho (muy próximo, de hecho), alzarás tu espada para luchar y te acordarás de la ira del dios Ares.

Apreté los puños.

—¿Por qué esperar? Ya te vencí una vez. ¿Qué tal se va curando ese tobillo?

Él esbozó una sonrisa aviesa.

—No va mal, gamberro. Pero las burlas no son lo tuyo. Empezaré la lucha cuando esté listo y recuperado. Hasta entonces... piérdete.

Chasqueó dos dedos, el mundo dio un giro de trescientos sesenta grados entre una nube de polvo rojo y caí al suelo.

Cuando me levanté, la limusina se había esfumado. La carretera, el bar de tacos mexicanos y las casas de Gila Claw también habían desaparecido. Ahora estábamos en medio de la chatarrería, rodeados de montañas de despojos metálicos que se extendían interminablemente a ambos lados.

—¿Qué quería de ti? —me preguntó Bianca cuando les conté quién era la ocupante de la limusina.

—Pues... en realidad no estoy seguro —mentí—. Me dijo que tuviéramos cuidado en la chatarrería de su marido. Y que no nos quedáramos nada.

Zoë entornó los ojos.

—La diosa del amor no haría un viaje sólo para deciros esa tontería. Cuidaos, Percy. Afrodita ha llevado a muchos héroes por el mal camino.

—Por una vez, coincido con Zoë —dijo Thalia—. No puedes fiarte de Afrodita.

Grover me miraba divertido. Gracias a la empatía, normalmente podía leer mis sentimientos, y ahora me daba la impresión de que sabía muy bien de qué me había hablado la diosa.

173

—Bueno —dije, deseando cambiar de tema—, ¿y cómo vamos a salir de aquí?

—Por este lado —señaló Zoë—. Eso es el oeste.

—¿Cómo lo sabes?

Era sorprendente lo bien que podía ver poniendo los ojos en blanco a la luz de la luna llena.

—La Osa Mayor está al norte —dijo—. Lo cual significa que esto ha de ser el oeste.

Señaló la constelación del norte, que no resultaba fácil de identificar porque había muchas otras estrellas.

—Ah, ya —dije—. El oso ese.

Zoë pareció ofenderse.

—Habla con respeto. Era un gran oso. Un digno adversario.

—Lo dices como si hubiera existido.

—Chicos —nos interrumpió Grover—. Mirad.

Habíamos llegado a la cima de la montaña de chatarra. Montones de objetos metálicos brillaban a la luz de la luna: cabezas de caballo metálicas, rotas y oxidadas; piernas de bronce de estatuas humanas; carros aplastados; toneladas de escudos, espadas y otras armas. Todo ello mezclado con artilugios modernos como automóviles de brillos dorados y plateados, frigoríficos, lavadoras, pantallas de ordenador...

—Uau —dijo Bianca—. Hay cosas que parecen de oro.

—Lo son —respondió Thalia, muy seria—. Como ha dicho Percy, no toquéis nada. Esto es la chatarrería de los dioses.

—¿Chatarra? —Grover recogió una bella corona de oro, plata y pedrería. Estaba rota por un lado, como si la hubiesen partido con un hacha—. ¿A esto llamas chatarra? —Mordió un trocito y empezó a masticar—. ¡Está delicioso!

Thalia le arrancó la corona de las manos.

—¡Hablo en serio!

—¡Mirad! —exclamó Bianca. Se lanzó corriendo por la pendiente, dando traspiés entre bobinas de bronce y bandejas doradas, y recogió un arco de plata que destellaba—. ¡Un arco de cazadora!

174

Soltó un gritito de sorpresa cuando el arco empezó a encogerse para convertirse en un pasador de pelo con forma de luna creciente.

—Es como la espada de Percy.

Zoë la miraba con severidad.

—Déjalo, Bianca.

—Pero...

—Si está aquí, por algo será. Cualquier cosa que hayan tirado en este depósito debe permanecer aquí. Puede ser defectuosa. O estar maldita.

Bianca dejó el pasador a regañadientes.

—No me gusta nada este sitio —dijo Thalia, aferrando su lanza.

—¿Crees que nos atacará un ejército de frigoríficos asesinos? —bromeé.

Ella me lanzó una mirada fulminante.

—Zoë tiene razón, Percy. Si han tirado todas estas cosas, habrá un motivo. Y ahora en marcha. Tratemos de salir de aquí.

—Es la segunda vez que estás de acuerdo con Zoë —rezongué, pero ella no me hizo caso.

Avanzamos con cautela entre las colinas y los valles de desechos. Aquello parecía no acabarse nunca, y si no llega a ser por la Osa Mayor, seguro que nos habríamos perdido, porque todas las montañas parecían iguales.

Me gustaría decir que no tocamos nada, pero había chatarra demasiado guay para no echarle un vistazo. Vi una guitarra con la forma de la lira de Apolo, tan espectacular que no pude resistirme a examinarla. Grover se encontró un árbol de metal roto. Lo habían cortado en pedazos, pero algunas ramas tenían todavía pájaros de oro y, cuando él los recogió, se pusieron a zumbar y trataron de desplegar sus alas.

Finalmente, a un kilómetro divisamos el final de la chatarrería y las luces de una autopista que cruzaba el desierto. Pero entre nosotros y la autopista...

—¿Qué es eso? —exclamó Bianca.

Justo enfrente se elevaba una colina más grande y larga que las demás. Tenía unos seis metros de altura y una cima plana del tamaño de un campo de fútbol, lo que la convertía en una meseta. En uno de sus extremos había diez gruesas columnas metálicas, apretujadas unas contra otras.

Bianca arrugó el entrecejo.

—Parecen...

—Dedos de pies —se adelantó Grover.

Bianca asintió.

—Pero colosales.

Zoë y Thalia se miraron, nerviosas.

—Daremos un rodeo —dijo Thalia—. A buena distancia.

—Pero la carretera está allí mismo —protesté—. Es más fácil trepar por ahí.

¡*Tong!*

Thalia blandió su lanza, Zoë sacó el arco. Pero sólo era Grover. Había lanzado un trozo de metal hacia aquellos dedos gigantescos y había acertado a uno. Por la manera de resonar, las columnas parecían huecas.

—¿Por qué has hecho eso? —lo riñó Zoë.

Grover la miró, avergonzado.

—No sé. No me gustan los pies postizos.

—Vamos —dijo Thalia, mirándome—. Daremos ese rodeo.

No discutí. Aquellos dedos también empezaban a asustarme. Quiero decir... ¿a quién se le ocurre esculpir unos dedos metálicos de tres metros de altura para luego dejarlos clavados en un vertedero?

Tras un buen rato caminando, llegamos por fin a la autopista: un trecho asfaltado y bien iluminado, aunque desierto.

—Lo conseguimos —dijo Zoë—. Gracias a los dioses.

Pero a los dioses no les apetecía que les dieran las gracias, porque en ese momento se oyó un estruendo como de un millar de trituradoras de basura espachurrando metal.

Nos volvimos alarmados. A nuestra espalda, la montaña de chatarra se removía y empezaba a levantarse. Las diez columnas se doblaron y entonces comprendí por qué parecían dedos: eran dedos. Lo que se alzó por fin entre los escombros era un gigante de bronce con armadura de combate griega. Era increíblemente alto, un rascacielos con piernas y brazos que relucía de un modo siniestro al claro de luna. Nos miró desde allá arriba con su rostro deforme. Tenía el lado izquierdo medio fundido. Sus articulaciones crujían, oxidadas, y en el polvo de su pecho blindado un dedo gigante había escrito: «Lávame.»

—¡Talos! —gritó Zoë.

—¿Quién es Talos? —balbuceé.

—Una de las creaciones de Hefesto —dijo Thalia—. Pero éste no puede ser el original. Es demasiado pequeño. Un prototipo quizá. Un modelo defectuoso.

Al gigante de metal no le gustó la palabra «defectuoso».

Se llevó una mano a la cintura para sacar su espada, que emitió un chirrido espeluznante de metal contra metal mientras salía de la vaina. La hoja tendría treinta metros fácilmente. Se veía deslucida y oxidada, pero no me pareció que eso importara demasiado. Recibir un golpe de ella sería como si te cayese encima un acorazado.

—Alguien se ha llevado algo —dijo Zoë—. ¿Quién ha sido?

Me miró con aire acusador.

Yo negué con la cabeza.

—Seré muchas cosas, pero no soy un ladrón.

Bianca no dijo ni mu. Habría jurado que parecía culpable, pero no tuve tiempo de pensarlo, porque el defectuoso gigante dio un paso hacia nosotros y recorrió la mitad de la distancia que nos separaba, haciendo temblar el suelo.

—¡Corred! —gritó Grover.

Magnífico consejo, salvo que era inútil. Incluso yendo despacio, en plan paseo, aquella cosa podía adelantarnos y dejarnos atrás en un periquete si quería.

Nos dispersamos, tal como habíamos hecho con el León de Nemea. Thalia sacó su escudo y lo sostuvo en alto mientras corría por la autopista. El gigante lanzó un mandoble con su espada y arrancó unos cables eléctricos, que

explotaron entre una lluvia de chispas y quedaron esparcidos en el asfalto, bloqueándole el paso a Thalia.

Las flechas de Zoë volaban hacia el rostro de la criatura, pero se hacían añicos contra el metal sin causarle mer-
ma alguna. Grover se puso a rebuznar como una cabra
bebé y trepó por una montaña de escombros.

Bianca y yo acabamos juntos, tras un carro desvencijado.

—Te has quedado algo —le dije—. Ese arco.

—¡No! —contestó, pero la voz le temblaba.

—¡Devuélvelo! —le ordené—. Tíralo ahora mismo.

—N... no me he llevado el arco. Además, ya es tarde.

—¿Qué te has llevado?

Antes de que pudiera responder, oí un chirrido colosal
y una sombra nos tapó el cielo completamente.

—¡Muévete! —Corrimos cuesta abajo justo cuando el
pie del gigante lo aplastaba todo y abría un cráter en el sitio donde nos habíamos ocultado.

—¡Eh, Talos, tío! —gritó Grover para distraerlo, pero
el monstruo alzó su espada sin perdernos de vista a Bianca y a mí.

Grover tocó una melodía rápida con sus flautas. En la
autopista, los cables eléctricos empezaron a bailar. Comprendí lo que se proponía una fracción de segundo antes
de que ocurriera. Uno de los postes, enganchado todavía
a los cables, voló hacia la pierna del gigante y se le enrolló en la pantorrilla. Los cables chisporrotearon y envia-
ron una descarga que le dio una buena sacudida en el
trasero.

Talos se volvió, chirriando y echando chispas. Grover
nos había proporcionado unos segundos con su maniobra.

—¡Vamos! —le dije a Bianca. Pero ella se había quedado paralizada. Sacó de su bolsillo una pequeña figura de
metal: la estatua de un dios—. Era para Nico. Es la única
que le falta.

—¿Cómo puedes pensar en la *Mitomagia* en un momento como éste?

Ella tenía lágrimas en los ojos.

—Tíralo —le dije—. Quizá el gigante nos deje en paz.

Lo dejó caer de mala gana, pero no ocurrió nada.

El gigante seguía cargando contra Grover. Atravesó con su espada una montaña de chatarra y no le dio por muy poco a nuestro amigo, pero la avalancha de desechos metálicos se le vino encima y se lo tragó.

—¡No! —chilló Thalia. Apuntó con su lanza al gigante y un arco azul fue a golpearlo en una de sus rodillas oxidadas, que se dobló en el acto.

El gigante se tambaleó, pero volvió a incorporarse de inmediato. Era difícil decir si sentía algo. No se adivinaba la menor emoción en su rostro medio fundido, pero creo que estaba tan irritado como pueda estarlo un guerrero metálico de veinte pisos.

Levantó un pie para aplastar el montón de chatarra y vi que tenía una suela parecida a una zapatilla de deporte. En el talón había un orificio, como una boca de alcantarilla, con unas letras rojas alrededor que sólo logré descifrar cuando el pie ya había propinado su pisotón: «Sólo mantenimiento.»

—Ha llegado la hora de las ideas descabelladas.

Bianca me miró nerviosa.

—Como tú digas.

Le expliqué lo de la trampilla de mantenimiento.

—Quizá haya un modo de controlar a esa cosa. Un interruptor o algo así. Voy a meterme dentro.

—¿Cómo? ¡Tendrás que ponerte debajo del pie! ¡Te aplastará!

—Distráelo —dije—. Lo único que he de hacer es calcular bien el momento.

Ella apretó los dientes.

—No. Lo haré yo.

—Tú no puedes hacerlo. ¡Eres nueva! Te mataría.

—El monstruo se ha puesto a perseguirnos por mi culpa —dijo—. Es responsabilidad mía. Toma. —Recogió otra vez la figura del dios y me la puso en la mano—. Si me pasara algo, dásela a Nico. Dile... dile que lo siento.

—¡No, Bianca!

Pero ella salió corriendo hacia el pie izquierdo del gigante.

Thalia había conseguido atraer su atención por el momento. Había descubierto que el monstruo era grande pero muy lento. Si lograbas permanecer cerca sin que te aplastara, podías correr a su alrededor y mantenerte a salvo. Al menos, a ella le estaba funcionando.

Bianca se situó junto al pie del gigante y procuró mantener el equilibrio sobre los hierros que se movían y balanceaban bajo aquel peso colosal.

—¿Qué vas a hacer? —le chilló Zoë.

—¡Haz que levante el pie! —gritó ella.

Zoë disparó una flecha a la cara del monstruo que le entró por un orificio de la nariz. Talos se enderezó de golpe y sacudió la cabeza.

—¡Aquí, Chatarrillas! —le grité—. ¡Aquí abajo!

Corrí hasta su dedo gordo y le asesté un tajo con *Contracorriente*. Su hoja mágica abrió una hendidura en la superficie de bronce.

Por desgracia, mi plan funcionó. Talos bajó la vista y levantó el pie para aplastarme como a una cucaracha. No vi lo que hacía Bianca, porque tuve que volverme y salir corriendo. El pie descargó a sólo unos centímetros de mi espalda y salí despedido por el aire. Me golpeé con algo duro y me incorporé, aturdido. Había ido a parar a un frigorífico olímpico.

El monstruo estaba a punto de acabar conmigo, pero Grover se las había arreglado para desenterrarse de entre los montones de chatarra y se había puesto a tocar sus flautas frenéticamente. Su música disparó otro poste eléctrico hacia el monstruo y esta vez le dio en el muslo. Fue suficiente para que Talos se volviera. Grover tendría que haber echado a correr, pero debía de estar demasiado exhausto por el esfuerzo. Dio un par de pasos, se desplomó y no volvió a levantarse.

—¡Grover! —Thalia y yo corrimos en su ayuda, pero era evidente que no llegaríamos a tiempo.

El gigante alzó su espada para hacerlo picadillo. Y de pronto se quedó petrificado.

Ladeó la cabeza como si acabara de oír una música nueva y extraña. Empezó a mover a lo loco los brazos y las piernas, en plan Rey de la Pista, y acabó cerrando una mano y atizándose un puñetazo en la cara.

—¡Dale, Bianca! —grité.

Zoë me miró horrorizada.

—¿Está ahí dentro?

El monstruo se tambaleó. Me di cuenta de que todavía corríamos peligro. Cargamos con Grover entre Thalia y yo, y corrimos hacia la autopista. Zoë iba delante.

—¿Cómo va a salir de ahí dentro? —gritó.

El gigante volvió a golpearse en la cabeza y dejó caer la espada. Un estremecimiento recorrió todo su cuerpo. Dando tumbos, se dirigió hacia los cables eléctricos.

—¡Cuidado! —chillé, pero ya era demasiado tarde.

Los cables se enredaron en el tobillo del gigante y una serie de destellos azules lo recorrieron de arriba abajo. Rogué que el interior estuviera aislado. No tenía ni idea de lo que estaría pasando allí dentro. El monstruo se escoró hacia atrás y, de repente, la mano izquierda se le desprendió y fue a aterrizar en la montaña de chatarra con un espantoso ruido.

Se le soltó también el brazo izquierdo. Las articulaciones se le estaban descoyuntando.

Y entonces el gigante echó a correr, tambaleante.

—¡Espera! —gritó Zoë.

Salimos disparados tras él, pero era imposible darle alcance. Sus piezas seguían cayendo y se interponían en nuestro camino.

Terminó desmoronándose de arriba abajo: primero la cabeza, luego el torso y por último las piernas se derrumbaron con un gran estruendo. Cuando llegamos junto a los restos, nos pusimos a buscar frenéticamente mientras llamábamos a Bianca. Arrastrándonos entre aquellas piezas monumentales y huecas, removimos sin descanso entre los escombros de piernas, brazos y cabeza hasta las primeras luces del alba, pero sin suerte.

Zoë se sentó y rompió a sollozar. Verla llorar me dejó pasmado.

Thalia gritaba de rabia y atravesó con su espada la cabeza aplastada del gigante.

—Ahora que ya hay luz podemos seguir buscando —dije—. Vamos a encontrarla.

—No, no la encontraremos —gimió Grover, desolado—. Ha sucedido tal como estaba previsto.

—¿Qué quieres decir?

Él me miró con ojos llorosos.

—La profecía. «Uno se perderá en la tierra sin lluvia.» ¿Cómo no supe preverlo? ¿Cómo había permitido que lo intentase ella en lugar de hacerlo yo?

Estábamos en pleno desierto. Y Bianca di Angelo había desaparecido.

14

Me meto en una batalla de burritos

A la salida del vertedero, tropezamos con un camión de remolque tan desvencijado que parecía que también lo hubiesen dejado allí como chatarra. Pero el motor arrancó y tenía el depósito casi lleno, así que decidimos tomarlo prestado. Thalia conducía, pues parecía menos aturdida que los demás.

—Los guerreros-esqueleto aún andan por ahí —nos recordó—. Hemos de seguir adelante.

Avanzamos por el desierto bajo un cielo límpidamente azul. La arena brillaba de tal modo que no podías ni mirarla. Zoë iba en la cabina con Thalia; Grover y yo, en la caja, apoyados en el cabrestante. El aire era caliente y seco, pero el buen tiempo parecía un insulto después de perder a Bianca.

Llevaba apretada en la mano la figurita que le había costado la vida. Aún no tenía claro qué dios se suponía que era. Nico lo sabría.

¡Dioses...! ¿Qué iba a decirle a Nico?

Quería creer que Bianca seguía viva en alguna parte. Pero tenía el funesto presentimiento de que había desaparecido para siempre.

—Tendría que haberme tocado a mí —dije—. Tendría que haberme metido yo en el gigante.

—¡No digas eso! —dijo Grover, alarmado—. Bastante terrible es que hayamos perdido a Annabeth. Y ahora a

Bianca. ¿Crees que podría resistirlo? —Se sorbió la nariz—. ¿Crees que habría alguien dispuesto a ser mi mejor amigo?

—Ay, Grover...

Se secó los ojos con un pañuelo grasiento que le manchó la cara, como si llevara pinturas de guerra.

—Estoy... bien.

Pero no lo estaba. Desde lo sucedido en Nuevo México con aquel viento salvaje que había soplado de repente, se lo veía más frágil y sentimental que de costumbre. No me atrevía a hablar de ello, porque igual empezaba a sollozar.

Tener un amigo que pierde la calma más fácilmente que uno no deja de ofrecer una ventaja. Comprendí que no podía continuar deprimido. Tenía que dejar de pensar en Bianca y espolear a los demás, como hacía Thalia. Me preguntaba de qué estarían hablando aquellas dos en la cabina.

Se nos acabó el depósito a la entrada de un cañón. Tampoco importaba, porque la carretera terminaba allí.

Thalia se bajó y cerró de un portazo. En el acto, reventó un neumático.

—Estupendo. ¿Y qué más?

Escudriñé el horizonte. No había mucho que ver. Desierto en todas direcciones y, aquí y allá, algún grupito de montañas peladas y estériles. El cañón era lo único interesante. El río en sí mismo no era gran cosa: tendría unos quince metros de anchura y unos cuantos rápidos, pero había abierto una garganta muy profunda en mitad del desierto. Los riscos se precipitaban vertiginosamente a nuestros pies.

—Hay un camino —señaló Grover—. Podemos bajar al río.

Estiré el cuello para ver a qué se refería y descubrí por fin un saliente diminuto que bajaba serpenteando.

—Eso es un camino de cabras —dije.

—¿Y qué? —preguntó él.

—Que los demás no somos cabras.

—Podemos hacerlo. Me parece a mí.

Me lo pensé dos veces. Había cruzado precipicios otras veces, aunque no me gustaban demasiado. Entonces miré a Thalia y vi lo pálida que se había puesto. Su problema con las alturas... ella no lo conseguiría.

—Humm, no —dije—. Creo que deberíamos ir corriente arriba.

—Pero... —protestó Grover.

—Vamos. Una caminata no nos vendrá mal.

Miré a Thalia. Sus ojos me dijeron «gracias».

Seguimos el curso del río durante un kilómetro y llegamos a una pendiente por la que era mucho más fácil bajar. En la orilla había un centro de alquiler de canoas, cerrado en aquella época del año. No obstante, dejé un puñado de dracmas de oro en el mostrador con una nota que ponía: «Te debo dos canoas, amigo.»

—Tenemos que ir corriente arriba —me indicó Zoë. Era la primera vez que la oía desde la chatarrería y me inquietó lo mal que sonaba: casi como si tuviera la gripe—. Los rápidos son muy violentos.

—Eso déjamelo a mí —dije mientras transportábamos las canoas al agua.

Thalia me llevó un momento aparte cuando íbamos a recoger los remos.

—Gracias por lo de antes —dijo.

—No hay de qué.

—¿De verdad te ves capaz...? —Señaló los rápidos con la barbilla—. Ya me entiendes.

—Creo que sí. Suelo desenvolverme bien en el agua.

—¿Te importaría ir con Zoë? —preguntó—. Tal vez... podrías hablarle.

—A ella no le hará ninguna gracia.

—Por favor. No sé si podré soportar más rato a solas con ella. Esa chica... empieza a inquietarme.

Era lo último que quería, pero accedí.

Thalia pareció relajarse.

—Te debo una.

—Dos.

—Una y media.

Sonrió y, por un segundo, recordé que me caía bien cuando no se dedicaba a gritarme. Luego se volvió y ayudó a Grover a preparar su canoa.

Al final, resultó que ni siquiera tuve que controlar las corrientes. En cuanto nos metimos en el río, eché un vistazo al agua y descubrí a dos náyades mirándome fijamente.

Tenían el aspecto de dos adolescentes normales, como las que puedes encontrar en cualquier centro comercial, salvo que estaban bajo el agua.

«Eh, chicas», las llamé.

Hicieron un sonido burbujeante que tal vez era una risita. No estaba seguro. Me costaba entender a las náyades.

«Vamos río arriba —les dije—. ¿Podríais...?»

Ni siquiera me dejaron terminar la frase. Eligieron una canoa cada una y se pusieron a remolcarnos por el río. Salimos a tal velocidad que Grover se cayó dentro de su canoa y quedó con las pezuñas al aire.

—Odio a las náyades —refunfuñó Zoë.

Un chorro de agua saltó desde la parte trasera del bote y le salpicó toda la cara.

—¡Demonios femeninos! —exclamó agarrando su arco.

—Venga, mujer —le dije—. Sólo están jugando.

—Malditos espíritus del agua. Nunca me perdonarán.

—¿Perdonar, por qué?

Ella volvió a colgarse el arco del hombro.

—Fue hace mucho. No importa.

Aceleramos río arriba; las paredes de roca se alzaban amenazadoras a ambos lados.

—Lo que le ocurrió a Bianca no es culpa tuya —le dije—. Ha sido mía. Yo permití que lo hiciera.

Pensé que aquello le serviría de excusa para ponerse a chillarme, pero quizá la arrancaría al menos de su abatimiento.

—No, Percy —dijo en cambio—. Yo la empujé a participar en esta búsqueda. Fui demasiado impaciente. Era una mestiza muy poderosa. Tenía un corazón bondadoso también. Pensé que podría llegar a ser lugarteniente de las cazadoras.

—Pero ese puesto lo ocupas tú.

Ella retorció la correa de su carcaj. Parecía más cansada que nunca.

—No hay nada que dure siempre, Percy. Durante dos mil años he dirigido la Cacería. Pero mi sabiduría no ha aumentado. Ahora, Artemisa en persona corre peligro.

—Escucha, no puedes culparte también de eso.

—Si hubiera insistido en acompañarla...

—¿Y crees que habrías sido capaz de combatir con algo tan poderoso como para secuestrar a Artemisa? No habrías podido hacer nada.

Zoë no respondió.

Los riscos del cañón eran cada vez más altos. Sus sombras alargadas cubrían el agua y la enfriaban aún más, aunque el día fuese luminoso.

Sin pensármelo dos veces, saqué a *Contracorriente* del bolsillo. Zoë miró el bolígrafo con expresión afligida.

—Lo hiciste tú —le dije.

—¿Quién te lo ha dicho?

—Tuve un sueño.

Ella me miró de hito en hito. Estaba seguro de que iba a decirme que me había vuelto loco, pero se limitó a emitir un suspiro.

—Era un regalo. Y fue un error.

—¿Quién era el héroe? —pregunté.

Ella meneó la cabeza.

—No me obligues a decir su nombre. Juré que jamás volvería a pronunciarlo.

—Lo dices como si tuviera que saberlo.

—Estoy segura de que lo sabes, héroe. ¿Acaso todos los chicos no queréis ser como él?

Su tono era tan amargo que decidí no preguntarle a qué se refería. Miré a *Contracorriente* y, por primera vez, me pregunté si estaría maldita.

—¿Tu madre era una diosa del agua? —le pregunté.

—Sí. Pleione. Tuvo cinco hijas. Mis hermanas y yo, las hespérides.

—Ésas eran las chicas que vivían en un jardín en el extremo más occidental del mundo. Con el árbol de las manzanas doradas y un dragón que lo vigilaba.

—Sí —dijo Zoë con tristeza—. Ladón.

—Pero ¿no eran sólo cuatro hermanas?

—Ahora sí. Yo fui exiliada. Olvidada. Borrada como si nunca hubiera existido.

—¿Por qué?

Ella señaló mi bolígrafo.

—Porque traicioné a mi familia y ayudé a un héroe. Tampoco esto lo encontrarás en la leyenda. Él nunca habló de mí. Cuando fracasó en su intento de enfrentarse directamente con Ladón, fui yo quien le dio la idea para engañar a mi padre y robar las manzanas. Pero él se llevó todo el mérito.

—Pero...

«Gluglú, gluglú», oí que decía una náyade en mi cabeza. La velocidad de la canoa estaba disminuyendo rápidamente.

Miré al frente y descubrí por qué.

No podíamos seguir. El río estaba bloqueado. Un dique tan grande como un estadio de fútbol se alzaba ante nosotros cerrándonos el paso.

—¡La presa Hoover! —exclamó Thalia—. ¡Qué pasada!

Nos quedamos boquiabiertos contemplando aquel muro curvado de hormigón que surgía de pronto entre las dos paredes del cañón. Había personas en lo alto del dique; se veían tan diminutas como moscas.

Las náyades nos habían abandonado soltando gruñidos. No entendía qué decían, pero era obvio que odiaban aquel dique que bloqueaba su hermoso río. Nuestras canoas giraban sobre sí mismas y empezaban a moverse río abajo, impulsadas por el agua que dejaban escapar las esclusas.

—Doscientos metros de altura —dije—. Construida en los años treinta.

—Treinta y cinco mil kilómetros cúbicos de agua —añadió Thalia.

Grover suspiró.

—El mayor proyecto constructivo de Estados Unidos.

Zoë nos miró perpleja.

—¿Cómo sabéis todo eso?

—Annabeth —contesté—. A ella le gusta la arquitectura.

—Se volvía loca con estas cosas —dijo Thalia.

—Se pasaba todo el rato recitando datos —agregó Grover, sorbiéndose la nariz—. Una verdadera lata.

—Ojalá estuviese aquí —murmuré.

Los demás asintieron. Zoë seguía mirándonos extrañada, pero a mí me daba igual. Parecía una crueldad del destino que hubiéramos llegado a la presa Hoover, uno de sus monumentos favoritos, y que ella no estuviera allí para verla.

—Tenemos que subir —dije—. Aunque sólo sea por ella. Para poder decir que hemos estado.

—Tú estás loco —replicó Zoë—. Aunque... también es verdad que allí está la carretera —añadió señalando un enorme aparcamiento junto al dique—. Y las visitas guiadas.

Tuvimos que caminar casi una hora para hallar un camino que llevase a la carretera. Salimos al este del río y luego retrocedimos hacia el dique. Hacía frío y soplaba mucho viento allá arriba. A un lado, se extendía un inmenso lago encajonado entre montañas desérticas. Al otro lado, el dique descendía doscientos metros hasta el río en lo que parecía la rampa de monopatín más peligrosa del mundo.

Thalia caminaba por el centro de la carretera, para permanecer lo más alejada posible de los bordes del dique. Grover husmeaba el aire, muy inquieto. Aunque no dijo nada, deduje que había percibido la presencia de monstruos.

—¿Están cerca? —le pregunté.

Él meneó la cabeza.

—Quizá no tanto. Con el viento que hay aquí y el desierto alrededor, es probable que el olor se transmita desde muy lejos. Pero viene de varias direcciones, lo cual no me gusta.

A mí tampoco me gustaba. Ya era miércoles: sólo faltaban dos días para el solsticio de invierno y aún nos quedaba mucho camino por delante. No nos hacían falta más monstruos.

—Había un bar en el centro turístico —dijo Thalia.

—¿Tú ya has estado aquí? —le pregunté.

—Una vez. Para ver a los guardianes —respondió señalando a un lado del dique. Excavada en el flanco de la roca, había una pequeña plaza con dos grandes esculturas de bronce. Se parecían a la estatua de los Oscar, pero con alas—. Consagraron esos guardianes a Zeus cuando fue construido el embalse —añadió—. Un regalo de Atenea.

Los turistas se agolpaban a su alrededor y parecía que todos contemplasen los pies de las estatuas.

—¿Qué hacen? —pregunté.

—Les frotan los dedos —explicó Thalia—. Dicen que trae suerte.

—¿Por qué?

Ella meneó la cabeza.

—Los mortales se inventan cosas absurdas. No saben que las estatuas están consagradas a Zeus, pero intuyen que hay en ellas algo especial.

—Cuando estuviste aquí, ¿te hablaron o algo así?

Su expresión se endureció. Yo estaba seguro de que si había venido hasta aquí había sido precisamente para eso: para buscar algún signo de su padre. Una conexión.

—No —respondió—. En absoluto. Son dos estatuas de metal, nada más.

Pensé en la última gran estatua de metal con la que nos habíamos tropezado y en lo mal que nos había ido con ella, aunque preferí no comentarlo.

—Busquemos esa condenada taberna —concluyó Zoë, malhumorada— y echemos un bocado mientras podamos.

Grover sonrió.

—¿De qué te ríes? —le preguntó Zoë.

—No, de nada —respondió, aguantándose la risa—. Me zamparía unas condenadas patatas fritas.

Incluso Thalia se sonrió.

—Y yo he de ir al baño, maldición.

Tal vez sería porque estábamos tensos y cansados, pero empecé a mondarme en voz baja, y a Thalia y Grover se les contagió la risa.

Zoë nos miraba perpleja.

—¿Qué os pasa?

—Voy a refrescarme el gaznate en esa taberna —dijo Grover.

Estallé en carcajadas. Y habría seguido riéndome un buen rato si no hubiera oído de repente un sonido inesperado:

—¡Muuuuuu!

La risa se me atragantó en el acto. Primero me pregunté si sólo habría sonado en mi cabeza, pero Grover también había dejado de reírse y miraba extrañado alrededor.

—¿Era una vaca lo que acabo de oír?

—¿Una condenada vaca? —dijo Thalia riendo.

—No —insistió Grover—, hablo en serio.

Zoë aguzó el oído.

—No oigo nada.

Thalia me miraba a mí.

—¿Te encuentras bien, Percy?

—Sí. Adelantaos vosotros. Yo voy enseguida.

—¿Qué pasa? —me preguntó Grover.

—Nada. Necesito un minuto para pensar.

Los tres vacilaron, pero supongo que se percataron de mi inquietud y al final se fueron al centro turístico. En cuanto se alejaron, corrí al lado norte del dique y me asomé a la barandilla.

—¡Muuuuuu!

Estaba en el lago, unos nueve metros más abajo, pero la reconocí al instante. Era mi amiga de Long Island Sound: *Bessie*, la vaca-serpiente.

Eché un vistazo alrededor. Había grupos de chicos correteando por el dique. También personas mayores y algunas familias. Pero nadie había advertido la presencia de *Bessie*.

—¿Qué haces aquí? —le pregunté.

—¡Muuu! —Parecía alarmada, como si quisiera advertirme.

—¿Cómo has llegado? —insistí. Estábamos a miles de kilómetros de Long Island, a una enorme distancia tierra adentro. Era imposible que hubiese llegado nadando. No obstante, allí estaba.

Bessie nadó en círculo y dio un cabezazo contra el dique.

—¡Muuu!

Quería que fuese con ella. Me decía que me apresurase.

—No puedo —le dije—. Mis amigos están aquí.

Me miró con sus ojos tristes. Luego soltó un mugido aún más apremiante, dio un salto y se sumergió en el agua.

Titubeé. Algo pasaba y *Bessie* quería avisarme. Consideré la idea de saltar y lanzarme tras ella, pero entonces me llevé un susto de muerte: por el extremo este de la carretera se acercaban dos hombres con uniformes de camuflaje. ¡Guerreros-esqueleto!

Pasaron junto a un grupo de críos y los apartaron de un empujón. Un chico protestó y uno de los tipos se volvió hacia él, con la cara convertida por un instante en una calavera.

—¡Aaaah! —gritó el chico. Todo el grupo retrocedió.

Corrí al centro turístico.

Estaba casi en las escaleras cuando oí un chirrido de neumáticos. En el extremo oeste del dique, una furgoneta negra viró y se detuvo bruscamente en medio de la carretera, casi llevándose por delante a un grupo de ancianos.

Las puertas se abrieron de golpe y se apearon varios esqueletos más. Estábamos rodeados.

Bajé las escaleras volando y crucé la entrada del museo. El guardia de seguridad del detector de metales me dio el alto:

—¡Eh, chico!

Pero yo no me detuve.

Eché a correr y crucé la exposición como un rayo hasta camuflarme entre un grupo de turistas. No veía a mis amigos por ningún lado. ¿Dónde estaría el condenado bar?

192

—¡Alto! —gritó el guardia.

No tenía donde esconderme, salvo en el ascensor con el grupo de turistas. Me colé justo cuando las puertas se cerraban.

—A continuación vamos a descender doscientos metros —anunció alegremente la guía del grupo. Era una guarda forestal, con gafas de sol y el pelo negro recogido en una coleta. Supongo que no había reparado en que me perseguían—. No se preocupen, damas y caballeros —prosiguió con una sonrisa—, este ascensor casi nunca se estropea.

—¿Esto no va al bar? —pregunté.

Varios turistas reprimieron una risita. La guía me miró, y algo en su mirada me provocó un estremecimiento.

—Va a las turbinas, joven —dijo—. ¿No ha escuchado arriba mi fascinante presentación?

—Ah... sí, claro. ¿No habrá otra salida allá abajo?

—No hay ninguna salida —terció un turista que tenía detrás—. La única salida es el otro ascensor.

Se abrieron las puertas.

—Sigan adelante, amigos —nos conminó la mujer—. Al final del pasillo hay otra guía esperándolos.

No me quedaba otro remedio que seguir al grupo.

—Por cierto, joven —agregó la mujer desde el ascensor. Al girarme, vi que se había quitado las gafas. Sus ojos eran asombrosamente grises, como nubes cargadas de tormenta—: Siempre hay una salida para los que tienen la inteligencia de encontrarla.

Las puertas se cerraron, dejándome allí solo.

No tuve tiempo de pensar a quién me recordaba aquella mujer, porque oí el timbre del otro ascensor, situado tras un recodo, y me llegó el sonido inconfundible de los dientes de esqueleto rechinando y entrechocando.

Corrí tras el grupo de turistas por un túnel excavado en la roca viva. Parecía interminable. Las paredes estaban húmedas y se percibía el zumbido de la electricidad y el retumbo del agua. Desemboqué en una galería en forma de U que dominaba una inmensa sala de máquinas. Unos quince metros más abajo había grandes turbinas en marcha. La estancia era grandiosa, pero yo no veía ninguna salida, salvo que optara por lanzarme a las turbinas para que me convirtiesen en electricidad.

Había otra guía hablando a los turistas sobre el suministro de agua en Nevada. Rogué que Thalia, Zoë y Grover estuvieran bien. Tal vez los habían capturado. O tal vez no, y seguían comiendo en aquel condenado bar, ajenos a lo que sucedía. Estúpido de mí: me había encerrado a mí mismo en un agujero a doscientos metros de profundidad.

Me abrí paso entre la gente con todo el disimulo que pude. En un extremo de la galería había un vestíbulo: quizá un buen sitio donde ocultarse. Mantuve la mano en el bolsillo, empuñando a *Contracorriente* con firmeza.

Cuando llegué al final de la galería, tenía los nervios de punta. Entré en el pequeño vestíbulo caminando hacia atrás, para no perder de vista el corredor.

Entonces oí un resoplido a mi espalda. Pensé que era otro esqueleto y, sin pensármelo, destapé a *Contracorriente*, di media vuelta y lancé un tajo a ciegas.

La chica (increíblemente, no la corté en dos) dio un chillido y dejó caer su pañuelo.

—¡Dios mío! —gritó—. ¿Es que matas a todo el mundo que se suena la nariz?

Lo primero que pensé fue que la espada no la había herido. Que la había atravesado sin dañarla.

—¡Eres mortal!

Ella me miró perpleja.

—¿Y eso qué significa? ¡Claro que soy mortal! ¿Cómo has podido pasar el control de seguridad con esa espada?

—No he pasado el control... Un momento, ¿tú la ves como una espada?

Ella puso un momento los ojos en blanco. Eran verdes, como los míos. Tenía el pelo rizado, castaño rojizo, y la nariz también roja, como si estuviese resfriada. Llevaba una sudadera granate de Harvard y unos vaqueros llenos de manchas de rotulador y agujeritos, como si hubiera dedicado su tiempo libre a perforárselos con un tenedor.

—Una de dos: o es una espada, o es el cepillo de dientes más grande del mundo —dijo—. ¿Y cómo es que no me ha hecho ningún daño? Bueno, no es que me queje. ¿Tú quién eres? Y... ¿qué llevas puesto? ¿Es una piel de león?

Hacía tantas preguntas y tan deprisa, que era como si te bombardeara. No se me ocurría qué decir. Me miré las mangas. En apariencia yo llevaba puesto un abrigo marrón, no la piel del León de Nemea.

No me había olvidado de los guerreros-esqueleto. Y no tenía tiempo que perder. Pero aun así, me quedé mirando a aquella chica pelirroja. Entonces recordé lo que había hecho Thalia en Westover Hall para despistar a los profesores. Quizá yo también pudiera manipular la Niebla.

Me concentré y chasqueé los dedos.

—No ves una espada —le dije a la chica—. Es sólo un bolígrafo.

Ella parpadeó.

—Qué va. Es una espada. Vaya tipo más raro...

—¿Y tú quién eres? —le pregunté.

Ella resopló, indignada.

—Rachel Elizabeth Dare. Y ahora, ¿vas a responderme o llamo a gritos a seguridad?

—¡No! —dije—. Es que... tengo un poco de prisa. ¡Estoy metido en un aprieto!

—¿Tienes prisa o tienes problemas?

—Las dos cosas.

Ella miró por encima de mi hombro y abrió los ojos de par en par.

—¡El lavabo!

—¿Qué?

—¡El lavabo! ¡Detrás de mí!

No sé bien por qué, pero le hice caso. Me colé en el baño de caballeros y dejé a Rachel Elizabeth Dare allí fuera. Más tarde pensé que aquello había sido muy cobarde por mi parte. Pero estoy seguro de que me salvó la vida.

Oí los chirridos y los siseos de los esqueletos a medida que se acercaban.

Aferré con fuerza a *Contracorriente*. ¿En qué diablos estaba pensando? Había dejado fuera a una mortal. Iban a matarla. Me disponía a salir en tromba cuando oí a Rachel Elizabeth Dare hablar con su estilo ametralladora.

—¡Dios mío! ¿Han visto a ese chico? ¡Ya era hora de que llegaran! ¡Ha estado a punto de matarme! Tenía una espada, por el amor de Dios. ¿Ustedes han permitido que entre un loco con una espada en un monumento como éste? ¡Qué escándalo! Ha salido corriendo hacia esos chismes, turbinas o como se llamen. Creo que ha saltado. O tal vez se ha caído.

Oí cómo los esqueletos chirriaban excitados y a continuación se alejaron.

Rachel abrió la puerta.

—Vía libre. Pero más vale que te des prisa.

Parecía asustada y tenía la frente perlada de sudor.

Me asomé con cautela. Tres guerreros corrían hacia la otra punta de la galería. El camino hacia el ascensor quedaba momentáneamente despejado.

—Te debo una, Rachel Elizabeth Dare.

—¿Qué son esas cosas? —preguntó—. Parecen...

—¿Esqueletos?

Ella asintió.

—Hazte un favor a ti misma —le dije—. Olvídalo. Y olvida que me has visto.

—¿Olvidar que has intentado matarme?

—Sí. Eso también.

—Pero... ¿quién eres?

—Percy... —empecé. Y entonces vi que los guerreros habían llegado a la otra punta y ya daban la vuelta—. ¡Me largo!

—¿Qué clase de nombre es «Percy Me largo»?

Huí hacia la salida.

El bar estaba lleno de chicos que disfrutaban de la mejor parte de la excursión, o sea, el menú infantil. Thalia, Zoë y Grover ya se habían sentado con sus bandejas.

—¡Tenemos que irnos! —jadeé—. ¡Ahora mismo!

—Pero si acaban de servirnos nuestros burritos —se quejó Thalia.

Zoë se puso en pie, mascullando una maldición en griego antiguo.

196

—¡Tiene razón! Mirad.

El bar tenía grandes ventanales en los cuatro lados, lo cual nos ofrecía una excelente panorámica del ejército de guerreros-esqueleto que habían venido a matarnos. Conté dos al este, bloqueando el paso hacia Arizona, y tres más al oeste, cubriendo la salida hacia Nevada. Todos iban armados con porras y pistolas.

Pero nuestro problema inmediato estaba más cerca. Los tres que me habían perseguido en la sala de turbinas aparecieron en las escaleras. Al verme por la ventana, entrechocaron los dientes con avidez.

—¡Al ascensor! —gritó Grover.

Nos disponíamos a correr hacia allí cuando se abrieron las puertas y salieron tres guerreros más. Ya estaban todos, salvo el que Bianca había destruido en Nuevo México. Nos tenían rodeados.

Entonces Grover tuvo una idea brillante y muy propia de él.

—¡Guerra de burritos! —chilló, y le lanzó su guacamole gigante al esqueleto más cercano.

Si nunca te han dado con un burrito en la cara, puedes considerarte un tipo con suerte. En el listado de proyectiles mortíferos están al mismo nivel que las granadas y las balas de cañón. La comida de Grover golpeó al esqueleto y le arrancó la calavera de cuajo. No sé qué verían exactamente los otros chicos del bar, pero todos se pusieron como locos y empezaron a lanzarse los burritos, las patatas fritas y los vasos de refresco en medio de un griterío infernal.

Los guerreros-esqueleto intentaban apuntar con sus pistolas, pero era inútil. Los burritos y las bebidas volaban por todas partes.

En medio del caos, Thalia y yo les hicimos un placaje a los dos esqueletos de las escaleras y los mandamos directos a la mesa de condimentos. Bajamos los peldaños de tres en tres mientras las raciones de guacamole volaban por encima de nuestras cabezas.

—¿Y ahora qué? —preguntó Grover cuando salimos al exterior.

No supe qué responder. Los guerreros apostados en la carretera se acercaban por ambos lados. Corrimos hacia la plaza de las estatuas de bronce y nos dimos cuenta demasiado tarde de que nos tenían acorralados contra la roca.

Los esqueletos avanzaban formando una media luna. Sus compañeros venían desde el bar. Uno de ellos todavía se estaba colocando la calavera sobre los hombros. Otro venía cubierto de ketchup y mostaza. Y había dos más con burritos incrustados entre las costillas. Muy contentos no parecían. Sacaron sus porras y avanzaron.

—Cuatro contra once —masculló Zoë—. Y ellos no mueren.

—Ha sido fantástico compartir esta aventura con vosotros —dijo Grover con voz temblorosa.

Capté una cosa brillante con el rabillo del ojo, y al volverme vi los pies de la estatua.

—Uau. Tienen los dedos relucientes.

—¡Percy! —me reprendió Thalia—. Déjate de tonterías.

Contemplé a los dos gigantes de bronce, cada uno con dos alas grandiosas y tan afiladas como un abrecartas. La exposición a la intemperie los había vuelto de color marrón, salvo los dedos de los pies, que relucían como monedas recién acuñadas gracias a la costumbre de la gente de frotarlos para que les dieran suerte.

Buena suerte. La bendición de Zeus.

Me acordé de la mujer del ascensor. Aquellos ojos grises, aquella sonrisa... ¿Qué me había dicho? «Siempre hay una salida para los que tienen la inteligencia de encontrarla.»

—Thalia —dije—. Rézale a tu padre.

Ella me lanzó una mirada furiosa.

—Nunca responde.

—Sólo por esta vez —supliqué—. Pídele ayuda. Creo que estas estatuas pueden darnos suerte.

Seis esqueletos nos encañonaron. Los otros cinco se acercaban con sus porras. Quince metros. Diez.

—¡Vamos, hazlo! —la apremié.

—¡No! —insistió Thalia—. No me va a responder.

—Esta vez es distinto.

—¿Quién lo dice?

Titubeé.

—Atenea, creo.

Ella me miró como si me hubiese vuelto loco.

—Prueba —suplicó Grover.

Thalia cerró los ojos y empezó a mover los labios en una plegaria silenciosa. Yo le dediqué mi propia oración a la madre de Annabeth, rogando no haberme equivocado. Tenía que ser ella la mujer del ascensor. Había venido para ayudarnos a salvar a su hija.

Recé, pero nada sucedió.

Los esqueletos estrecharon el cerco. Blandí mi espada para defenderme. Thalia alzó su escudo. Zoë apartó a Grover de un empujón y apuntó con su arco a la cabeza de un esqueleto.

En ese momento, una sombra se cernió sobre mí. Creí que sería la sombra de la muerte, pero era un ala enorme. Los esqueletos levantaron la vista demasiado tarde. Hubo un destello de bronce y los cinco que se aproximaban con sus porras fueron barridos de un solo golpe.

Los otros abrieron fuego. Yo me cubrí con mi piel de león, pero no hacía falta: los ángeles de bronce se adelantaron y desplegaron sus alas. Las balas resonaron en la superficie como la lluvia enfurecida en un tejado de chapa. Luego los dos ángeles se lanzaron sobre los esqueletos, que salieron despedidos hasta el otro lado de la carretera.

—¡Chico, qué agradable resulta caminar! —dijo el primer ángel. Su voz sonaba metálica y oxidada, como si no hubiese echado un trago desde que lo habían esculpido.

—¿Has visto cómo tengo los pies? —dijo el otro—. Sagrado Zeus, ¿en qué estarían pensando todos esos turistas?

Aquellos dos ángeles me habían dejado pasmado, pero todavía me preocupaban los esqueletos. Unos cuantos habían logrado reunir sus piezas y ya se incorporaban de nuevo, buscando a tientas sus armas con dedos esqueléticos.

—¡Peligro! —exclamé.

—¡Sacadnos de aquí! —chilló Thalia.

Los dos ángeles bajaron la vista hacia ella.

—¿La cría de Zeus?

—¡Sí!

—¿Cómo se piden las cosas, señorita hija de Zeus? —dijo uno de ellos.

—¡Por favor!

Los ángeles se miraron y se encogieron de hombros.

—Podríamos aprovechar para estirar los músculos.

Y antes de que pudiéramos darnos cuenta, uno de ellos nos había agarrado a Thalia y a mí, y el otro a Zoë y a Grover, y nos elevábamos ya sobre la presa y el río mientras entre las montañas reverberaba un eco de disparos. Los guerreros se fueron encogiendo allá abajo hasta convertirse en manchitas minúsculas.

15

Lucho a brazo partido con el primo malvado de Papá Noel

—Avísame cuando esto haya terminado —me dijo Thalia, apretando los párpados.

La estatua nos sujetaba con fuerza; no podíamos caer, pero aun así ella se aferraba a su brazo de bronce como si le fuera la vida en ello.

—Todo va bien —la tranquilicé.

—¿Volamos... muy alto?

Miré hacia abajo. A nuestros pies desfilaba a toda velocidad una cadena de montañas nevadas. Estiré una pierna y le di una patada a la nieve de un pico.

—No —dije—. No tan alto.

—¡Estamos en las Sierras! —gritó Zoë. Ella y Grover volaban en brazos de la otra estatua—. Yo he cazado por aquí. A esta velocidad, llegaremos a San Francisco en unas horas.

—¡Ah, qué ciudad! —suspiró nuestro ángel—. Oye, Chuck, ¿por qué no vamos a ver a esos tipos del Monumento a la Mecánica, ese grupo escultórico de bronce que hay en el centro de la ciudad? ¡Ésos sí que saben divertirse!

—¡Ya lo creo, chico! —respondió el otro—. ¡Decidido!

—¿Vosotros habéis visitado San Francisco? —pregunté.

—Los autómatas también tenemos derecho a divertirnos de vez en cuando —repuso nuestra estatua—. Los mecánicos nos llevaron al Museo Young y nos presentaron a esas damas esculpidas en mármol, ¿sabes? Y...

201

—¡Hank! —lo interrumpió Chuck—. ¡Que son niños, hombre!

—Ah, cierto. —Si las estatuas de bronce pueden sonrojarse, yo juraría que Hank se ruborizó—. Sigamos volando.

Aceleramos. Era evidente que los dos ángeles estaban entusiasmados. Las montañas se fueron convirtiendo en colinas y pronto empezamos a sobrevolar tierras de cultivo, ciudades y autopistas.

Grover tocaba sus flautas para pasar el rato. Zoë, aburrida, se puso a lanzar flechas a las vallas publicitarias que desfilaban a nuestros pies. Cada vez que pasábamos un gran centro comercial —y los vimos a docenas—, ella le hacía unas cuantas dianas al rótulo de la entrada a ciento sesenta por hora.

Thalia mantuvo los ojos cerrados todo el trayecto. No paraba de murmurar entre dientes, como si estuviera rezando.

—Antes lo has hecho muy bien —la animé—. Zeus te ha escuchado.

No era posible saber lo que pensaba con los ojos cerrados.

—Quizá —respondió—. ¿Y tú cómo te has librado de los esqueletos en la sala de los generadores? ¿No has dicho que te tenían acorralado?

Le hablé de aquella extraña mortal, Rachel Elizabeth Dare, que al parecer era capaz de ver a través de la Niebla. Pensé que iba a decirme que estaba loco, pero ella asintió.

—Hay mortales así —dijo—. Nadie sabe por qué.

Y entonces se me ocurrió algo que nunca había pensado. Mi madre era así. Ella había visto al Minotauro en la Colina Mestiza y lo había identificado a la primera. Tampoco se había sorprendido el año anterior cuando le dije que mi amigo Tyson era un cíclope. Quizá ya lo sabía desde el principio. No era de extrañar que pasase tanto miedo por mí mientras me criaba. Ella veía mejor que yo a través de la Niebla.

—Bueno, esa chica era un poco pesada —continué—. Pero me alegro de no haberla pulverizado. Lo habría sentido mucho.

Thalia asintió.

—Debe de ser bonito ser un mortal como los demás.

Lo dijo como si hubiese pensado mucho en ello.

—¿Dónde queréis aterrizar, chicos? —preguntó Hank, despertándome de una pequeña siesta.

Miré hacia abajo.

—Uau.

Había visto San Francisco en fotografías, pero nunca había estado allí. Era la ciudad más bonita que había visto en mi vida: una especie de Manhattan más pequeño y más limpio, rodeado de colinas verdes. Había una gran bahía, barcos, islas y botes de pesca, y el puente Golden Gate destacaba entre la niebla. Tenía la sensación de que debía sacar una fotografía o escribir una postal: «Besos desde San Francisco. Todavía sobrevivo. Ojalá estuvieses aquí.»

—Allí —propuso Zoë—. Junto al edificio Embarcadero.

—Buena idea —dijo Chuck—. Hank y yo podemos camuflarnos entre las palomas.

Todos nos lo quedamos mirando.

—Era broma —se apresuró a aclarar—. ¡Uf! ¿Es que las estatuas no pueden tener sentido del humor?

Al final, resultó que no había necesidad de camuflarse. Era muy temprano y casi no había gente circulando. Eso sí: dejamos completamente flipado a un vagabundo que andaba por el muelle. El hombre dio un alarido al vernos aterrizar y salió corriendo y gritando que venían los marcianos.

Hank y Chuck se despidieron y salieron volando para irse de juerga con sus colegas de bronce. Y entonces caí en la cuenta de que ignoraba nuestro próximo paso.

Habíamos llegado a la costa Oeste. Artemisa tenía que estar allí, en algún sitio. También Annabeth esperaba. Pero no sabía cómo íbamos a encontrarlas y al día siguiente era el solsticio de invierno. Tampoco tenía la menor idea sobre el monstruo que Artemisa había estado persiguiendo. Se suponía que él saldría a nuestro encuentro durante la búsqueda, que él nos «mostraría la senda», según el Oráculo. Pero no había sido así. Y ahora estábamos allí atascados, en el muelle de los transbordadores, con escaso dinero, sin amigos y sin suerte.

Tras un breve cambio de opiniones, llegamos a la conclusión de que había que averiguar quién era aquel monstruo misterioso.

—¿Y cómo vamos a averiguarlo? —pregunté.

—Nereo —respondió Grover.

Lo miré.

—¿Cómo?

—¿No es lo que te dijo Apolo? ¿Que encontraras a Nereo?

Asentí. Había olvidado por completo mi última conversación con el dios del sol.

—El viejo caballero del mar —recordé—. Por lo visto, tengo que encontrarlo y obligarlo a que nos diga lo que sabe. Pero ¿cómo lo encuentro?

Zoë hizo una mueca.

—¿El viejo Nereo?

—¿Lo conoces? —preguntó Thalia.

—Mi madre era una diosa del mar. Sí, lo conozco. Por desgracia, nunca es demasiado difícil de encontrar. Simplemente, has de seguir el olor.

—¿Qué quieres decir? —pregunté.

—Ven —dijo ella sin ningún entusiasmo—. Te lo mostraré.

Comprendí que estaba metido en un lío cuando nos detuvimos en un local de ropa de beneficencia. Cinco minutos más tarde, Zoë me había equipado con una andrajosa camisa de franela y unos tejanos tres tallas más grandes, además de unas zapatillas rojas y un enorme gorro multicolor.

—¡Ya lo creo! —dijo Grover, a punto de estallar en carcajadas—. Ahora pasas completamente desapercibido.

Zoë asintió satisfecha.

—Un típico vagabundo.

—Muchas gracias —refunfuñé—. ¿Para qué tengo que vestirme así?

—Ya te lo he dicho. Para no desentonar.

Nos condujo de nuevo al muelle. Tras un buen rato buscando, Zoë se detuvo en seco. Señaló un embarcadero donde un grupo de vagabundos se apretujaban cubiertos de mantas, aguardando a que abrieran el comedor de beneficencia.

—Tiene que estar allá abajo —dijo Zoë—. Nunca se aleja demasiado del agua. Le gusta tomar el sol durante el día.

—¿Cómo sabré quién es?

—Tú acércate a hurtadillas. Actúa como un vagabundo. Lo reconocerás. Huele de un modo... distinto.

—Estupendo. —Preferí no pedir más detalles—. ¿Y cuando lo encuentre?

—Agárralo. Y no lo sueltes. Él hará todo lo posible para librarse de ti. Haga lo que haga, no lo dejes escapar. Oblígalo a que te hable de ese monstruo.

—Nosotros te cubrimos las espaldas —dijo Thalia mientras me quitaba algo en la espalda de la camisa: un trozo de pelusa. A saber de dónde procedía—. Eh... bueno, pensándolo bien, te las cubriremos a distancia.

Grover alzó los pulgares, deseándome suerte.

Yo farfullé que era un privilegio tener unos amigos con semejantes arrestos y me dirigí al embarcadero.

Me calé bien el gorro y caminé dando tumbos, como si estuviese a punto de desmayarme, lo cual no me costaba demasiado con lo cansado que estaba. Pasé junto al vagabundo que nos había visto aterrizar. Estaba previniendo a los demás de la llegada de unos ángeles metálicos de Marte.

No olía bien, pero no tenía un olor... distinto. Seguí adelante.

Un par de tipos mugrientos con bolsas del súper en la cabeza me examinaron de arriba abajo cuando me acerqué.

—Lárgate, chaval —murmuró uno de ellos.

Me aparté. Apestaban, pero lo normal. Nada fuera de lo común.

Había una dama con un carrito de la compra lleno de flamencos de plástico. Me lanzó una mirada enloquecida, como si fuese a robárselos.

Al final del embarcadero, en un trecho iluminado por el sol, vi a un tipo tirado en el suelo que parecía tener un millón de años. Llevaba un pijama y un mullido albornoz que en tiempos habría sido blanco. Era gordo y tenía una barba blanca que se había vuelto amarillenta. Algo así como un Papá Noel arrastrado por un vertedero.

¿Y su olor?

Al acercarme, me quedé de piedra. Apestaba, sí, pero con un tufo marino. Una mezcla de algas recalentadas, peces muertos, salmuera... Si el océano aún contenía algún olor repulsivo, era aquél.

Procuré contener las arcadas y me senté a su lado como si estuviera muy cansado. El hediondo Papá Noel abrió un ojo con suspicacia. Noté cómo me observaba, pero no miré. Masculló algo sobre unos padres estúpidos y un colegio todavía peor, pensando que así resultaría más creíble.

Papá Noel volvió a dormirse.

Me preparé. Era consciente de que aquello iba a parecer muy raro, y tampoco sabía cómo reaccionarían los demás vagabundos. Pero salté sobre él.

—¡Aaaaahhh! —gritó. Yo pretendía agarrarlo, pero era él más bien quien me agarraba a mí. Como si no hubiera estado durmiendo, sólo fingiendo. Desde luego no parecía un viejo endeble. Tenía una presa de acero—. ¡Socorro! —chillaba mientras me estrujaba con un abrazo mortal.

—¡Menudo espectáculo! —gritó otro vagabundo—. Un chaval peleándose y revolcándose con un anciano.

En efecto, nos revolcamos por el embarcadero hasta que me di un porrazo contra un poste. Me quedé aturdido un segundo y Nereo aflojó su presa y trató de escapar. Antes de que lo consiguiera, me recobré y le hice un placaje por la espalda.

—¡No tengo dinero! —gritó. Intentó levantarse y salir corriendo, pero lo sujeté con fuerza desde atrás. Su olor a pescado podrido era espantoso, pero no lo solté.

—No quiero dinero —le dije mientras seguíamos luchando—. ¡Soy mestizo! ¡Quiero información!

Aún se encabritó más.

—¡Héroes! ¿Por qué os metéis siempre conmigo?

—¡Porque lo sabes todo!

Él gruñó y trató de zafarse. Era como sujetarse en una montaña rusa. Se revolvía violentamente y me hacía perder el equilibrio, pero apreté los dientes y lo aferré con más fuerza. Mientras nos tambaleábamos hacia el borde del embarcadero, se me ocurrió una idea.

—¡No! —grité—. ¡Al agua no!

El plan funcionó. Gritando victorioso, Nereo saltó sin pensárselo y nos hundimos juntos en la bahía de San Francisco.

Debió de sorprenderse cuando lo estrujé todavía más, con el vigor extra que el océano me proporcionó de inmediato. Pero a él aún le quedaban algunos trucos. Cambió de forma y, sin más ni más, me vi aferrado a una foca lustrosa y resbaladiza.

A veces la gente bromea sobre lo difícil que es atrapar a un cerdo untado de grasa, pero os diré una cosa: mantener sujeta a una foca en el agua es mucho más difícil. Nereo se lanzó hacia las profundidades, retorciéndose y nadando en círculo por las oscuras aguas. Si yo no hubiera sido hijo de Poseidón, no habría podido retenerlo.

Luego se puso a girar sobre sí mismo y a expandirse, hasta transformarse en una ballena asesina, pero yo me aferré a su aleta dorsal mientras emergía estruendosamente a la superficie.

Los turistas exclamaron todos a una:

—¡Uaaau!

Me las arreglé para saludarlos con una mano, como diciendo: «Sí, esto lo practicamos todos los días en San Francisco como gimnasia matinal.»

Nereo se sumergió de nuevo y se convirtió en una anguila viscosa. Yo empecé a anudarla hasta que él se dio cuenta y volvió a adoptar su forma humana.

—¿Por qué no te ahogas de una vez? —aulló, aporreándome con los puños.

—Soy hijo de Poseidón —le espeté.

—¡Maldito sea ese advenedizo! ¡Yo llegué primero!

Finalmente, tocamos tierra y Nereo se derrumbó junto a un embarcadero de botes de pesca. Por encima de nosotros se extendía uno de esos muelles turísticos plagados de tiendas: como un centro comercial al borde del agua. Nereo jadeaba, exhausto. Yo me sentía perfecto. Habría podido continuar todo el día, pero no se lo dije. Quería que creyera que había librado un buen combate.

Mis amigos bajaron corriendo los escalones.

—¡Lo tienes! —dijo Zoë.

—No hace falta que lo digas tan asombrada.

Nereo soltó un gemido.

—Ah, magnífico. ¡Una audiencia completa para presenciar mi humillación! ¿El trato de siempre, supongo? O sea, me dejas ir si respondo a tu pregunta.

—Tengo más de una —repliqué.

—Sólo una pregunta por captura. ¡Son las reglas!

Miré a mis compañeros.

Aquello no me gustaba. Tenía que encontrar a Artemisa y averiguar cuál era la criatura del fin del mundo. También quería saber si Annabeth seguía viva y cómo rescatarla. ¿Cómo podía ingeniármelas para plantearlo todo en una sola pregunta?

Una voz interior me gritaba: «¡Pregunta por Annabeth!» Era lo que más me importaba.

Pero imaginé lo que me habría dicho ella misma; Annabeth nunca me lo perdonaría si la salvaba a ella y no al Olimpo. Por su parte, Zoë debía de querer que preguntase por Artemisa. Pero Quirón nos había dicho que el monstruo era aún más importante.

Suspiré.

—Muy bien, Nereo. Dime dónde puedo encontrar a ese monstruo terrible que podría provocar el fin de los dioses. El que Artemisa estaba persiguiendo.

El viejo caballero del mar sonrió, enseñando sus dientes verdes y enmohecidos.

—Ah, muy fácil —dijo en tono malvado—. Está aquí mismo. —Y señaló el agua a mis pies.

—¿Dónde? —pregunté.

—¡Yo ya he cumplido el trato! —repuso, regodeándose.

Y con un chasquido, se convirtió en un pez de colores y saltó al agua.

—¡Me has engañado! —grité.

Thalia abrió unos ojos como platos.

—¿Qué es eso?

—¡Muuuuuu!

Bajé la vista y allí estaba mi amiga, la vaca-serpiente, nadando junto al embarcadero. Me dio un golpecito con el hocico y me miró con sus tristes ojos castaños.

—*Bessie* —dije—. Ahora no.

—¡Muuuu! —insistió.

Grover sofocó un grito.

—Dice que ni se llama *Bessie* ni es una hembra.

—¿Puedes entenderla, digo... entenderlo?

Grover asintió.

—Es una forma muy arcaica de lenguaje animal. Pero dice que es un taurofidio.

—¿Tau... qué?

—Significa toro-serpiente en griego —explicó Thalia—. Pero ¿qué está haciendo aquí?

—¡Muuuu!

—Dice que Percy es su protector —explicó Grover—. Y que está huyendo de los malos. Dice que están muy cerca.

Me pregunté cómo se las arreglaba para sacar todo aquello de un simple «muuuu».

—Espera —dijo Zoë mirándome—. ¿Tú conoces a esta vaca?

Empezaba a impacientarme, pero les conté la historia.

Thalia sacudió la cabeza, incrédula.

—¿Y habías olvidado contárnoslo?

—Bueno... sí.

Resultaba absurdo, ahora que me lo decía. Todo había ido tan deprisa que *Bessie*, el taurofidio, me había parecido un detalle sin importancia.

—¡Seré idiota! —dijo Zoë de pronto—. ¡Yo conozco esta historia!

—¿Qué historia?

—La guerra de los titanes. Mi padre me la contó hace miles de años. Ésta es la bestia que estamos buscando.

—¿*Bessie?* —Miré al taurofidio—. Pero si es... una monada. ¿Cómo podría querer destruir el mundo?

—En eso estribaba nuestro error —prosiguió Zoë—. Habíamos previsto un monstruo enorme y mortífero, pero el taurofidio no acabará con los dioses de ese modo. Él debe ser sacrificado.

—¡Muuuu!

—Creo que esa palabra con «s» no le gusta —dijo Grover.

Le di a *Bessie* unas palmaditas en la cabeza para calmarlo. Me dejó rascarle la oreja, pero temblaba.

—¿Cómo se atrevería alguien a hacerle daño? —pregunté—. Es inofensivo.

Zoë asintió.

—Ya, pero matar a un inocente encierra un poder. Un terrible poder. Hace eones, cuando nació esta criatura, las Moiras hicieron una profecía. Aquel que matase al taurofidio y sacrificara sus entrañas, dijeron, tendría el poder de destruir a los dioses.

—¡Muuuu!

—Eh... creo que tampoco deberíamos hablar de «entrañas» —nos advirtió Grover.

Thalia contempló asombrada al toro-serpiente.

—El poder de destruir a los dioses... ¿cómo? Es decir, ¿qué pasaría?

—Nadie lo sabe —respondió Zoë—. La primera vez, durante la guerra de los titanes, un gigante que se había aliado con ellos mató al taurofidio, pero tu padre, Zeus, envió un águila para que les arrebatara sus entrañas antes de que pudieran arrojarlas al fuego. Lo logró por muy poco. Ahora, tres mil años después, el taurofidio ha vuelto a nacer.

Thalia se acuclilló y alargó una mano. *Bessie* acudió a su lado. Cuando ella le puso la mano en la cabeza, se estremeció.

Me inquietaba la expresión de Thalia. Casi parecía... hambrienta.

—Tenemos que protegerlo —le dije—. Si Luke le pone las manos encima...

—Luke no vacilaría —musitó ella—. El poder de derrocar al Olimpo. Es... una pasada.

—Sí, querida. Así es —dijo una voz masculina con acento francés—. Y ese poder lo vas a desencadenar tú.

El taurofidio soltó una especie de lamento y se sumergió.

Alcé la vista. Estábamos tan absortos que habíamos dejado que nos tendieran una emboscada.

A nuestra espalda, con sus ojos bicolores reluciendo de maldad, estaba el doctor Espino. La mantícora en persona.

—Esto es peggg-fecto —dijo la mantícora, relamiéndose.

Llevaba un andrajoso impermeable negro sobre el uniforme de Westover Hall, también manchado y desgarrado. El pelo, antes al cero, le había crecido y se le veía erizado y grasiento. Tampoco se había afeitado últimamente y empezaba a asomarle una barba de brillos plateados. En resumen, no tenía mucho mejor aspecto que los tipos del comedor de beneficencia.

—Hace ya mucho tiempo, los dioses me desterraron en Persia —prosiguió la mantícora—. Me vi obligado a buscarme el sustento en los confines del mundo; tuve que ocultarme en los bosques y alimentarme de insignificantes granjeros. Nunca pude combatir con un héroe. ¡Mi nombre no era temido ni admirado en las antiguas historias! Pero todo eso va a cambiar. ¡Los titanes me honrarán y yo me daré un banquete con carne de mestizo!

Tenía dos guardias a cada lado armados hasta los dientes. Eran algunos de los mercenarios mortales que había visto en Washington. Dos más se habían apostado en el siguiente embarcadero, por si tratábamos de escapar. Había turistas por todas partes, caminando junto a la orilla o haciendo compras en las tiendas del muelle, aunque yo sabía que eso no frenaría a la mantícora.

—¿Y los esqueletos? —le pregunté.

Él sonrió, desdeñoso.

—¡No necesito a esas estúpidas criaturas de ultra-tumba! ¿El General me había tomado por un inútil? ¡A ver qué dice cuando sepa que te he derrotado por mi cuenta! Necesitaba pensar. Ante todo, tenía que salvar a *Bessie*. Podía zambullirme en el agua, desde luego, pero ¿cómo iba a emprender la fuga con un toro-serpiente de trescientos kilos? ¿Y qué pasaría con mis amigos?

—Ya te derrotamos una vez —le dije.

—¡Ja! Apenas tuvisteis que combatir, con una diosa a vuestro lado. Pero, ay... esa diosa está muy ocupada en este momento. Ahora no contáis con ayuda.

Zoë sacó una flecha y le apuntó directamente a la cabeza. Los guardias que lo flanqueaban alzaron sus pistolas.

—¡Espera! —la detuve—. ¡No lo hagas!

La mantícora sonrió.

—El chico tiene razón, Zoë Belladona. Guárdate ese arco. Sería una lástima matarte antes de que puedas presenciar la gran victoria de tu amiga Thalia.

—¿De qué hablas? —gruñó Thalia, con el escudo y la lanza preparados.

—Está bien claro —dijo la mantícora—. Éste es tu momento. Para eso te devolvió a la vida el señor Cronos. Tú sacrificarás al taurofidio. Tú llevarás sus entrañas al fuego sagrado de la montaña y obtendrás un poder ilimitado. Y en tu decimosexto cumpleaños derribarás al Olimpo.

Nos quedamos todos mudos. Era tremendamente lógico. Sólo faltaban dos días para que Thalia cumpliera los dieciséis. Ella era hija de uno de los Tres Grandes. Y ahora tenía ante sí una elección: una terrible elección que podía implicar el fin de los dioses. Era tal como había predicho la profecía. No supe si sentirme aliviado, horrorizado o decepcionado. A fin de cuentas, yo no era el protagonista de la profecía. El fin del mundo tenía lugar en aquel mismo momento.

Aguardé a que Thalia le plantase cara a la mantícora, pero ella titubeó. Parecía estupefacta.

—Tú sabes que ésa es la opción correcta —continuó él—. Tu amigo Luke así lo entendió. Ahora volverás a reunirte con él. Juntos gobernaréis el mundo bajo los auspicios de los titanes. Tu padre te abandonó, Thalia. Él no se preocupa por ti. Y ahora lo superarás en poder. Aplasta a los olímpicos, tal como se merecen. ¡Convoca a la bestia! Ella acudirá a ti. Y usa tu lanza.

—Thalia —dije—, ¡despierta!

Ella me miró tal como me había mirado la mañana en que despertó en la Colina Mestiza, aturdida y vacilante. Era casi como si no me reconociera.

—Yo... no...

—Tu padre te ayudó —le dije—. Envió a los ángeles de metal. Te convirtió en un árbol para preservarte.

Su mano asió con fuerza la lanza.

Miré a Grover, desesperado. Gracias a los dioses, comprendió a la primera lo que necesitaba. Se llevó su flauta a los labios y tocó un estribillo muy rápido.

—¡Detenedlo! —ordenó la mantícora.

Los guardias seguían apuntando a Zoë y, antes de que entendieran que el tipo de las flautas era un problema más acuciante, empezaron a brotar ramas de las planchas de madera del muelle y se les enredaron en las piernas. Zoë lanzó un par de flechas que explotaron a sus pies y levantaron un sulfuroso humo amarillento. ¡Flechas pestilentes!

Los guardias se pusieron a toser como locos. La mantícora disparaba espinas, pero rebotaban en mi abrigo de león.

—Grover —ordené—, dile a *Bessie* que baje a las profundidades y no se mueva de allí.

—¡Muuuu! —tradujo Grover.

Confiaba en que *Bessie* hubiese recibido el mensaje.

—La vaca... —murmuraba Thalia, aún confundida.

—¡Vamos! —La arrastré escaleras arriba hacia el centro comercial. Corrimos como posesos, abriéndonos paso entre los turistas, y doblamos la esquina de la tienda más cercana. Oí que la mantícora gritaba a sus secuaces:

—¡Prendedlos!

La gente chilló al ver a los guardias disparando al aire.

213

Llegamos al final del muelle y nos ocultamos tras un quiosco lleno de baratijas de cristal, como móviles de campanillas o cazadores de sueños que destellaban al sol. Había una fuente muy cerca. Abajo, un grupo de leones marinos tomaban el sol en las rocas. Toda la bahía de San Francisco se desplegaba ante nosotros: el Golden Gate, la isla de Alcatraz y, más allá, hacia el norte, las colinas verdes cubiertas de niebla. Un momento ideal para una foto, salvo por el pequeño detalle de que íbamos a morir y estaba a punto de llegar el fin del mundo.

—¡Salta por allí! —me dijo Zoë—. Tú puedes huir por el agua, Percy. Pídele auxilio a tu padre. Tal vez puedas salvar al taurofidio.

Tenía razón, pero no podía hacerlo.

—No os abandonaré —contesté—. Combatiremos juntos.

—¡Tienes que avisar al campamento! —dijo Grover—. Para que al menos sepan lo que sucede.

Me fijé en las baratijas de cristal, que formaban más de un arco iris a la luz del sol. Y había una fuente al lado.

—Avisar al campamento —murmuré—. Buena idea.

Destapé a *Contracorriente* y corté de un tajo la parte superior de la fuente. El agua manó a borbotones de la tubería y nos roció a todos.

Thalia jadeó al contacto con el agua. La niebla que velaba sus ojos pareció disiparse.

—¿Estás loco? —me dijo.

Pero Grover me había entendido. Ya estaba hurgando en sus bolsillos para encontrar una moneda. Lanzó un dracma de oro al arco iris que se había formado en la cortina de agua y gritó:

—¡Oh, diosa, acepta mi ofrenda!

La niebla empezó a ondularse.

—¡Campamento Mestizo! —clamé.

Temblando entre la niebla, surgió la imagen de la última persona que hubiera querido ver en aquel momento: la del señor D, con su chándal atigrado, husmeando en la nevera.

Levantó la vista con aire perezoso.

—¿Dónde está Quirón? —lo apremié a gritos.

—¡Qué grosería! —El señor D bebió un trago de una jarra de zumo de uva—. ¿Así es como saludas?

—Hola —me corregí—. ¡Estamos a punto de morir! ¿Dónde está Quirón?

El señor D reflexionó. Yo quería gritar que se apresurase, pero sabía de antemano que no serviría de nada. Oía pasos y gritos cerca. Las tropas del mantícora estrechaban el cerco.

—A punto de morir... —musitó—. ¡Qué emocionante! Me temo que Quirón no está. ¿Quieres dejarle un recado?

Miré a mis amigos.

—Estamos perdidos.

Thalia aferró su lanza. Ahora parecía otra vez la Thalia furiosa de siempre.

—Moriremos luchando —aseveró.

—¡Cuánta nobleza! —dijo el señor D, sofocando un bostezo—. ¿Cuál es el problema exactamente?

No creía que sirviese de nada, pero le hablé del taurofidio.

—Humm... —Estudió los estantes del frigorífico—. Así que es eso. Ya veo.

—¡Ni siquiera le importa! —chillé—. ¡Preferiría vernos morir!

—Veamos. Me parece que me apetece una pizza esta noche.

Quería dar un tajo a través del arco iris y desconectar, pero no tuve tiempo, porque la mantícora gritó «¡Allí!», y de inmediato nos vimos rodeados. Dos guardias permanecían detrás de él. Los otros dos aparecieron en el techo de las tiendas que quedaban sobre nuestras cabezas. La mantícora se quitó el impermeable y adoptó su auténtica forma, con sus garras de león y su cola puntiaguda y erizada de púas venenosas.

—Magnífico —dijo. Echó un vistazo a la imagen de la niebla y sonrió con desdén.

Estábamos solos, sin ninguna ayuda tangible. Fantástico.

—Podrías pedir socorro —murmuró el señor D, como si encontrara divertida la idea—. Podrías decir «por favor».

«Cuando los cerdos tengan alas», pensé. No iba a morir suplicándole a un zángano como el señor D sólo para que pudiera reírse mientras nos mataban a tiros.

Zoë preparó sus flechas. Grover se llevó a los labios sus flautas. Thalia alzó su escudo y reparé en una lágrima que resbalaba por su mejilla. De repente lo recordé: aquello ya le había sucedido una vez. Ella había quedado acorralada en la Colina Mestiza y había dado su vida de buena gana por sus amigos. Pero ahora no podría salvarnos.

No podía permitir que volviera a sucederle lo mismo.

—Por favor, señor D —murmuré—. Socorro.

Por supuesto, no pasó nada.

La mantícora sonrió de oreja a oreja.

—Dejad a la hija de Zeus con vida. Ella se nos unirá muy pronto. A los demás, matadlos.

Los tipos nos apuntaron con sus pistolas. Y entonces pasó algo muy raro. ¿Conoces esa sensación, cuando toda la sangre te fluye de golpe a la cabeza (si por ejemplo te has puesto cabeza abajo y te levantas deprisa)? Yo sentí alrededor una oleada parecida y un sonido que recordaba a un gran suspiro. El sol se tiñó de color morado. Me llegó un olor de uvas y de algo más agrio: de vino.

¡Crac!

Era el ruido de muchas mentes descuajaringándose al mismo tiempo. El sonido de la locura. Un guardia se metió la pistola entre los dientes como si fuera un hueso y empezó a correr a cuatro patas. Otros dos tiraron sus armas y se pusieron a bailar un vals. El cuarto acometió lo que parecía una típica danza irlandesa. Habría resultado incluso divertido si no hubiéramos estado tan aterrorizados.

—¡Qué os pasa, maldita sea! —chilló la mantícora—. ¡Yo me encargaré de vosotros!

Su cola se erizó, lista para disparar, pero entonces brotaron enredaderas del suelo entarimado y empezaron a envolver su cuerpo a una increíble velocidad. Por todas partes surgían hojas y racimos de uvas verdes que maduraban en cuestión de segundos mientras la mantícora se debatía y daba alaridos. En un abrir y cerrar de ojos, fue engullida por una masa de enredaderas, hojas y racimos de uva morada. Cuando las uvas dejaron de cimbrearse, tuve la sensación de que la mantícora había sucumbido allí dentro.

—Bueno —dijo Dioniso, cerrando el frigorífico—, ha sido divertido.

Lo miré horrorizado.

—¿Cómo ha...? ¿Cómo...?

—Menuda gratitud —murmuró—. Los mortales se recuperarán. Habría que dar muchas explicaciones si volviera permanente su estado. No soporto tener que escribirle informes a mi padre.

Miró a Thalia con rencor.

—Confío en que hayas aprendido la lección, chica. No es fácil resistir la tentación del poder, ¿verdad?

Thalia se ruborizó, avergonzada.

—Señor D —dijo Grover, atónito—. Nos... nos ha salvado.

—Hum... No hagas que me arrepienta, sátiro. Y ahora, en marcha, Percy Jackson. Solamente te he hecho ganar unas horas como máximo.

—El taurofidio —dije—. ¿Podría llevárselo al campamento?

El señor D arrugó la nariz.

—Yo no transporto ganado. Eso es problema tuyo.

—¿Y adónde vamos?

Dioniso miró a Zoë.

—Creo que eso lo sabe la cazadora. Tenéis que entrar hoy a la puesta de sol, ¿entiendes?, o todo estará perdido. Y ahora, adiós. Me espera mi pizza.

—Señor D —dije. Él se volvió y arqueó una ceja—. Me ha llamado por mi nombre correcto. Me ha llamado Percy Jackson.

—Por supuesto que no, Peter Johnson. ¡Y ahora largaos!

Se despidió con una mano y su imagen se disolvió en la niebla.

Los secuaces del mantícora continuaban haciendo locuras alrededor de nosotros. Uno de ellos se había tropezado con aquel vagabundo y ambos se habían enzarzado en una conversación muy seria sobre los ángeles metálicos de Marte. Otros se dedicaban a molestar a los turistas, haciendo ruidos guturales y tratando de robarles los zapatos.

Miré a Zoë.

—¿Es verdad que tú sabes adónde tenemos que ir?

Tenía la cara tan blanca como la niebla. Me señaló al otro lado de la bahía, más allá del Golden Gate. A lo lejos, una montaña se elevaba por encima de las primeras capas de nubes.

—Al jardín de mis hermanas —contestó—. Debo volver a casa.

16

Encontramos al dragón del mal aliento perpetuo

—Nunca llegaremos —protestó Zoë—. Vamos demasiado despacio. Pero tampoco podemos dejar al taurofidio.

—Muuuuu —dijo *Bessie*, que iba nadando a nuestro lado mientras caminábamos junto a la orilla. Habíamos dejado muy atrás el centro comercial y nos dirigíamos al Golden Gate, pero estaba mucho más lejos de lo que parecía. El sol descendía ya hacia el oeste.

—No lo entiendo —dije—. ¿Por qué tenemos que llegar a la puesta de sol?

—Las hespérides son las ninfas del crepúsculo —repuso Zoë—. Sólo podemos entrar en su jardín cuando el día da paso a la noche.

—¿Y si no llegamos?

—Mañana es el solsticio de invierno. Si no llegamos hoy a la puesta de sol, habremos de esperar hasta mañana por la tarde. Y entonces la Asamblea de los Dioses habrá concluido. Tenemos que liberar a Artemisa esta noche.

«O Annabeth morirá», pensé.

—Necesitamos un coche —dijo Thalia.

—¿Y *Bessie*? —pregunté.

Grover se detuvo en seco.

—¡Tengo una idea! El taurofidio puede nadar en aguas de todo tipo, ¿no?

—Bueno, sí —dije—. Estaba en Long Island Sound. Y de repente apareció en el lago de la presa Hoover. Y ahora aquí.

—Entonces podríamos convencerlo para que regrese a Long Island Sound —prosiguió Grover—. Quirón tal vez nos echaría una mano y lo trasladaría al Olimpo.

—Pero *Bessie* me estaba siguiendo a mí —dije—. Si yo no estoy en Long Island, ¿crees que sabrá encontrar el camino?

—Muuu —mugió *Bessie* con tono desamparado.

—Yo puedo mostrarle el camino —se ofreció Grover—. Iré con él.

Lo miré fijamente. Grover no era lo que se dice un fanático del agua. El verano anterior no se había ahogado por los pelos en el Mar de los Monstruos. No podía nadar bien con sus pezuñas de cabra.

—Soy el único capaz de hablar con él —continuó Grover—. Es lo lógico.

Se agachó y le dijo algo al oído a *Bessie*, que se estremeció y soltó un mugido de satisfacción.

—La bendición del Salvaje debería contribuir a que hagamos el recorrido sin problemas —añadió Grover—. Tú rézale a tu padre, Percy. Encárgate de que nos garantice un trayecto tranquilo a través de los mares.

Yo no acababa de ver cómo iban a llegar a nado a Long Island desde California. Aunque también era cierto que los monstruos no se desplazaban del mismo modo que los humanos. Había visto muchos ejemplos de ello.

Traté de concentrarme en las olas, en el olor del océano, en el rumor de la marea.

—Padre —musité—, ayúdanos. Haz que Grover y el taurofidio lleguen a salvo al campamento. Protégelos en el mar.

—Una oración como ésta requiere un sacrificio —dijo Thalia—. Algo importante.

Reflexioné un instante y me saqué el abrigo.

—Percy —dijo Grover—, ¿estás seguro? Esa piel de león te resulta muy útil. ¡La usó Hércules!

Entonces caí en la cuenta de una cosa.

Miré a Zoë, que me observaba con atención. Ahora comprendía quién había sido su héroe: el que había arruinado su vida y había provocado que la expulsaran

220

de su familia; aquel al que había ayudado a engañar a su propio padre y al que no se atrevía a mencionar siquiera: Hércules, el héroe al que yo había admirado toda mi vida.

—Si he de sobrevivir —dije— no será por llevar un abrigo de piel de león. Yo no soy Hércules.

Arrojé el abrigo a la bahía. Inmediatamente, se convirtió en una dorada piel de león que relucía en el agua. Luego, al empezar a hundirse, pareció disolverse en una mancha de sol.

En ese instante se levantó viento.

Grover respiró hondo.

—Bueno, no hay tiempo que perder —dijo, y se lanzó al agua de un salto.

Nada más zambullirse, empezó a hundirse. *Bessie* se deslizó a su lado y dejó que se agarrara de su cuello.

—Tened cuidado —les advertí.

—No te preocupes —contestó Grover—. Bueno, eh... ¿*Bessie*? Vamos a Long Island. Al este. Hacia allí.

—¿Muuuuu?

—Sí —respondió Grover—. Long Island. Esa isla... larga. Venga, vamos.

—Muuuu.

Bessie se lanzó con una sacudida y empezó a sumergirse.

—¡Espera! ¡Yo no puedo respirar bajo el agua! —gritó Grover—. Creí que ya lo había... ¡Glu!

Desaparecieron de la vista y confié en que la protección de mi padre incluyera algunos detalles menores, como la respiración submarina.

—Un problema menos —dijo Zoë—. Y ahora, ¿cómo vamos a llegar al jardín de mis hermanas?

—Thalia tiene razón —dije—. Nos hace falta un coche. Pero aquí no tenemos a nadie para ayudarnos. A menos que tomemos uno prestado...

No me entusiasmaba la idea. Quiero decir: por supuesto que era cuestión de vida o muerte, pero aun así no dejaba de ser un robo y, además, acabaríamos llamando la atención.

—Un momento —reflexionó Thalia, y empezó a hurgar en su mochila—. Hay una persona en San Francisco que podría ayudarnos. Tengo la dirección en alguna parte.

—¿Quién? —pregunté.

Thalia sacó un trozo de papel arrugado.

—El profesor Chase. El padre de Annabeth.

Después de oír durante dos años a Annabeth quejándose de su padre, me esperaba que tuviera cuernos y colmillos. Lo que no me esperaba era que nos recibiese con un anticuado gorro de aviador y unos anteojos. Tenía una pinta tan rara, con aquellos ojos saltones tras los cristales, que todos retrocedimos un paso en el porche de su casa.

—Hola —dijo en tono amistoso—. ¿Vienen a entregarme mis aeroplanos?

Thalia, Zoë y yo nos miramos con cautela.

—Humm, no, señor —contesté.

—¡Mecachis! —exclamó—. Necesito tres Sopwith Camel más.

—Ah, ya —dije, sin tener ni idea de qué me hablaba—. Nosotros somos amigos de Annabeth.

—¿Annabeth? —Se enderezó como si le hubiese aplicado una descarga eléctrica—. ¿Se encuentra bien? ¿Ha ocurrido algo?

Ninguno de los tres respondió, pero por nuestra expresión debió de comprender que pasaba algo grave. Se quitó el gorro y los anteojos. Su pelo era rubio rojizo, como el de Annabeth, y tenía unos intensos ojos castaños. Era guapo, imagino, para ser un tipo mayor, pero tenía aspecto de no haberse afeitado en un par de días y llevaba la camisa mal abrochada, de modo que un lado del cuello le quedaba más alto que el otro.

—Será mejor que paséis —dijo.

Aquello no parecía una casa a la que se acabaran de mudar. Había robots construidos con piezas de lego en las escaleras y dos gatos durmiendo en el sofá de la sala. La mesita de café estaba cubierta de revistas y había un abriguito de niño en el suelo. Toda la casa olía a galletas de chocolate recién hechas. De la cocina llegaba una melodía de jazz. En conjunto, parecía un hogar desordenado y feliz: el lugar donde una familia lleva toda la vida.

—¡Papi! —gritó un niño—. ¡Me está rompiendo los robots!

—Bobby —dijo el doctor Chase distraídamente—, no rompas los robots de tu hermano.

—¡Yo soy Bobby! —protestó el chico.

—Eh... Matthew —se corrigió el doctor—, no rompas los robots de tu hermano.

—Vale, papi.

El doctor se volvió hacia nosotros.

—Subamos a mi estudio. Por aquí.

—¿Cariño? —dijo una mujer, y en la sala apareció la madrastra de Annabeth secándose las manos con un trapo. Era una mujer asiática muy guapa, con reflejos rojizos en el pelo, que llevaba recogido en un moño.

—¿No me presentas a tus invitados? —dijo.

—Ah —dijo el doctor Chase—. Éste es... —Nos miró con aire inexpresivo.

—¡Frederick! —lo reprendió ella—. ¿No les has preguntado sus nombres?

Nos presentamos nosotros mismos, algo incómodos, aunque la señora Chase parecía muy agradable. Nos preguntó si teníamos hambre. Reconocimos que sí, y ella dijo que nos traería sándwiches y refrescos.

—Querida —dijo el doctor—, vienen por Annabeth.

Yo casi me esperaba que la señora se pusiera como loca ante la sola mención de su hijastra, pero apretó los labios con aire preocupado.

—Muy bien. Acomodaos en el estudio; enseguida os subiré una bandeja. —Me dirigió una sonrisa—. Encantada de conocerte, Percy. He oído hablar mucho de ti.

Subimos al primer piso y entramos en el estudio del doctor.

—¡Vaya! —exclamé asombrado.

Las cuatro paredes estaban cubiertas de libros, pero lo que me llamó la atención de verdad fueron los juguetes bélicos. Había una mesa enorme con tanques en miniatura y soldados combatiendo junto a un río pintado de azul y rodeado de colinas, arbolitos y cosas así. Colgados del techo, un montón de biplanos antiguos se ladeaban en ángulos imposibles, como en pleno combate aéreo.

Chase sonrió.

—Sí. La tercera batalla de Ypres. Estoy escribiendo un trabajo sobre la importancia de los Sopwith Camel en los bombardeos de las líneas enemigas. Creo que tuvieron un papel mucho más destacado del que se les ha reconocido.

Sacó un biplano de su soporte e hizo un barrido con él por el campo de batalla, emitiendo un rugido de motor y derribando soldaditos alemanes.

—Ah, claro —murmuré. Ya sabía que el padre de Annabeth era profesor de historia militar. Lo que nunca me había contado era que jugara a los soldaditos.

Zoë se acercó y estudió el campo de batalla.

—Las líneas alemanas estaban más alejadas del río.

El doctor Chase se la quedó mirando.

—¿Cómo lo sabes?

—Porque estaba allí —dijo sin darle importancia—. Artemisa quería mostrarnos lo horribles que son las guerras y cómo pelean los mortales entre sí. También lo estúpidos que son. Esa batalla fue un desastre completo.

El doctor abrió la boca, atónito.

—Tú...

—Es una cazadora, señor —explicó Thalia—. Pero no estamos aquí por eso. Necesitamos...

—¿Viste los Sopwith Camel? —preguntó Chase con la voz temblorosa por la emoción—. ¿Cuántos había? ¿En qué tipo de formación volaban?

—Señor —lo interrumpió Thalia—, Annabeth está en peligro.

Él reaccionó y dejó el biplano.

—Claro —dijo—. Contádmelo todo.

No era fácil, pero lo intentamos. Entretanto, la luz de la tarde empezaba a decaer. Se nos acababa el tiempo. Cuando terminamos, el doctor Chase se desmoronó en su butaca de cuero y se llevó una mano a la frente.

—Mi pobre y valiente Annabeth. Debemos darnos prisa.

—Señor, necesitamos un vehículo para llegar al monte Tamalpais —dijo Zoë—. De inmediato.

—Os llevaré en coche. Sería más rápido volar en mi Camel, pero sólo tiene dos plazas.

—Uau. ¿Tiene un biplano de verdad? —pregunté.

—En el aeródromo de Crissy Field —contestó Chase muy orgulloso—. Por eso tuve que mudarme aquí. Mi patrocinador es un coleccionista privado y posee algunas de las mejores piezas de la Primera Guerra Mundial que se han conservado. Él me dejó restaurar el Sopwith Camel...

—Señor —lo interrumpió Thalia—, con el coche bastará. Y quizá será mejor que vayamos sin usted. Es demasiado peligroso.

El doctor arrugó el entrecejo, incómodo.

—Alto ahí, jovencita. Annabeth es mi hija. Con o sin peligro, yo... yo no puedo...

—¡Hora de merendar! —anunció la señora Chase, entrando con una bandeja llena de bocadillos de mantequilla de cacahuete, galletas recién sacadas del horno, pastillas de chocolate y vasos de Coca-Cola. Thalia y yo engullimos unas cuantas galletas mientras Zoë explicaba:

—Yo sé conducir, señor. No soy tan joven como aparento. Y prometo no destrozarle el coche.

La anfitriona levantó las cejas.

—¿De qué va esto?

—Annabeth está en grave peligro —le explicó el doctor—. En el monte Tamalpais. Yo los llevaría, pero... no es apto para mortales, al parecer. —Dio la impresión de que le costaba pronunciar esta última parte.

Yo pensaba que la señora Chase se negaría. Vamos, ¿qué padres mortales permitirían que tres menores se llevasen prestado su coche? Para mi sorpresa, ella asintió:

—Será mejor que se pongan en marcha, entonces.

—¡Bien! —El doctor se levantó de un salto y empezó a palparse los bolsillos—. Mis llaves...

Su mujer dio un suspiro.

—¡Por favor, Frederick! Serías capaz de perder hasta los sesos si no los llevases envueltos en esa gorra. Las llaves están en el colgador de la entrada.

—Eso es —dijo él.

Zoë agarró un sándwich.

—Gracias a los dos. Ahora hemos de irnos.

Salimos del estudio y bajamos las escaleras corriendo, con los Chase detrás.

—Percy —me dijo la señora cuando ya nos íbamos—, dile a Annabeth... que aún tiene aquí un hogar, ¿de acuerdo? Recuérdaselo.

Eché un último vistazo al desbarajuste de la sala, donde los hermanastros de Annabeth seguían discutiendo y tirando piezas de lego por todas partes. La casa entera seguía oliendo a galletas recién hechas. No era un mal lugar para vivir, pensé.

—Se lo diré —prometí.

Corrimos hacia un Volkswagen descapotable amarillo, aparcado en el sendero. El sol estaba ya muy bajo. Calculé que nos quedaba menos de una hora para salvar a Annabeth.

—¿No corre más este cacharro? —preguntó Thalia.

Zoë le lanzó una mirada furibunda.

—No puedo controlar el tráfico.

—Sonáis las dos igual que mi madre —les dije.

—¡Cierra el pico! —respondieron ambas al unísono.

Avanzábamos serpenteando entre los coches por el Golden Gate. El sol se hundía ya en el horizonte cuando llegamos por fin al condado de Marin y salimos de la autopista.

Ahora la carretera era estrechísima y avanzaba en zigzag rodeada de bosques, subiendo montañas y bordeando escarpados barrancos. Zoë no disminuyó la velocidad.

—¿Por qué huele a pastillas para la tos? —pregunté.

—Son eucaliptos —repuso ella, señalando los enormes árboles que nos rodeaban.

—¿Es esa cosa que comen los koalas?

—Y los monstruos —contestó—. Les encanta masticar las hojas. Sobre todo a los dragones.

—¿Los dragones mascan hojas de eucalipto?

—Créeme —dijo Zoë—, si tuvieras el aliento de un dragón, tú también las mascarías.

No se lo discutí, pero mantuve los ojos bien abiertos. Ante nosotros se alzaba el monte Tamalpais. Supongo que, para ser una montaña, era más bien pequeña, pero parecía inmensa a medida que nos acercábamos.

—O sea, que ésa es la Montaña de la Desesperación —dije.

—Sí —respondió Zoë con voz tensa.

—¿Por qué la llaman así?

Ella permaneció en silencio durante casi un kilómetro.

—Después de la guerra entre dioses y titanes, muchos titanes fueron castigados y encarcelados. A Cronos lo cortaron en pedazos y lo arrojaron al Tártaro. El general que comandaba sus fuerzas, su mano derecha, fue encerrado ahí, en la cima de la montaña, junto al Jardín de las Hespérides.

—El General —dije. Las nubes se iban arremolinando alrededor de la cumbre, como si la montaña las atrajera y las hiciera girar como peonzas.

—¿Qué es eso? ¿Una tormenta?

Zoë no respondió. Tuve la sensación de que sabía lo que significaban aquellas nubes. Y no le gustaba nada.

—Hemos de concentrarnos —advirtió Thalia—. La Niebla aquí es muy intensa.

—¿La mágica o la natural?

—Ambas.

Las nubes grises seguían espesándose sobre la montaña. Y nosotros nos dirigíamos hacia allí. Habíamos dejado el bosque atrás para internarnos en un espacio abierto plagado de barrancos y rocas.

Miré el mar cuando pasábamos por una curva que se abría a una gran panorámica y vi algo que me hizo dar un bote en el asiento.

—¡Mirad!

Pero justo entonces terminamos de doblar la curva y el mar desapareció tras la montaña.

—¿Qué era? —preguntó Thalia.

—Un barco blanco —dije—. Junto a la playa. Parecía un crucero.

Abrió mucho los ojos.

—¿El de Luke?

Me habría gustado decir que no estaba seguro. Podía tratarse de una coincidencia. Pero yo sabía que no lo era. El *Princesa Andrómeda*, el crucero demoníaco de Luke, estaba anclado en la playa. Por eso lo había enviado al canal de Panamá. Era el único modo de navegar hasta California desde la costa Este.

—Entonces vamos a tener compañía —discurrió Zoë con tono lúgubre—. El ejército de Cronos.

Iba a responderle cuando se me erizó el vello de la nuca. Thalia dio un grito.

—¡Frena! ¡Rápido!

Zoë pisó el freno a fondo sin hacer preguntas. El Volkswagen amarillo giró sobre sí mismo dos veces antes de detenerse al borde del barranco.

—¡Saltad! —Thalia abrió la puerta, me empujó fuera y rodamos los dos por el suelo.

Y enseguida... ¡*buuuum*!

Fulguró un relámpago y el coche del doctor Chase estalló como una granada amarilla. Los pedazos como metralla me habrían destrozado de no ser por el escudo de Thalia, que apareció sobre mí de repente. Oí un sonido a lluvia metálica, y cuando abrí los ojos estábamos rodeados de chatarra. Una parte del guardabarros del Volkswagen se había quedado clavada en la carretera. El capó humeante todavía daba vueltas en el suelo. Había trozos de metal amarillo por todos lados.

Noté el sabor del humo en la boca y miré a Thalia.

—Me has salvado la vida.

—«Uno perecerá por mano paterna» —murmuró—.
Maldito sea. ¿Es que piensa destruirme? ¿A mí?
Me costó un segundo comprender que hablaba de su
padre.

—Eh, oye —le dije—, no puede haber sido el rayo de
Zeus. Ni hablar.

—¿De quién, entonces?

—No lo sé. Zoë ha pronunciado el nombre de Cronos...
Tal vez ha sido...

Thalia sacudió la cabeza, furiosa.

—No. Ha sido él.

—Un momento —dije—. ¿Dónde está Zoë? ¡Zoë!

Nos levantamos al mismo tiempo y corrimos de un
lado para otro alrededor del Volkswagen destrozado. No
había nadie dentro. Nada en la carretera. Miré por el precipicio, pero no vi ni rastro de ella.

—¡Zoë! —llamé.

De pronto me la encontré a mi lado, tirándome del
brazo.

—¡Silencio, idiota! ¿Quieres despertar a Ladón?

—¿Ya hemos llegado?

—Estamos muy cerca —dijo—. Seguidme.

Había sábanas de niebla deslizándose por la carretera. Zoë atravesó una de ellas y, cuando la niebla pasó de
largo, había desaparecido. Thalia y yo nos miramos perplejos.

—Concéntrate en Zoë —me recomendó Thalia—. La
estamos siguiendo. Métete entre la niebla con esa idea en
la cabeza.

—Un momento, Thalia. Lo que ha sucedido en el muelle... Quiero decir, lo del mantícora y el sacrificio...

—No quiero hablar de eso.

—¿Tú no habrías llegado a...? Bueno, ya me entiendes.

Ella vaciló.

—Estaba confusa. Nada más.

—No ha sido Zeus quien ha lanzado ese rayo. Ha sido
Cronos. Quiere manipularte y enfurecerte contra tu padre.

Ella respiró hondo.

—Percy, ya sé que lo dices para que me sienta mejor. Gracias. Pero ahora vamos. Hay que seguir adelante.

Cruzó la niebla y la seguí.

Cuando el aire se despejó, continuábamos en la ladera, pero la carretera ahora era de tierra y estaba flanqueada por hierba mucho más tupida. El sol trazaba en el mar una cuchillada sangrienta. La cima de la montaña, envuelta en nubes de tormenta, parecía más cercana y más poderosa. Había un solo sendero que conducía a la cumbre a través de un prado exuberante de flores y sombras: el jardín del crepúsculo, tal como lo había visto en mi sueño.

De no ser por el enorme dragón, aquel jardín habría sido el lugar más hermoso que había visto en mi vida. La hierba brillaba a la luz plateada del anochecer y las flores eran de colores tan intensos que casi refulgían en la oscuridad. Unos escalones de mármol negro pulido ascendían a uno y otro lado de un manzano de diez pisos de alto. Cada rama relucía cargada de manzanas doradas. Y no es una metáfora ni me refiero a las manzanas *golden* que puedes comprar en el súper. No, quiero decir manzanas de oro de verdad. Me faltan palabras para explicar por qué resultaban tan fascinantes. Nada más oler su fragancia, tuve la seguridad de que un mordisco de aquellas manzanas habría de resultar lo más delicioso que pudiese probar jamás.

—Las manzanas de la inmortalidad —dijo Thalia—. El regalo de boda de Zeus a Hera.

Me habría acercado para arrancar una si no hubiera sido por el dragón enroscado en el tronco del árbol.

No sé en qué estarás pensando cuando digo «dragón», pero, sea lo que sea, te aseguro que no es lo bastante pavoroso. Su cuerpo de serpiente tenía el grosor de un cohete y lanzaba destellos con sus escamas cobrizas. Tenía más cabezas de las que yo era capaz de contar. Más o menos, como si se hubieran fusionado cien pitones mortíferas. Parecía dormido. Las cabezas —con todos los ojos cerrados— reposaban sobre la hierba enroscadas en un amasijo con aspecto de espagueti.

Entonces las sombras que teníamos delante empezaron a agitarse. Se oía un canto bello y misterioso: como voces surgidas del fondo de un pozo. Iba a empuñar a *Contracorriente*, pero Zoë detuvo mi mano. Cuatro figuras temblaron en el aire y cobraron consistencia: cuatro jóvenes que se parecían mucho a Zoë, todas con túnicas griegas blancas. Tenían piel de caramelo. El pelo, negro y sedoso, les caía suelto sobre los hombros. Era curioso, pero nunca me había dado cuenta de lo guapa que era Zoë hasta que vi a sus hermanas, las hespérides. Eran exactamente iguales que Zoë: preciosas, y seguramente muy peligrosas.

—Hermanas —saludó Zoë.

—No vemos a ninguna hermana —replicó una de ellas con tono glacial—. Vemos a dos mestizos y una cazadora. Todos los cuales han de morir muy pronto.

—Estáis equivocadas. —Di un paso al frente—. Nadie va a morir.

Las tres me examinaron de arriba abajo. Sus ojos parecían de roca volcánica: cristalinos y completamente negros.

—Perseus Jackson —dijo una de ellas.

—Sí —musitó otra—. No veo por qué es una amenaza.

—¿Quién ha dicho que yo sea una amenaza?

La primera hespéride echó un vistazo atrás, hacia la cima de la montaña.

—Os temen, Perseus. Están descontentos porque ésa aún no os ha matado —dijo señalando a Thalia.

—Una verdadera tentación, a veces —reconoció Thalia—. Pero no, gracias. Es mi amigo.

—Aquí no hay amigos, hija de Zeus —dijo la hespéride secamente—. Sólo enemigos. Volved atrás.

—No sin Annabeth —replicó Thalia.

—Ni sin Artemisa —añadió Zoë—. Hemos de subir a la montaña.

—Sabes que te matará —dijo la chica—. No eres rival para él.

—Artemisa debe ser liberada —insistió Zoë—. Dejadnos paso.

La chica meneó la cabeza.

—Aquí ya no posees ningún derecho. Nos basta con alzar la voz para que despierte Ladón.

—A mí no me causará ningún daño —dijo Zoë.

—¿No? ¿Y qué les pasará a tus amigos?

Entonces Zoë hizo lo último que me esperaba.

—¡Ladón! —gritó—. ¡Despierta!

El dragón se removió, reluciente como una montaña de monedas de cobre, y las hespérides se dispersaron chillando.

La que había llevado la voz cantante le gritó a Zoë:

—¿Te has vuelto loca?

—Nunca has tenido valor, hermana —respondió ella—. Ése es tu problema.

Ladón se retorció. Sus cien cabezas fustigaron el aire, con las lenguas trémulas y hambrientas. Zoë dio un paso adelante con los brazos en alto.

—¡No, Zoë! —gritó Thalia—. Ya no eres una hespéride. Te matará.

—Ladón está adiestrado para guardar el árbol —dijo Zoë—. Bordead el jardín y subid hacia la cima. Mientras yo represente para él una amenaza, seguramente no os prestará atención.

—Seguramente... —repetí—. No suena muy tranquilizador.

—Es la única manera —dijo ella—. Ni siquiera los tres juntos podríamos con él.

Ladón abrió sus bocas. Un escalofrío me recorrió el espinazo al oír el silbido de sus cien cabezas. Y eso fue antes de que me llegara su aliento. No hay palabras para definirlo. Era como oler un ácido. Los ojos me ardieron al instante; se me puso piel de gallina y los pelos como escarpias. Me acordé de una vez que había muerto una rata en nuestro apartamento en pleno verano. El hedor era parecido, sólo que éste era cien veces más fuerte, y mezclado con un olor a eucalipto. Me prometí en aquel mismo momento que nunca volvería a pedir en la enfermería del colegio pastillas para la tos.

Estuve a punto de sacar mi espada, pero entonces recordé mi sueño sobre Zoë y Hércules. Si él había fracasado en su combate frente a frente con el dragón, sería mejor confiar en el criterio de Zoë.

Thalia subió por la izquierda y yo por la derecha. Zoë fue directamente hacia el monstruo.

—Soy yo, mi pequeño dragón —dijo—. Zoë ha vuelto.

Ladón se desplazó hacia delante y enseguida retrocedió. Algunas bocas se cerraron; otras siguieron silbando. Se hizo un lío. Entretanto, las hespérides se disolvieron y retornaron a las sombras. Aún se oyó la voz de la mayor:

—Idiota —susurró.

—Yo te alimentaba con mis propias manos —prosiguió Zoë con tono dulce, mientras se iba aproximando al árbol dorado—. ¿Todavía te gusta la carne de cordero?

Los ojos del dragón destellaron.

Thalia y yo habíamos bordeado ya la mitad del jardín. Un poco más adelante, una senda de roca ascendía a la negra cima de la montaña. La tormenta se arremolinaba y giraba a su alrededor como si aquella cumbre fuese el eje del mundo.

Habíamos salido casi del prado cuando algo falló. Percibí un cambio de humor en el dragón. Quizá Zoë se había acercado demasiado. O tal vez la bestia había sentido hambre. En todo caso, se abalanzó sobre ella.

Dos mil años de adiestramiento la mantuvieron con vida. Esquivó una ristra de colmillos, se agachó para evitar la siguiente y empezó a serpentear entre las cabezas de la bestia, corriendo en nuestra dirección y aguantándose las arcadas que le provocaba aquel espantoso aliento.

Saqué a *Contracorriente* para ayudarla.

—¡No! —jadeó Zoë—. ¡Corred!

El dragón la golpeó en el flanco y ella dio un grito. Thalia alzó la *Égida* y el monstruo soltó un espeluznante silbido. En ese segundo de indecisión, Zoë se adelantó montaña arriba y nosotros la seguimos a todo correr.

El dragón no intentó perseguirnos. Silbó enloquecido y golpeó el suelo, pero le habían enseñado a proteger el árbol por encima de todo y no iba a dejarse arrastrar tan fácilmente a una trampa, por muy suculenta que fuese la perspectiva de zamparse a varios héroes.

Subimos la cuesta corriendo mientras las hespérides reanudaban su canto en las sombras que habíamos dejado atrás. Su música ya no me pareció tan bonita, sino más bien como la banda sonora de un funeral.

La cima de la montaña estaba sembrada de ruinas, llena de bloques de granito y de mármol negro tan grandes como una casa. Había columnas rotas y estatuas de bronce que daban la impresión de haber sido fundidas en buena parte.

—Las ruinas del monte Othrys —susurró Thalia con un temor reverencial.

—Sí —dijo Zoë—. Antes no estaban aquí. Es mala señal.

—¿Qué es el monte Othrys? —pregunté, sintiéndome un idiota como de costumbre.

—La fortaleza de los titanes —respondió Zoë—. Durante la primera guerra, Olimpia y Othrys eran las dos capitales rivales. Othrys era...

Hizo una mueca y se apretó el flanco.

—Estás herida —le dije—. Déjame ver.

—¡No! No es nada. Decía que... en la primera guerra, Othrys fue arrasada y destruida.

—Pero... ¿cómo es que sus restos están aquí?

Thalia miraba alrededor con cautela mientras sorteábamos los cascotes, los bloques de mármol y los arcos rotos.

—Se desplaza en la misma dirección que el Olimpo —dijo—. Siempre se halla en los márgenes de la civilización. El hecho de que esté aquí, en esta montaña, no indica nada bueno.

—¿Por qué?

—Porque ésta es la montaña de Atlas —intervino Zoë—. Desde donde él sostiene... —Su voz pareció quebrarse de pura desesperación y se quedó inmóvil—. Desde donde... sostenía el cielo.

Habíamos llegado a la cumbre. A unos metros apenas, los grises nubarrones giraban sobre nuestras cabezas en un violento torbellino, creando un embudo que casi parecía tocar la cima, pero que reposaba en realidad sobre los hombros de una chica de doce años de pelo castaño rojizo, cubierta con los andrajos de un vestido plateado. Artemisa, sí, allí estaba: sujeta a la roca con cadenas de bronce celestial. Justo lo que había visto en mi sueño. Y no era el techo de una caverna lo que Artemisa se veía obligada a sostener. Era el techo del mundo.

—¡Mi señora!

Zoë corrió hacia ella. Pero Artemisa gritó:

—¡Detente! Es una trampa. Debes irte ahora mismo.

Parecía exhausta y estaba empapada de sudor. Yo nunca había visto a una diosa sufrir de aquella manera. El peso del cielo era a todas luces demasiado para ella.

Zoë sollozaba. Pese a las protestas de Artemisa, se adelantó y empezó a tironear de las cadenas.

Entonces retumbó una voz a nuestras espaldas.

—¡Ah, qué conmovedor!

Nos dimos media vuelta. Allí estaba el General, con su traje de seda marrón. Tenía a Luke a su lado y también a media docena de *dracaenae* que portaban el sarcófago de Cronos. Junto a Luke, Annabeth con las manos a la espalda y una mordaza en la boca. Él apoyaba la punta de la espada en su garganta.

La miré a los ojos, como si de ese modo ella pudiera responder a todas mis preguntas. Pero Annabeth me enviaba un solo mensaje: «Huye.»

—Luke —gruñó Thalia—, suéltala.

Él esbozó una sonrisa endeble y pálida. Tenía un aspecto incluso peor que tres días atrás en Washington.

—Esa decisión está en manos del General, Thalia. Pero me alegra verte de nuevo.

Thalia le escupió.

El General rió entre dientes.

—Ya vemos en qué ha quedado esa vieja amistad. Y en cuanto a ti, Zoë, ha pasado mucho tiempo... ¿Cómo está mi pequeña traidora? Voy a disfrutar matándote.

—No le contestes —gimió Artemisa—. No lo desafíes.

—Un momento... —intervine—. ¿Tú eres Atlas?

El General me echó un vistazo.

—¡Ah! Así que hasta el más estúpido de los héroes es capaz de hacer por fin una deducción. Sí, soy Atlas, general de los titanes y terror de los dioses. Felicidades. Acabaré contigo enseguida, tan pronto me haya ocupado de esta desgraciada muchacha.

—No vas a hacerle ningún daño a Zoë —dije—. No te lo permitiré.

El General sonrió desdeñoso.

—No tienes derecho a inmiscuirte, pequeño héroe. Esto es un asunto de familia.

Arrugué el entrecejo.

—¿De familia?

—Sí —dijo Zoë, desolada—. Atlas es mi padre.

17

Me pongo encima unos millones
de kilos de más

Lo más horrible era que yo les encontraba un aire de familia. Atlas tenía la misma expresión regia de Zoë; la misma mirada fría y orgullosa que brillaba en los ojos de la cazadora cuando se enfurecía. Aunque, en su caso, con un tono mil veces más malvado. Él encarnaba todas las cosas que me habían disgustado de Zoë al principio y, en cambio, no poseía ninguna de las cualidades que había llegado a apreciar en ella.

—Suelta a Artemisa —exigió Zoë.

Atlas se acercó a la diosa encadenada.

—¿Acaso te gustaría tomar el peso del cielo de sus hombros...? Adelante.

Zoë abrió la boca para decir algo, pero Artemisa gritó:

—¡No! ¡No se te ocurra ofrecerte, Zoë! ¡Te lo prohíbo!

Atlas sonrió con sorna. Se arrodilló junto a Artemisa y trató de tocarle la cara, pero ella le lanzó un mordisco y a punto estuvo de arrancarle los dedos.

—Ajá —rió Atlas—. ¿Lo ves, hija? A la señora Artemisa le gusta su nuevo trabajo. Creo que cuando Cronos vuelva a gobernar pondré a todos los olímpicos a sostener por turnos mi carga. Aquí, en el centro de nuestro palacio. Así aprenderán un poco de humildad esa pandilla de enclenques.

Miré a Annabeth. Ella intentaba decirme algo, desesperada. Me señalaba a Luke con la cabeza, pero yo no podía hacer otra cosa que mirarla fijamente. No me di cuenta hasta ese momento, pero algo había cambiado en ella: su pelo rubio estaba veteado de gris.

—Es por sostener el cielo —murmuró Thalia, como si me hubiese leído el pensamiento—. El peso debería haberla matado.

—No lo entiendo —dije—. ¿Por qué Artemisa no puede soltarlo, sencillamente?

Atlas se echó a reír.

—¡Qué pocas entendederas, jovenzuelo! Éste es el punto donde el cielo y la tierra se encontraron por vez primera, donde Urano y Gaya dieron a luz a sus poderosos hijos, los titanes. El cielo aún anhela abrazar la tierra. Alguien ha de mantenerlo a raya; de no ser así, se desmoronaría y aplastaría en el acto la montaña y todo lo que hay en cien leguas a la redonda. Una vez que has tomado sobre ti esa carga, ya no hay escapatoria. —Atlas sonrió—. A menos que alguien la tome de tus hombros y ocupe tu lugar.

Se acercó y nos examinó a Thalia y a mí.

—O sea que éstos son los mejores héroes de esta era... No parece que representen un gran desafío.

—Combate con nosotros —lo reté— y lo veremos.

—¿No te han enseñado nada los dioses? Un inmortal no lucha con un simple mortal. Quedaría por debajo de nuestra dignidad. Dejaré que sea Luke quien te aplaste.

—O sea, que tú también eres un cobarde —le dije.

Sus ojos relucieron de odio. Haciendo un esfuerzo, centró su atención en Thalia.

—En cuanto a ti, hija de Zeus, parece que Luke se equivocó contigo.

—No me equivoqué —acertó a decir Luke. Se lo veía terriblemente débil y pronunciaba cada palabra con dificultad, como si le resultara doloroso. Si no lo hubiese odiado tanto, me habría inspirado compasión—. Thalia, aún estás a tiempo de unirte a nosotros. Llama al taurofidio. Él acudirá a ti. ¡Mira!

Agitó una mano y a nuestro lado surgió un estanque lleno de agua, bordeado de mármol negro, en el que había espacio suficiente para el taurofidio. Me imaginaba perfectamente a *Bessie* allí dentro. De hecho, cuanto más lo pensaba, más me parecía estar escuchando sus mugidos.

«¡No pienses en él! —Era la voz de Grover en mi interior: nuestra conexión por empatía. Podía percibir hasta sus emociones. Iba a darle un ataque de pánico—. Estoy perdiendo a *Bessie*. ¡Bórralo de tus pensamientos!»

Procuré poner mi mente en blanco, pensar en jugadores de baloncesto, en monopatines, en todas las variedades de golosinas de la tienda de mi madre. En fin, en cualquier cosa, salvo en *Bessie*.

—Thalia, llama al taurofidio —insistió Luke—. Y serás más poderosa que los dioses.

—Luke... —Su voz traslució un gran dolor—. ¿Qué te ha ocurrido?

—¿No recuerdas todas las veces que hablamos? ¿Todas las veces que llegamos a maldecir a los dioses? Nuestros padres no han hecho nada por nosotros. ¡No tienen derecho a gobernar el mundo!

Ella negó con la cabeza.

—Libera a Annabeth. Suéltala.

—Si te unes a mí —prometió Luke—, todo podría ser como antes. Los tres juntos de nuevo. Luchando por un mundo mejor. Por favor, Thalia. Si no accedes... —Su voz flaqueó—. Es mi última oportunidad. Si no accedes, él recurrirá a otros medios. Por favor.

No sabía a qué se refería, pero el miedo que latía en su voz era real. Luke corría peligro. Su vida dependía de la decisión de Thalia. Y me dio miedo que ella creyera lo mismo.

—No lo hagas, Thalia —dijo Zoë—. Hemos de luchar contra ellos.

Luke hizo otro gesto con la mano y apareció un fuego de la nada. Un brasero de bronce como el que había en el campamento. Una llama donde hacer un sacrificio.

—Thalia —dije—. No.

Detrás de Luke, el sarcófago dorado empezó a resplandecer. Y al hacerlo, vi una serie de imágenes en la niebla que nos rodeaba: muros de mármol negro alzándose, ruinas creciendo de nuevo para erigir un palacio hermoso y terrible a nuestro alrededor, un palacio hecho de miedo y sombras.

—Aquí erigiremos el monte Othrys —prometió Luke con una voz tan agarrotada que apenas parecía la suya—. Y de nuevo será más fuerte y más poderoso que el Olimpo. Mira, Thalia. No nos faltan fuerzas.

Señaló hacia el océano. A mí se me cayó el alma a los pies: desde la playa donde había atracado el *Princesa Andrómeda*, subía por la ladera de la montaña un gran ejército en formación. *Dracaenae* y lestrigones, monstruos y mestizos, perros del infierno, arpías y otras criaturas que ni siquiera sabría nombrar. Debían de haber vaciado el barco entero, porque eran centenares, muchísimos más de los que había visto a bordo el verano pasado. Y marchaban hacia nosotros. En unos minutos estarían allí arriba.

—Esto no es más que una muestra de lo que se avecina —continuó Luke—. Pronto estaremos preparados para entrar en el Campamento Mestizo. Y después, en el mismísimo Olimpo. Lo único que necesitamos es tu ayuda.

Por un instante terrible, Thalia titubeó. Miró a Luke fijamente, con aquellos ojos llenos de dolor, como si lo único que deseara en este mundo fuera creerlo. Luego blandió su lanza.

—Tú no eres Luke. Ya no te reconozco.

—Por favor, Thalia —suplicó—. No me hagas... No hagas que él te destruya.

El tiempo se acababa. Si aquel ejército llegaba a la cima, nos arrollaría. Mis ojos se encontraron de nuevo con los de Annabeth. Ella asintió.

Miré a Thalia y Zoë, y sentí que morir luchando con amigas como aquéllas no era lo peor que podía pasarte en este mundo.

—Ahora —dije.

Y nos lanzamos juntos a la carga.

Thalia fue directa hacia Luke. El poder de su escudo era tan tremendo que las mujeres-dragón de su guardia soltaron el ataúd de oro y salieron corriendo despavoridas. Pero, a pesar de su aspecto enfermizo, Luke seguía siendo muy rápido con la espada. Gruñó como un animal salvaje y pasó al contraataque. Cuando su espada, *Backbiter*, se estrelló contra el escudo de Thalia, saltó entre ambos una gran bola de fuego que giró en el aire con lengüetas abrasadoras.

En cuanto a mí, cometí la mayor estupidez de mi vida, lo cual ya es decir. Ataqué al titán, al señor Atlas.

Él se echó a reír mientras me acercaba. Una enorme jabalina apareció en sus manos y su traje de seda se disolvió para convertirse en una armadura de combate griega.

—¡Vamos allá!

—¡Percy! —exclamó Zoë—. ¡Cuidado!

Sabía por qué me advertía. Quirón ya me lo había explicado hacía mucho: «Los inmortales deben atenerse a las antiguas reglas. Un héroe, en cambio, puede ir a todas partes y desafiar a quienquiera, siempre que tenga el valor suficiente.» Ahora bien, una vez que yo lo había atacado, Atlas era libre de responder a mi ataque con toda su fuerza.

Blandí mi espada, pero él me golpeó con el mango de su jabalina. Salí volando y me estrellé contra un muro negro. Ya no era la Niebla. El palacio se estaba alzando, piedra a piedra. Se estaba volviendo real.

—¡Estúpido! —gritó Atlas, pletórico, apartando de un manotazo una flecha de Zoë—. ¿Te habías creído que sólo porque desafiaste una vez a ese insignificante diosecillo de la guerra podías hacerme frente a mí?

La sola mención de Ares me transmitió una especie de descarga. Sacudí mi aturdimiento y cargué contra él otra vez. Si lograba llegar a aquel estanque lleno de agua, podría multiplicar mis fuerzas.

La punta de la jabalina venía hacia mí como una guadaña. Alcé a *Contracorriente* para cortar por la mitad el astil de su arma, pero entonces sentí que el brazo se me doblaba. Mi espada pesaba de repente una tonelada.

Recordé la advertencia de Ares en la playa de Los Ángeles hacía ya tanto tiempo: «Cuando más la necesites, tu espada te fallará.»

«¡Ahora no!», supliqué en silencio. Pero no me sirvió de nada. Aunque traté de esquivarla, la jabalina me dio de costado y me mandó volando por los aires como un muñeco de trapo. Encajé un costalazo tremendo; la cabeza me daba vueltas. Levanté la vista y vi que había caído a los pies de Artemisa, que seguía tensa bajo el peso del cielo.

—¡Corre, chico! —jadeó—. ¡Corre!

Atlas se aproximó sin prisas. Yo había perdido la espada. Se me había resbalado y había caído por el borde del precipicio. Volvería a aparecer en mi bolsillo tal vez en unos segundos, pero entonces ya estaría muerto. Luke y Thalia combatían como demonios mientras los relámpagos chisporroteaban a su alrededor. Annabeth estaba en el suelo, forcejeando desesperadamente con sus ligaduras.

—Muere, pequeño héroe —dijo Atlas.

Alzó su jabalina para traspasarme.

—¡No! —chilló Zoë.

En un abrir y cerrar de ojos se incrustaron varias flechas en la axila del titán, justo en la articulación de su armadura.

—¡Argggg! —Con un bramido, el titán se volvió hacia su hija.

Palpé con la mano y noté que ya tenía a *Contracorriente* en el bolsillo. Pero, incluso con mi espada, sabía que no podía combatir con Atlas. Entonces me recorrió un escalofrío. Recordé las palabras de la profecía: «A la maldición del titán uno resistirá.» No: yo no podía albergar esperanzas de acabar con Atlas, pero había alguien que sí tenía una posibilidad.

—El cielo —le dije a la diosa—. Déjamelo a mí.

—No, chico —respondió Artemisa. Tenía la frente perlada de un sudor metálico como el mercurio—. No sabes lo que dices. ¡Te aplastaría!

—¡Annabeth lo sostuvo!

—Y ha sobrevivido por los pelos. Ella contaba con el temple de una auténtica cazadora. Tú no resistirás tanto.

—Igualmente voy a morir —repuse—. ¡Déjame a mí el peso del cielo!

No aguardé a que respondiera. Saqué a *Contracorriente* y corté sus cadenas. Luego me situé a su lado y me preparé para resistir con una rodilla en el suelo. Alcé las manos y toqué las nubes frías y espesas. Por un momento, sostuvimos juntos el peso. Era lo más pesado que había aguantado en mi vida, como si mil camiones me estuvieran aplastando. Pensé que iba a desmayarme de dolor, pero respiré hondo.

«Soy capaz de hacerlo.»

Entonces Artemisa se zafó de la carga y la sostuve yo solo.

Más tarde, he intentado muchas veces describir aquella sensación y no lo he logrado. Cada músculo de mi cuerpo se volvió de fuego. Era como si los huesos se me estuvieran derritiendo. Quería gritar, pero no tenía fuerzas ni para abrir la boca. Empecé a ceder poco a poco. El peso del cielo me aplastaba.

«¡Resiste! —dijo la voz de Grover en mi interior—. ¡No te rindas!»

Me concentré en la respiración. Si lograba sostenerlo unos segundos más... Pensé en Bianca, que había dado su vida para que nosotros llegáramos allí. Si ella había sido capaz de semejante sacrificio, yo tendría que serlo de sostener aquel peso.

La visión se me hacía borrosa. Todo estaba teñido de rojo. Entreví algunas imágenes de la batalla, pero no estaba seguro de distinguir nada con claridad. Creí ver a Atlas con su armadura de combate y su jabalina, riendo como un loco mientras peleaba. Y más allá, me pareció ver a Artemisa: un borrón plateado. Manejaba dos tremendos cuchillos de caza, cada uno tan largo como su brazo, y le lanzaba estocadas al titán con furia, al tiempo que esquivaba sus golpes y daba saltos con una gracia increíble. Parecía cambiar de aspecto mientras maniobraba. Era un tigre, una gacela, un oso, un halcón. A lo mejor aquello era producto de mi imaginación enfebrecida. Zoë le disparaba flechas a su padre, buscando las junturas de su armadura. Atlas rugía de dolor cada vez que una de ellas le acertaba, aunque para él no pasaban de ser como una picadura de abeja, lo cual no lograba otra cosa que enfurecerlo todavía más.

Thalia y Luke luchaban lanza contra espada con los relámpagos centelleando a su alrededor. Con el halo de su escudo, Thalia lo hizo retroceder. Ni siquiera él era inmune a aquel hechizo. Dio varios pasos atrás y gruñó de pura frustración.

—¡Ríndete! —gritó Thalia—. ¡Tú nunca has logrado derrotarme!

Él esbozó una sonrisa sardónica.

—¡Ya lo veremos, mi vieja amiga!

Yo tenía el rostro cubierto de sudor. Las manos me resbalaban. Mis hombros habrían gritado de dolor si hubiesen podido. Tenía la sensación de que me estaban soldando con un soplete todas las vértebras de la columna.

Atlas avanzaba, hostigando a Artemisa. La diosa era rápida, pero la fuerza del titán resultaba arrolladora. Su jabalina se clavó en el suelo abriendo una fisura en la roca, justo donde Artemisa había estado un segundo antes. Atlas la cruzó de un salto y siguió persiguiéndola. Parecía que ella lo arrastrase hacia mí.

«Prepárate», me dijo mentalmente.

El dolor me volvía incapaz de pensar. Mi respuesta fue algo así como: «Aggg-ufff-uaaaaa.»

—Combates bien para ser una chica —le dijo Atlas riendo—. Pero no eres rival para mí.

Le hizo una finta con la punta de la jabalina y Artemisa la esquivó. Yo preví la artimaña: rápidamente, volteó la jabalina y derribó a la diosa dándole en las piernas. Mientras ella caía al suelo, Atlas se dispuso a asestarle el golpe definitivo.

—¡No! —gritó Zoë.

Saltó entre su padre y Artemisa y lanzó una flecha a la frente del titán, donde quedó alojada como el cuerno de un unicornio. Atlas bramó de rabia. Le dio un manotazo a su hija, que fue a estrellarse contra un grupo de rocas negras.

Quise gritar su nombre y correr a ayudarla, pero no podía hablar ni moverme. Ni siquiera veía dónde había aterrizado. Atlas se volvió hacia Artemisa con expresión triunfal. Ella debía de estar herida, porque no se levantó.

—La primera sangre de una nueva guerra —dijo Atlas, muy ufano. Y descargó de golpe su jabalina.

Más rápida que el pensamiento, Artemisa se revolvió en el suelo. El arma pasó rozándola y ella se apresuró a agarrarla del mango. Tiró de él, usándolo como palanca, y le lanzó una patada al titán, que salió disparado por los aires. Lo vi caer sobre mí y comprendí lo que iba a suceder. Aflojé un poco la presión de mis manos bajo el cielo y, en cuanto el titán se me vino encima, no traté de sostenerlo. Me dejé arrastrar por el impacto y eché a rodar con las pocas fuerzas que me quedaban.

El peso del cielo cayó directamente sobre la espalda de Atlas y a punto estuvo de laminarlo. Logró ponerse de rodillas mientras forcejeaba para quitarse de encima aquella fuerza aplastante. Pero ya era tarde.

—¡¡Nooooo!! —bramó con tanta fuerza que la montaña entera tembló—. ¡¡Otra vez nooooo!!

Atlas estaba atrapado de nuevo bajo su vieja carga.

Traté de incorporarme pero me caí, mareado de dolor. Mi cuerpo entero parecía arder.

Thalia había ido arrinconando a Luke cerca de un precipicio, pero aún seguían luchando junto al ataúd de oro. Ella tenía lágrimas en los ojos. Luke se defendía con el pecho ensangrentado y el rostro reluciente de sudor.

Se lanzó sobre Thalia inesperadamente, pero ella le asestó un golpe con su escudo que le arrancó la espada de las manos, mandándola tintineando entre las rocas. De inmediato le puso la punta de su lanza en la garganta.

Se produjo un silencio sepulcral.

—¿Y bien? —dijo Luke. Procuraba disimular, pero percibí el miedo en su voz.

Thalia temblaba de furia.

Annabeth apareció a su espalda renqueando, por fin libre de sus ataduras. Tenía la cara magullada y cubierta de mugre.

—¡No lo mates!

—Es un traidor —dijo Thalia—. ¡Un traidor!

Aunque todavía me sentía aturdido, reparé en que Artemisa ya no estaba a mi lado. Había corrido hacia las rocas negras entre las que había caído Zoë.

—Llevémoslo —rogó Annabeth—. Al Olimpo. Puede... sernos útil.

—¿Es eso lo que quieres, Thalia? —le espetó Luke, sonriendo con desdén—. ¿Regresar triunfalmente al Olimpo para complacer a tu padre?

Thalia titubeó y él hizo un intento desesperado de arrebatarle la lanza.

—¡No! —gritó Annabeth, aunque demasiado tarde.

Sin vacilar, Thalia lo rechazó de una patada. Luke perdió el equilibrio y cayó al vacío con una mueca de terror.

—¡Luke! —chilló Annabeth.

Corrimos al borde del precipicio. A nuestros pies, el ejército del *Princesa Andrómeda* se había detenido en seco. Todos miraban consternados el cuerpo sin vida de Luke sobre las rocas. A pesar de lo mucho que lo odiaba, no pude soportar aquella visión. Quería creer que aún seguía vivo, pero era imposible. Había sido una caída de quince metros por lo menos, y no se movía.

Uno de los gigantes miró hacia arriba y gruñó:

—¡Matadlos!

Thalia estaba muda de dolor. Las lágrimas corrían por sus mejillas. La aparté del precipicio al ver que nos arrojaban una lluvia de lanzas y jabalinas, y echamos a correr hacia las rocas sin hacer caso de las maldiciones y amenazas de Atlas.

—¡Artemisa! —grité.

La diosa levantó la vista con una expresión casi tan desolada como la de Thalia. El cuerpo de Zoë yacía entre sus brazos. Aún respiraba; tenía los ojos abiertos. Pero...

—La herida está emponzoñada —dijo Artemisa.

—¿Atlas la ha envenenado? —pregunté.

—No, no ha sido Atlas —respondió la diosa.

Nos mostró la herida que tenía Zoë en el flanco. Casi se me había olvidado el arañazo que le había hecho Ladón. Era mucho más grave de lo que ella había dejado entrever.

Apenas pude mirar aquella herida. Zoë se había lanzado a pelear contra su padre con un corte espantoso que mermaba sus fuerzas.

—Las estrellas —murmuró—. No las veo.

—Néctar y ambrosía —dije—. ¡Deprisa! Hemos de conseguirle un poco.

Nadie se movió. La desolación se respiraba en el ambiente. El ejército de Cronos se hallaba al pie de la cuesta, pero todos, incluso Artemisa, estábamos demasiado afectados para movernos. Quizá íbamos a encontrar allí la muerte. En ese momento, sin embargo, oí un extraño zumbido.

Justo cuando el ejército de monstruos llegaba a la cima, un Sopwith Camel descendió del cielo en picado.

—¡Apartaos de mi hija! —gritó el doctor Chase mientras entraban en acción sus ametralladoras y sembraban el suelo de orificios de bala. Los monstruos se dispersaron.

—¿Papá? —exclamó Annabeth sin poder creerlo.

—¡Corre, corre! —respondió él, con una voz que se iba apagando a medida que el biplano remontaba el vuelo.

Aquella sorpresa sacó a Artemisa de su dolor. Levantó la vista hacia el avión, que estaba virando para volver a la carga.

—Un hombre valiente —musitó la diosa con reticencia—. Vamos. Tenemos que sacar a Zoë de aquí.

Se llevó su cuerno de caza a los labios y su claro sonido resonó por los valles de todo el condado. A Zoë le aleteaban los párpados.

—¡Aguanta! —le dije—. ¡Te repondrás!

El Sopwith Camel bajó de nuevo en picado. Algunos gigantes le lanzaron sus jabalinas, y una incluso pasó entre las alas de un lado. Las ametralladoras hicieron fuego, y advertí atónito que el doctor Chase se las había arreglado para conseguir bronce celestial con el que fabricar sus balas. La primera ráfaga hizo saltar por los aires una hilera de mujeres-serpiente, que se disolvieron entre alaridos en una nube de polvo sulfuroso.

—¡Es... mi padre! —decía Annabeth, patidifusa.

Pero no teníamos tiempo de admirar su destreza. Los gigantes y las mujeres-serpiente ya se recobraban del desconcierto inicial. El doctor Chase se vería muy pronto en un aprieto.

Entonces la luz de la luna se volvió más intensa; en el cielo apareció un carro arrastrado por los ciervos más hermosos que hayas visto jamás, y vino a aterrizar a nuestro lado.

—¡Arriba! —ordenó Artemisa.

Annabeth me ayudó a subir a Thalia. Luego, entre Artemisa y yo, levantamos a Zoë, la acomodamos y la envolvimos en una manta. La diosa tiró de las riendas, el carro ascendió por el aire y se alejó de la montaña a toda velocidad.

—Como el trineo de Papá Noel —murmuré, todavía entumecido de dolor.

Artemisa tardó en volverse hacia mí.

—Así es, joven. ¿De dónde creías que procedía esa leyenda?

Viéndonos a salvo, el doctor Chase viró con su biplano y nos siguió como si fuera una escolta de honor. Debe de haber sido una de las estampas más extrañas nunca vistas, incluso para la zona de la bahía de San Francisco: un carro plateado tirado por ciervos y escoltado por un Sopwith Camel.

A nuestras espaldas, el ejército de Cronos rugía de rabia mientras se iba congregando en la cima del monte Tamalpais. Pero los gritos más fuertes eran los de Atlas, que soltaba maldiciones contra los dioses y forcejeaba bajo el peso del cielo.

18

Una amiga dice adiós

Aterrizamos en Crissy Field cuando ya era noche cerrada.

En cuanto el doctor Chase bajó de su Sopwith Camel, Annabeth corrió hacia él y le dio un gran abrazo.

—¡Papá! Has volado... has disparado... ¡Por los dioses! ¡Ha sido lo más asombroso que he visto en mi vida!

Su padre se sonrojó.

—Bueno, supongo que no está mal para un mortal de mi edad.

—¡Y las balas de bronce celestial! ¿Cómo las has conseguido?

—Ah, eso. Te dejaste varias armas mestizas en tu habitación de Virginia la última vez que... te marchaste.

Annabeth bajó la vista, avergonzada. El doctor Chase había evitado decir: «te fugaste».

—Decidí fundir algunas para fabricar casquillos de bala —prosiguió—. Un pequeño experimento.

Lo dijo como si no tuviese importancia, pero con un brillo especial en los ojos. Ahora entendía por qué le había caído en gracia a Atenea, diosa de los oficios y la sabiduría. En el fondo de su corazón era un notable científico loco.

—Papá... —murmuró Annabeth con voz entrecortada.

—Percy, Annabeth —nos interrumpió Thalia. Ella y Artemisa se habían arrodillado junto a Zoë y vendaban sus heridas.

Nos apresuramos a ayudarlas, aunque tampoco había mucho que hacer. No teníamos néctar ni ambrosía. Y ninguna medicina normal habría servido. Incluso en la oscuridad, percibía que Zoë no tenía buen aspecto. Tiritaba, y el leve resplandor que siempre la acompañaba se iba desvaneciendo.

—¿No puedes curarla con algún recurso mágico? —le pregunté a Artemisa—. O sea... tú eres una diosa.

Ella parecía muy agitada.

—La vida es algo frágil, Percy. Si las Moiras quieren cortar el hilo, poco podré hacer. Aunque puedo intentarlo.

Fue a ponerle la mano en el flanco, pero Zoë la agarró por la muñeca. Miró a la diosa a los ojos y entre ambas se produjo una especie de entendimiento.

—¿No os he... servido bien? —susurró Zoë.

—Con gran honor —respondió Artemisa en voz baja—. La más sobresaliente de mis campeonas.

La expresión de Zoë se relajó.

—Descansar. Por fin.

—Puedo intentar curarte el veneno, mi valerosa amiga —dijo la diosa.

Pero en ese momento comprendí que no sólo era el veneno lo que la estaba matando, sino el último golpe de su padre. Zoë había sabido desde el principio que la profecía del Oráculo se refería a ella: que perecería por mano paterna. Y sin embargo, había emprendido igualmente la búsqueda. Ella había decidido salvarme, y la furia de Atlas la había roto por dentro.

Miró a Thalia y tomó su mano.

—Lamento que discutiéramos tanto —le dijo—. Habríamos podido ser hermanas.

—Ha sido culpa mía —respondió Thalia, al borde de las lágrimas—. Tenías razón sobre Luke. Sobre los héroes, sobre los hombres y todo lo demás.

—Quizá no todos —murmuró Zoë, y me dirigió una débil sonrisa—. ¿Todavía tienes la espada, Percy?

Yo no podía hablar, pero saqué a *Contracorriente*. Ella sostuvo el bolígrafo con satisfacción.

—Dijiste la verdad, Percy Jackson —prosiguió Zoë—. No te pareces en nada a... Hércules. Es para mí un honor que lleves esta espada.

Me recorrió un estremecimiento.

—Zoë...

—Estrellas —murmuró—. Las veo otra vez, mi señora.

Una lágrima resbaló por la mejilla de Artemisa.

—Sí, mi valerosa amiga. Están preciosas esta noche.

—Estrellas —repitió Zoë. Sus ojos se quedaron fijos en el cielo y ya no se movió más.

Thalia bajó la cabeza. Annabeth se tragó un sollozo y su padre le puso las manos en los hombros. Artemisa hizo un cuenco con la mano y cubrió la boca de Zoë, al tiempo que decía unas palabras en griego antiguo. Una voluta de humo plateado salió de los labios de la cazadora y quedó atrapada en la mano de la diosa. El cuerpo de Zoë tembló un instante y desapareció en el aire.

Artemisa se incorporó, pronunció una especie de bendición, sopló en su mano y dejó que el polvo plateado volara hacia el cielo. Se fue elevando, centelleó y se desvaneció por fin.

Durante un momento no ocurrió nada. Entonces Annabeth ahogó un grito. Levanté la vista y vi que las estrellas se habían vuelto más brillantes y formaban un dibujo en el que nunca había reparado: una constelación rutilante que recordaba la figura de una chica... de una chica con un arco corriendo por el cielo.

—Que el mundo aprenda a honrarte, mi cazadora —dijo Artemisa—. Vive para siempre en las estrellas.

No fue tarea fácil despedirse. Los relámpagos seguían surcando el cielo hacia el norte, sobre el monte Tamalpais. Artemisa estaba tan afectada que su cuerpo despedía destellos de luz plateada. Lo cual me ponía nervioso, porque si perdía los estribos de repente y adoptaba su forma divina completa, quedaríamos desintegrados con sólo mirarla.

—Debo partir hacia el Olimpo de inmediato —dijo—. No puedo llevaros, pero os enviaré ayuda.

Apoyó la mano en el hombro a Annabeth.

—Tienes un valor excepcional, querida muchacha. Sé que harás lo correcto.

Luego miró a Thalia con aire inquisitivo, como si no supiera del todo a qué atenerse respecto a aquella joven hija de Zeus. Thalia parecía reacia a levantar la vista, pero lo hizo por fin y le sostuvo la mirada a la diosa. Yo no podía saber qué se habían dicho en silencio, pero la expresión de Artemisa se suavizó con un matiz de simpatía. Luego se volvió hacia mí.

—Lo has hecho muy bien —dijo—. Para ser un hombre.

Fui a protestar, pero entonces reparé en que era la primera vez que no me llamaba «chico».

Montó en su carro y éste empezó a resplandecer, obligándonos a apartar la vista. Se produjo un fogonazo de plata y la diosa desapareció.

—Bueno —dijo el doctor Chase con un suspiro—. Es impresionante. Aunque debo decir que sigo prefiriendo a Atenea.

Annabeth se volvió hacia él.

—Papá, yo... Siento que...

—Chist. —Él la abrazó—. Haz lo que tengas que hacer, querida. Sé que no es fácil para ti. —Le temblaba la voz, pero le dirigió una sonrisa valiente.

Entonces oí un vigoroso aleteo. Tres pegasos descendían entre la niebla. Dos caballos alados blancos y uno completamente negro.

—¡*Blackjack*! —exclamé.

«¡Eh, jefe! —repuso él—. ¿Se las ha arreglado para mantenerse vivo sin mí?»

—Ha sido duro —reconocí.

«Me he traído a *Guido* y *Porkpie*.»

«¿Cómo está usted?», saludaron los otros dos pegasos en el interior de mi mente.

Blackjack me examinó de arriba abajo, preocupado, y luego miró al doctor Chase, a Thalia y Annabeth.

«¿Quiere que arrollemos a alguno de estos pavos?»

—No —respondí en voz alta—. Son amigos míos. Tenemos que llegar al Olimpo lo más aprisa posible.

«No hay problema —contestó *Blackjack*—. Salvo con ese mortal de ahí. Espero que él no venga.»

Le aseguré que el doctor Chase no nos acompañaba. El profesor observaba boquiabierto a los pegasos.

—Fascinante —dijo—. ¡Qué capacidad de maniobra! Me pregunto cómo se compensa el peso del cuerpo con la envergadura de las alas...

Blackjack ladeó la cabeza.

«¿Quéééé?»

—Si los británicos hubieran contado con estos pegasos en las cargas de caballería de Crimea —prosiguió el doctor—, el ataque de la brigada ligera...

—¡Papá! —lo cortó Annabeth.

Él parpadeó, miró a su hija y sonrió.

—Lo siento, querida. Sé que debes irte.

Le dio con torpeza un último abrazo y, cuando ella se disponía a montar en *Guido*, le dijo:

—Annabeth, ya sé... que San Francisco es un lugar peligroso para ti. Pero recuerda que siempre tendrás un hogar en casa. Nosotros te mantendremos a salvo.

Ella no respondió, pero tenía los ojos enrojecidos cuando se volvió. El doctor Chase iba a añadir algo más, pero se lo pensó mejor. Alzó una mano con tristeza y se perdió en la oscuridad.

Thalia, Annabeth y yo subimos a nuestros pegasos. Remontamos por los aires sobre la bahía y volamos hacia el este. Muy pronto San Francisco se convirtió en una medialuna reluciente a nuestras espaldas, con algún que otro relámpago destellando por el norte.

Thalia estaba tan exhausta que se quedó dormida sobre el lomo de *Porkpie*. Considerando su miedo a las alturas, debía de estar muy cansada para dormirse en pleno vuelo. Pero tampoco tenía de qué preocuparse. Su pegaso volaba sin dificultades y, de vez en cuando, se reacomodaba el peso sobre el lomo para mantenerla bien sujeta.

Annabeth y yo volábamos uno al lado del otro.

—Tu padre parece estupendo —le dije.

Estaba demasiado oscuro para ver su expresión. Ella se volvió, aunque California ya había quedado muy atrás.

—Sí, supongo —contestó—. Hemos pasado tantos años discutiendo...

—Eso me habías dicho.

—¿Crees que mentía? —me soltó en tono retador, aunque sin demasiada energía, como si se lo estuviera preguntando a sí misma.

—Yo no he dicho que mintieras. Simplemente... parece buena persona. Y tu madrastra también. Quizá... se han relajado un poco desde la última vez que los viste.

Ella vaciló.

—La cuestión es que se han instalado en San Francisco, Percy. Y yo no puedo vivir tan lejos del campamento.

No me atrevía a hacer la siguiente pregunta. Temía oír la respuesta. Pero la hice igualmente.

—¿Y qué vas a hacer ahora?

Sobrevolamos una ciudad, una isla de luces en medio de la oscuridad. Pasó tan deprisa como si fuésemos en avión.

—No lo sé —reconoció—. Pero gracias por rescatarme.

—No hay de qué. Somos amigos.

—¿No creíste que estuviera muerta?

—Nunca.

Ella titubeó.

—Tampoco Luke lo está, ¿sabes? Quiero decir... no ha muerto.

Me la quedé mirando. No sabía si se le había ido la cabeza con tanta tensión o qué.

—Annabeth, esa caída ha sido tremenda. No es posible...

—No ha muerto —insistió—. Lo sé. Tal como tú lo sabías de mí.

Aquella comparación no me hizo muy feliz.

Las ciudades se deslizaban cada vez más deprisa; sus manchas de luz se sucedían una tras otra a toda velocidad, hasta que llegó un momento en que el paisaje entero se convirtió en una alfombra reluciente que corría a nuestros pies. Se aproximaba el amanecer. El cielo se volvía gris hacia el este. Y al fondo se extendía ante nosotros un resplandor blanco y amarillo de proporciones colosales. Eran las luces de Nueva York.

«¿Qué tal la velocidad, jefe? —alardeó *Blackjack*—. ¿Nos vamos a ganar una ración extra de heno o qué?»

«Eres un machote, *Blackjack* —le dije—. Bueno, un caballote.»

—Tú no me crees —prosiguió Annabeth—, pero volveremos a ver a Luke. Está en un aprieto terrible. Cronos lo tiene hechizado.

A mí no me apetecía discutir, aunque estaba furioso. ¿Cómo podía albergar algún tipo de sentimiento por aquel bicho? ¿Cómo era posible que siguiera buscándole excusas? Luke se había merecido aquella caída. Merecía... Sí, por qué no decirlo: merecía morir. A diferencia de Bianca y Zoë. No podía estar vivo. No sería justo.

—Allí está. —Era la voz de Thalia; se había despertado y señalaba la isla de Manhattan, que aumentaba de tamaño a toda velocidad—. Ya ha empezado.

—¿El qué?

Miré hacia donde ella me indicaba. Muy por encima del Empire State, el Olimpo desplegaba su propia isla de luz: una montaña flotante y resplandeciente, con sus palacios de mármol destellando en el aire de la mañana.

—El solsticio de invierno —dijo Thalia—. La Asamblea de los Dioses.

19

Los dioses deciden por votación cómo matarnos

Volar ya era de por sí bastante malo para un hijo de Poseidón. Pero volar directamente al palacio de Zeus entre truenos y relámpagos todavía era peor. Volamos en círculo sobre el centro de Manhattan, trazando una órbita alrededor del monte Olimpo. Yo sólo había estado allí una vez. Había subido en ascensor hasta la planta secreta número 600 del Empire State. Esta vez el Olimpo aún me deslumbró más.

En la penumbra del alba, las antorchas y hogueras hacían que los palacios construidos en la ladera reluciesen con veinte colores distintos, desde el rojo sangre hasta el índigo. Por lo visto, en el Olimpo nadie dormía nunca. Las tortuosas callejuelas se veían atestadas de semidioses, de espíritus de la naturaleza y diosecillos menores que iban y venían, unos caminando y otros conduciendo carros o llevados en sillas de mano por un par de cíclopes. El invierno no parecía existir allí. Percibí la fragancia de los jardines, inundados de jazmines, rosas y otras flores incluso más delicadas que no sabría nombrar. Desde muchas ventanas se derramaba el suave sonido de las liras y de las flautas de junco.

En la cima de la montaña se levantaba el mayor palacio de todos: la resplandeciente morada de los dioses.

Nuestros pegasos nos dejaron en el patio delantero, frente a unas enormes puertas de plata. Antes de que se me ocurriese llamar, las puertas se abrieron por sí solas.

«Buena suerte, jefe», me dijo *Blackjack*.

—Sí. —No sabía por qué, pero tenía un presentimiento funesto. Nunca había visto a todos los dioses juntos. Sabía que cualquiera de ellos podía pulverizarme y que a varios les encantaría hacerlo.

«Oiga, si no volviera, ¿puedo quedarme con su cabaña como establo?»

Miré al pegaso.

«Sólo era una idea —añadió—. Perdón.»

Blackjack y sus amigos salieron volando. Durante un minuto, Thalia, Annabeth y yo permanecimos inmóviles, mirando el palacio, tal como habíamos permanecido los tres frente a Westover Hall al principio de aquella aventura (parecía que hiciera un millón de años).

Luego avanzamos juntos hacia la sala del trono.

Doce grandes tronos formaban una U alrededor de la hoguera central, igual que las cabañas en el campamento. En el techo relucían todas las constelaciones, incluso la más reciente: Zoë la cazadora, avanzando por los cielos con su arco.

Todos los asientos se hallaban ocupados. Los dioses y diosas medían unos cuatro metros de altura. Y te aseguro una cosa: si alguna vez vieses a una docena de seres todopoderosos e imponentes volviendo sus ojos hacia ti... Bueno, en ese caso, enfrentarte a una pandilla de monstruos te parecería un picnic.

—Bienvenidos, héroes —dijo Artemisa.

—¡Muuuu!

Sólo entonces vi a Grover y *Bessie*.

Había una esfera de agua suspendida en el centro de la estancia, junto a la zona de la hoguera. *Bessie* nadaba alegremente en su interior, agitando su cola de serpiente y asomando la cabeza por los lados y la base de la esfera. Parecía disfrutar aquella novedad de nadar en una burbuja mágica. Grover permanecía de rodillas ante el trono de Zeus, como si acabase de rendir cuentas. Pero nada más vernos, exclamó:

—¡Bravo! ¡Lo habéis conseguido!

Iba a correr a nuestro encuentro cuando recordó que le estaba dando la espalda a Zeus y levantó la vista para solicitar su permiso.

—Anda, ve —le dijo Zeus sin prestarle atención. El señor de los cielos miraba fijamente a Thalia.

Grover se acercó trotando. Ninguno de los dioses decía nada. El redoble de sus pezuñas en el suelo de mármol resonaba por toda la sala. *Bessie* chapoteó en su burbuja de agua y la hoguera chisporroteó.

Yo miraba nervioso a mi padre, Poseidón. Iba vestido como la última vez que lo había visto: *short* de playa, una camisa hawaiana y sandalias. Tenía el rostro curtido y bronceado, la barba oscura y los ojos de un verde intenso. No sabía cómo le sentaría verme otra vez, pero en la comisura de sus labios parecía insinuarse una sonrisa. Me hizo un gesto con la cabeza, como diciendo «está todo bien».

Grover les dio aparatosos abrazos a Annabeth y Thalia. Luego me agarró de los hombros.

—¡*Bessie* y yo lo conseguimos, Percy! Pero has de convencerlos. ¡No pueden hacerlo!

—¿El qué? —dije.

—Héroes —empezó Artemisa.

La diosa bajó de su trono y, adoptando estatura humana, se convirtió en una chica de pelo castaño rojizo que se movía con desenvoltura entre los grandiosos olímpicos. Cuando se nos acercó con su reluciente túnica plateada, vi que su cara no delataba ninguna emoción. Parecía moverse en un halo de luz de luna.

—La asamblea ha sido informada de vuestras hazañas —nos dijo Artemisa—. Saben que el monte Othrys se está alzando en el oeste. Conocen el intento de Atlas de liberarse y el tamaño del ejército de Cronos. Hemos decidido por votación actuar.

Hubo algunos murmullos entre los dioses, como si no estuvieran muy conformes con el plan, pero nadie protestó.

—A las órdenes de mi señor Zeus —prosiguió Artemisa—, mi hermano Apolo y yo cazaremos a los monstruos más poderosos, para abatirlos antes de que puedan unirse a la causa de los titanes. La señora Atenea se encargará personalmente de que los demás titanes no escapen de sus diversas prisiones. El señor Poseidón ha obtenido permiso para desencadenar toda su furia contra el crucero *Princc sa Andrómeda* y enviarlo al fondo del mar. Y en cuanto a vosotros, mis queridos héroes...

Se volvió hacia los otros inmortales.

—Estos mestizos han hecho un gran servicio al Olimpo. ¿Alguien de los presentes se atrevería a negarlo?

Miró en derredor a los asambleístas, examinando sus rostros uno por uno. Zeus llevaba su traje de raya diplomática. Tenía su barba negra perfectamente recortada y los ojos le chispeaban de energía. A su lado se sentaba una mujer muy guapa de pelo plateado trenzado sobre el hombro y un vestido multicolor como un plumaje de pavo real: la señora Hera.

A la derecha de Zeus estaba mi padre, Poseidón. Junto a él había un hombre enorme con una abrazadera de acero en la pierna, la cabeza deformada y la barba castaña y enmarañada, al que le salían llamas por los bigotes: el señor de las fraguas, Hefesto.

Hermes me guiñó un ojo. Esta vez iba con traje y no paraba de revisar los mensajes de su caduceo, que era también un teléfono móvil. Apolo se repantigaba en su trono de oro con sus gafas de sol. Tenía puestos los auriculares de su iPod, así que no sé si estaba escuchando siquiera, pero me miró y levantó los pulgares. Dioniso parecía aburrido y jugueteaba con una ramita de vid. Y Ares, bueno, estaba en su trono de cuero y metal cromado, mirándome con rostro ceñudo mientras afilaba su cuchillo.

Por el lado de las damas, junto a Hera había una diosa de pelo oscuro y túnica verde sentada en un trono de ramas de manzano entrelazadas: Deméter, la diosa de las cosechas. Luego venía una mujer muy hermosa de ojos grises con un elegante vestido blanco: sólo podía ser la madre de Annabeth, Atenea. A continuación estaba Afrodita, que me sonrió con aire de complicidad y logró que me sonrojase a mi pesar.

Todos los olímpicos reunidos, todo aquel poder en una sola estancia... Parecía un milagro que el palacio entero no volara por los aires.

—He de decir —intervino Apolo, rompiendo el silencio— que estos chicos se han portado de maravilla. —Se aclaró la garganta y empezó a recitar—: «Héroes que ganan laureles...»

—Sí, de primera clase —lo interrumpió Hermes, al parecer deseoso de ahorrarse la poesía de Apolo—. ¿Todos a favor de que no los desintegremos?

Algunas cuantas manos se alzaron tímidamente: Deméter, Afrodita...

—Espera un segundo —gruñó Ares, y nos señaló a Thalia y a mí—. Esos dos son peligrosos. Sería mucho más seguro, ya que los tenemos aquí...

—Ares —lo cortó Poseidón—, son dignos héroes. Y no vamos a volar en pedazos a mi hijo.

—Ni a mi hija —rezongó Zeus—. Lo ha hecho muy bien.

Thalia se sonrojó y se concentró en el suelo de mármol. Sabía cómo se sentía. Yo apenas había hablado con mi padre, y mucho menos me había llevado un cumplido.

La diosa Atenea se aclaró la garganta.

—También yo estoy orgullosa de mi hija. Sin embargo, en el caso de los otros dos hay un riesgo de seguridad evidente.

—¡Madre! —exclamó Annabeth—. ¡Cómo puedes...!

Atenea la cortó con una mirada serena pero firme.

—Es una desgracia que mi padre Zeus y mi tío Poseidón rompieran su juramento de no tener más hijos. Sólo Hades mantuvo su palabra, cosa que encuentro irónica. Como sabemos por la Gran Profecía, los hijos de los tres dioses mayores (como Thalia y Percy) son peligrosos. Por muy majadero que sea, Ares tiene razón.

—¡Exacto! —dijo él—. Eh, un momento. ¿Cómo me has llamado?

Iba a incorporarse, pero una enredadera se le enrolló a la cintura como un cinturón de seguridad y lo obligó a sentarse de nuevo.

—¡Por favor, Ares! —resopló Dioniso—. Guárdate esos arrestos para más tarde.

Ares soltó una maldición y se arrancó la enredadera.

—¿Y tú quién eres para hablar, viejo borracho? ¿En serio deseas proteger a esos mocosos?

Dioniso nos miró con cansancio desde la altura de su trono.

—No es que sienta amor por ellos. ¿Realmente consideras, Atenea, que lo más seguro es destruirlos?

—Yo no me pronuncio —dijo Atenea—. Sólo señalo el peligro. Lo que haya que hacer, debe decidirlo la asamblea.

—Yo no les aplicaría ningún castigo —dijo Artemisa—, sino una recompensa. Si destruimos a unos héroes que nos han hecho un gran servicio, entonces no somos mejores que los titanes. Si ésta es la justicia del Olimpo, prefiero pasar sin ella.

—Cálmate, hermanita —dijo Apolo—. Has de relajarte, caramba.

—¡No me llames hermanita! Yo los recompensaría.

—Bueno —rezongó Zeus—. Tal vez. Pero al monstruo hay que destruirlo. ¿Estamos de acuerdo en eso?

Gestos de asentimiento.

Me costó unos segundos entender lo que estaban diciendo. Y entonces el corazón me dio un vuelco.

—¿*Bessie?* ¿Queréis destruir a *Bessie*?

—¡Muuuuu!

Mi padre frunció el entrecejo.

—¿Has llamado *Bessie* al taurofidio?

—Padre —dije—, es sólo una criatura del mar. Una criatura realmente hermosa. No podéis destruirla.

Poseidón se removió, incómodo.

—Percy, el poder de ese monstruo es considerable. Si los titanes llegaran a capturarlo...

—No podéis, dioses —insistí. Miré a Zeus. Su sola presencia habría debido intimidarme, pero le sostuve la mirada—. Querer controlar las profecías nunca funciona, ¿no es cierto? Además, *Bess...* digo, el taurofidio es inocente. Matar a alguien así está mal. Tan mal... como que

Cronos devorase a sus hijos sólo por algo que tal vez pudieran hacer. ¡Está mal!

Zeus pareció considerar mis palabras. Sus ojos se posaron en su hija Thalia.

—¿Y qué hay del riesgo? —dijo—. Cronos sabe que si uno de vosotros dos sacrificase las entrañas de la bestia, tendría el poder de destruirnos. ¿Crees que podemos permitir que subsista semejante posibilidad? Tú, hija mía, cumplirás dieciséis mañana, tal como augura la profecía.

—Tenéis que confiar en ellos, señor —suplicó Annabeth alzando la voz—. Confiad en ellos.

Zeus torció el gesto y me dirigió una mirada severa.

—¿Confiar en un héroe?

—Annabeth tiene razón —dijo Artemisa—. Y ése es el motivo de que deba otorgarle mi recompensa a uno de ellos. Mi leal compañera Zoë Belladona se ha incorporado a las estrellas. Necesito una nueva lugarteniente. Y tengo intención de elegirla ahora. Pero antes, padre Zeus, debo hablarte en privado.

Zeus le hizo una seña para que se acercase. Se inclinó y escuchó lo que le decía al oído.

Me asaltó una sensación de pánico.

—Annabeth —dije entre susurros—. No lo hagas.

Ella frunció el entrecejo.

—¿El qué?

—Escucha, he de decirte una cosa. —Las palabras acudían atropelladamente a mis labios—. No podría soportarlo si... No quiero que tú...

—Percy —dijo ella—, pareces a punto de marearte.

Así era como me sentía. Quería seguir hablando, pero la lengua no me respondía. Se negaba a moverse por temor a las náuseas que me acechaban. Y entonces Artemisa se volvió.

—Voy a nombrar a una nueva lugarteniente —anunció—. Si ella accede.

—No —murmuré.

—Thalia, hija de Zeus —dijo Artemisa tendiéndole una mano—. ¿Te unirás a la Cacería?

Un silencio sobrecogedor inundó la estancia. Miré a Thalia sin dar crédito a lo que oía. Annabeth sonrió y le apretó la mano, como si lo hubiera esperado desde hacía mucho.

—Sí —respondió Thalia con firmeza.

Zeus se levantó con expresión preocupada.

—Hija mía, considéralo bien...

—Padre —dijo ella—. No cumpliré los dieciséis mañana. Nunca los cumpliré. No permitiré que la profecía se cumpla conmigo. Permaneceré con mi hermana Artemisa. Cronos no volverá a tentarme de nuevo.

Se arrodilló ante la diosa y empezó a pronunciar las palabras que yo recordaba del juramento de Bianca.

—Prometo seguir a la diosa Artemisa. Doy la espalda a la compañía de los hombres...

Tras el juramento, Thalia hizo una cosa que casi me sorprendió tanto como su promesa. Se me acercó, sonrió y me dio un gran abrazo ante toda la asamblea.

Yo me sonrojé.

Cuando se separó y me agarró de los hombros, le pregunté:

—¿No se supone que no puedes hacer estas cosas? Quiero decir, abrazar a un chico.

—Rindo honores a un amigo —me corrigió—. Debo unirme a la Cacería, Percy. No he tenido paz desde... desde que salí de la Colina Mestiza. Ahora, por fin siento que tengo un hogar. Pero tú eres un héroe. Y serás el héroe de la profecía.

—Estupendo —masculló.

—Me siento orgullosa de ser tu amiga.

Abrazó a Annabeth, que hacía esfuerzos para contener las lágrimas. E incluso abrazó a Grover, que parecía a punto de desmayarse, como si acabaran de regalarle un vale de come-todo-lo-que-puedas en un restaurante de enchiladas.

Thalia se situó finalmente junto a Artemisa.

—Y ahora, el taurofidio —dijo la diosa.

—Ese chico sigue siendo un peligro —advirtió Dioniso—. La bestia constituye la tentación de un gran poder. Incluso si le perdonamos la vida al chico...

—No —recorrí con la vista el semicírculo de los dioses—. Por favor, dejad con vida al taurofidio. Mi padre puede ocultarlo bajo el mar o conservarlo aquí, en el Olimpo, en un acuario. Pero tenéis que protegerlo.

—¿Y por qué deberíamos confiar en ti? —intervino Hefesto con voz resonante.

—Sólo tengo catorce años —dije—. Si la profecía habla de mí, aún faltan dos.

—Dos años para que Cronos pueda engañarte —terció Atenea—. Pueden cambiar muchas cosas en dos años, mi joven héroe.

—¡Madre! —gritó Annabeth, exasperada.

—Es sólo la verdad, niña. Es una mala estrategia mantener vivo al animal. O al chico.

Mi padre se incorporó.

—No permitiré que sea destruida una criatura del mar, siempre que pueda evitarlo. Y puedo evitarlo. —Extendió una mano y apareció un tridente en ella. Un mango de bronce de seis metros rematado con tres puntas aguzadas en las que reverberaba una luz azulada—. Yo respondo del chico y de la seguridad del taurofidio.

—¡No te lo llevarás al fondo del mar! —Zeus se levantó de golpe—. No voy a dejar en tu poder semejante baza.

—¡Hermano, por favor! —suspiró Poseidón.

El rayo maestro de Zeus apareció en su mano: un mástil de electricidad que inundó la estancia de olor a ozono.

—Muy bien —dijo Poseidón—. Construiré aquí un acuario para la criatura. Hefesto puede echarme una mano. Aquí estará a salvo. La protegeremos con todos nuestros poderes. El chico no nos traicionará. Respondo de ello con mi honor.

Zeus reflexionó.

—¿Todos a favor?

Para mi sorpresa, se alzaron muchas manos. Dioniso se abstuvo. También Ares y Atenea. Pero los demás...

—Hay mayoría —decretó Zeus—. Así pues, ya que no vamos a destruir a estos héroes... me figuro que deberíamos honrarlos. ¡Que dé comienzo la celebración triunfal!

Existen las fiestas normales y también las fiestas monstruo. Y luego están las fiestas olímpicas. Si alguna vez tienes ocasión de elegir, quédate con la olímpica.

Las nueve musas se ocupaban de la música, y advertí que sonaba lo que tú querías que sonara: los dioses oían clásica y los jóvenes semidioses hip-hop o lo que les apeteciera. Todo en una sola banda sonora. Sin discusiones ni peleas para cambiar de emisora. Sólo peticiones para que subieran el volumen.

Dioniso iba de aquí para allá creando de la nada puestos de refrescos y siempre del brazo de una mujer muy guapa: su esposa Ariadna. Lo veía contento por primera vez. Había fuentes de oro de las que manaban néctar y ambrosía, y también bandejas repletas de canapés para mortales. Las copas doradas se llenaban de la bebida que querías. Grover trotaba por allí con un plato repleto de latas y enchiladas, y con una copa llena de café, a la cual le susurraba una y otra vez: «¡Pan! ¡Pan!», como si fuese un conjuro.

Los dioses se acercaban a felicitarme. Por fortuna, se habían reducido a estatura humana para no andar pisoteando a los invitados. Hermes se puso a charlar conmigo, y se lo veía tan alegre que me resultaba horrible la perspectiva de contarle lo ocurrido con el menos favorito de sus hijos, es decir, Luke. Pero antes de que pudiera armarme de valor, recibió una llamada en su caduceo móvil y se alejó.

Apolo me dijo que podía conducir su carro solar cuando quisiera, y que si me hacían falta unas lecciones de tiro al arco...

—Gracias —le dije—. A decir verdad, no soy muy bueno con el arco.

—¡Tonterías! ¡Imagínate hacer prácticas de tiro desde el carro mientras sobrevuelas todo el país! ¡No hay nada más divertido!

Yo me excusé y me deslicé entre la multitud que bailaba en los patios del palacio. Buscaba a Annabeth. La última vez que la había visto estaba bailando con un diosecci-
llo menor.

Entonces oí una voz a mis espaldas.

—Confío en que no me falles.

Me volví y vi a Poseidón sonriendo.

—Padre... Hola.

—Hola, Percy. Has estado muy bien.

Aquel elogio me hizo sentir incómodo. Era agradable,
claro, pero él se había arriesgado mucho al proclamar que
respondía de mí. Le habría resultado mucho más fácil dejar que los demás me desintegraran.

—No os fallaré —le prometí.

Él asintió. No me resultaba fácil detectar las emociones de los dioses, pero me pregunté si albergaba ciertas
dudas.

—Tu amigo Luke...

—No es mi amigo —lo interrumpí groseramente—.
Perdón.

—Tu antiguo amigo Luke —corrigió— hizo promesas
parecidas en su momento. Era el orgullo y la alegría de
Hermes. Que no se te olvide, Percy. Incluso los más valien-
tes pueden caer.

—Él sufrió una tremenda caída —asentí—. Ha muerto.

Poseidón meneó la cabeza.

—No, Percy. No es así.

Lo miré desconcertado.

—¿Cómo?

—Creo que Annabeth ya te lo ha dicho. Luke sigue
vivo. Lo he visto. Su barco está zarpando ahora mismo de
San Francisco con los restos de Cronos. Se batirá en retirada y reagrupará sus fuerzas antes de volver a la carga
contra ti. Yo haré todo lo posible para destruir su barco
con tormentas, pero él ha establecido una alianza con mis
enemigos, los antiguos espíritus del océano. Y ellos lucha-
rán para protegerlo.

—Pero ¿cómo es posible que siga vivo? ¡Esa caída tendría que haberlo matado!

Poseidón parecía preocupado.

—No lo sé, Percy, pero cuídate de él. Ahora es más peligroso que nunca. El ataúd de oro sigue en sus manos, y cada vez cobra más vigor.

—¿Y Atlas? ¿Qué va a impedirle escapar do nuevo? ¿No podría obligar a algún gigante a cargar con el peso del cielo?

Mi padre resopló burlón.

—Si fuese tan fácil, ya habría escapado hace mucho. No, hijo mío. La maldición del cielo sólo puede imponerse a un titán, a uno de los hijos de Gaya y Urano. Cualquier otro debe aceptar la carga por su libre voluntad. Y sólo un héroe, alguien con la fuerza suficiente, un corazón sincero y un gran valor, haría algo parecido. Ningún miembro del ejército de Cronos se atrevería a cargar con ese peso, ni siquiera so pena de muerte.

—Luke lo hizo —dije—. Liberó a Atlas, engañó a Annabeth para que lo salvase y luego la utilizó para que Artemisa tomara sobre sí el peso del cielo.

—Ya. Luke es... un caso interesante.

Me dio la impresión de que quería extenderse más, pero justo en ese momento *Bessie* empezó a mugir en el otro lado del patio. Algunos semidioses se habían puesto a jugar con su esfera de agua y la empujaban alegremente de un lado para otro por encima de las cabezas de la multitud.

—Será mejor que me ocupe de eso —rezongó Poseidón—. No podemos permitir que se vayan pasando el taurofidio como si fuese una pelota de playa. Sé bueno, hijo. Tal vez no podamos hablar durante algún tiempo.

Y desapareció sin más.

Me disponía a seguir buscando entre la gente cuando oí otra voz, esta vez de mujer.

—Tu padre asume un gran riesgo, ¿sabes?

La mujer de ojos grises era tan parecida a Annabeth que poco me faltó para confundirme.

—Atenea.

Procuré no parecer resentido por su modo de referirse a mí ante la Asamblea. Aunque me temo que no disimulaba demasiado bien.

Ella sonrió secamente.

—No me juzgues con dureza, mestizo. La sabiduría no siempre es popular. Pero yo he dicho la verdad. Eres peligroso.

—¿Vos nunca asumís riesgos?

Ella asintió.

—Tal vez aciertes en eso. No digo que no puedas resultar útil. Sin embargo... tu defecto fatídico podría causar nuestra destrucción y también la tuya.

Se me hizo un nudo en la garganta. Un año atrás, Annabeth y yo habíamos hablado de «defectos fatídicos». Cada héroe tenía uno. El suyo, me dijo, era el orgullo. Ella se creía capaz de cualquier cosa... Como sostener el mundo, por ejemplo. O salvar a Luke. En cambio, yo no sabía cuál era el mío.

Atenea casi parecía compadecerse de mí.

—Cronos conoce tu defecto, aunque tú lo ignores. Él sabe estudiar a sus enemigos. Piensa, Percy. ¿Cómo ha hecho para manipularte? Primero, te arrebató a tu madre. Luego a tu mejor amigo, Grover. Ahora a mi hija, Annabeth. —Hizo una pausa, con aire de reproche—. En los tres casos tus personas queridas fueron utilizadas para atraerte a la trampa que Cronos te había tendido. Tu defecto fatídico es la lealtad personal, Percy. Tú nunca comprendes cuándo ha llegado la hora de cortar por lo sano. Por salvar a un amigo, sacrificarías al mundo entero. En el héroe de la profecía, eso puede ser muy, muy peligroso.

Apreté los puños.

—Eso no es un defecto. Simplemente porque quiero ayudar a mis amigos...

—Los defectos más peligrosos son los que resultan buenos con moderación —dijo ella—. El mal es fácil de combatir. La falta de sabiduría... mucho más difícil.

Yo se lo habría discutido, pero me resultaba imposible. Atenea era condenadamente sagaz.

—Confío en que acabe siendo una sabia decisión la que ha tomado la asamblea —prosiguió Atenea—. Pero yo permaneceré alerta, Percy Jackson. No apruebo tu amistad con mi hija. No creo que sea conveniente para ninguno de los dos. Y si tu lealtad llegase a flaquear...

Me clavó su fría mirada gris y comprendí que podía llegar a ser una terrible enemiga: cien veces peor que Ares o Dioniso, e incluso que mi padre. Atenea nunca cejaría. No se precipitaría ni cometería una estupidez por el hecho de odiarte, y si había planeado matarte, no fallaría.

—¡Percy! —gritó Annabeth, que se acercaba corriendo. Se detuvo en seco cuando vio con quién estaba hablando.

—Ah... madre.

—Te dejo —me dijo Atenea—. Por ahora.

Dio media vuelta y caminó entre la muchedumbre, que le iba abriendo paso como si sostuviera la Égida.

—¿Te ha hecho pasar un mal rato? —me preguntó Annabeth.

—No. Está... todo bien.

Ella me examinó con preocupación. Tocó el mechón gris que me había salido en el pelo y que era idéntico al suyo: un doloroso recuerdo por haber sostenido la carga de Atlas. Quería decirle muchas cosas, pero Atenea me había arrebatado toda la seguridad en mí mismo. Me sentía como si me hubieran dado un puñetazo en el estómago.

«No apruebo tu amistad con mi hija.»

—Bueno —dijo Annabeth—, ¿qué querías decirme antes?

Seguía sonando la música. La gente bailaba en las calles.

—Eh... —balbucí— bien, estaba pensando que en Westover Hall nos interrumpieron. O sea que... creo que te debo un baile.

Ella sonrió lentamente.

—Muy bien, sesos de alga.

La tomé de la mano. No sé qué oirían los demás, pero para mí sonaba como una canción lenta: un poco triste quizá, pero un poco esperanzadora también.

20

En Navidad me gano un nuevo enemigo

Antes de dejar el Olimpo, decidí hacer unas llamadas. No era fácil con el jaleo de la fiesta, pero al final encontré una fuente tranquila en un rincón del jardín y le envié un mensaje Iris a mi hermano Tyson, en el fondo del océano. Le hablé de nuestras aventuras y de *Bessie* —él quería conocer todos los detalles sobre aquel bebé encantador de toro-serpiente—, y le aseguré que Annabeth estaba a salvo. Finalmente, le expliqué los daños que el ataque del mantícora había causado en el escudo que él me había fabricado el verano anterior.

—¡Ajá! —dijo—. ¡Eso significa que era bueno! ¡Te salvó la vida!

—Ya lo creo, grandullón. Pero está destrozado.

—¡De eso nada! —me prometió—. Iré a visitarte el próximo verano y te lo arreglaré.

La idea me entusiasmó. Supongo que no me había dado cuenta de lo mucho que lo echaba de menos.

—¿En serio? —le pregunté—. ¿Te dejarán unos días libres?

—¡Sí! He hecho dos mil setecientas cuarenta y una espadas mágicas —dijo orgulloso, mientras me mostraba la hoja que estaba trabajando—. El jefe dice: «¡Buen trabajo!» Me dejará que me tome todo el verano. Y yo iré de visita al campamento.

Todavía hablamos un rato de los preparativos de la guerra y del combate que libraba nuestro padre con los antiguos espíritus del mar, y de las cosas divertidas que podríamos hacer juntos el próximo verano... Hasta que su jefe empezó a vociferar y tuvo que volver al trabajo.

Saqué mi último dracma de oro y mandé otro mensaje Iris.

—Sally Jackson —dije—. En el Upper East Side de Manhattan.

La niebla tembló un instante y enseguida apareció mi madre en la mesa de la cocina, riendo a carcajadas y con las manos entrelazadas con su amigo, el señor Besugoflis.

Aquello me resultó tremendamente embarazoso y ya estaba a punto de agitar la niebla con la mano para cortar la comunicación cuando mi madre reparó en mí.

Abrió unos ojos como platos y soltó a toda prisa la mano de Besugoflis.

—¡Ay, Paul! —le dijo—. Me he dejado el cuaderno en la sala de estar. ¿Te importa ir a buscármelo?

—Claro, Sally. Ahora mismo voy.

En cuanto salió de la habitación, mi madre se inclinó hacia delante para ver con claridad el mensaje.

—¡Percy! ¿Estás bien?

—Eh, sí, muy bien. ¿Qué tal va ese taller de escritura?

Ella frunció los labios.

—Perfecto. Pero eso no importa. Cuéntame qué ha pasado.

Le hice un resumen lo más rápido que pude. Ella suspiró aliviada cuando escuchó que Annabeth estaba a salvo.

—¡Sabía que lo lograrías! —dijo—. Estoy muy orgullosa de ti.

—Ya, bueno, será mejor que te deje seguir trabajando.

—Percy... Paul y yo...

—Mamá... ¿eres feliz?

La pregunta la pilló por sorpresa. Pensó un momento.

—Sí. La verdad es que sí, Percy. Tenerlo cerca me hace feliz.

—Entonces, perfecto. En serio. No te preocupes por mí.

Lo más curioso es que lo decía de verdad. Teniendo en cuenta la aventura que acababa de concluir, tal vez debe-

271

ría haberme preocupado por ella. Había visto lo malvadas que pueden ser unas personas con otras, como Hércules con Zoë, o Luke con Thalia. También había conocido en persona a Afrodita, diosa del amor, y sus poderes me habían dado más miedo que el mismísimo Ares. Pero al ver a mi madre contenta y riéndose después de tantos años soportando a mi espantoso padrastro, Gabe Ugliano, no podía dejar de alegrarme por ella.

—¿Prometes no llamarlo señor Besugote? —me preguntó.

Me encogí de hombros.

—Bueno, por lo menos no en su presencia.

—¿Sally? —llamó él desde la sala de estar—. ¿Necesitas el cuaderno verde o el rojo?

—Tengo que dejarte —me dijo mamá—. ¿Nos vemos en Navidad?

—¿Me pondrás golosinas azules en el calcetín?

Ella sonrió.

—Si aún no eres demasiado mayor para eso...

—Para las golosinas no soy mayor.

—Nos vemos entonces.

Agitó la mano a través de la niebla. Su imagen se disolvió y pensé que Thalia tenía razón cuando en Westover Hall me había dicho que mi madre era estupenda.

Comparado con el monte Olimpo, Manhattan estaba tranquilo. Era el viernes antes de Navidad, pero todavía muy temprano y apenas había gente en la Quinta Avenida. Argos, el jefe de seguridad (ya sabes, el de los múltiples ojos), nos recogió a Annabeth, a Grover y a mí en el Empire State para llevarnos de vuelta al campamento. Había una ligera ventisca y la autopista de Long Island estaba casi desierta.

Mientras subíamos por la Colina Mestiza hasta el pino donde relucía el Vellocino de Oro, casi esperaba encontrarme allí a Thalia. Pero no: no estaba. Había partido con Artemisa y las demás cazadoras en pos de una nueva aventura.

272

Quirón nos recibió en la Casa Grande con chocolate caliente y sándwiches de queso. Grover se fue a ver a los demás sátiros para contarles nuestro extraño encuentro con la magia de Pan. Apenas una hora después, todos los sátiros del campamento corrían de un lado para otro, preguntando dónde estaba la cafetería más cercana.

Annabeth y yo nos quedamos un rato hablando con Quirón y con otros campistas veteranos: Beckendorf, Silena Beauregard y los hermanos Stoll. Incluso estaba Clarisse, de Ares, que ya había regresado de su misión secreta de reconocimiento. Deduje que habría pasado muchas dificultades, porque ni siquiera trató de pulverizarme. Tenía una nueva cicatriz en la barbilla, y llevaba el pelo rubio cortado al rape de un modo irregular, como si alguien la hubiese atacado con un par de tijeras.

—Tengo noticias —masculló inquieta—. Malas noticias.

—Ya te contaré —me dijo Quirón con forzada jovialidad, interrumpiendo a Clarisse—. Lo importante es que has vencido. ¡Y que has salvado a Annabeth!

Ella me sonrió agradecida y yo desvié la mirada.

Por alguna razón, me sorprendí a mí mismo pensando en la presa Hoover y en la extraña mortal que había conocido allí: Rachel Elizabeth Dare. No sabía por qué, pero sus irritantes comentarios me venían a la cabeza una y otra vez. «¿Es que matas a todo el que se suena la nariz?» Si estaba vivo era gracias a las muchas personas que me habían ayudado, incluida aquella mortal con que me había cruzado por azar. Y ni siquiera le había dicho quién era.

—Luke está vivo —dije—. Annabeth tenía razón.

Ella se incorporó en su asiento.

—¿Cómo lo sabes?

Procuré no sentirme molesto por su interés. Le conté lo que me había dicho mi padre sobre el *Princesa Andrómeda*.

—Bueno —dijo removiéndose, inquieta—. Si la batalla final ha de producirse cuando Percy cumpla dieciséis, al menos nos quedan dos años para resolver algunas cosas.

Me dio la sensación de que «resolver algunas cosas» quería decir «conseguir que Luke se corrija», lo cual todavía me irritó más.

Quirón nos miraba con expresión sombría. Sentado junto al fuego en su silla de ruedas, me pareció muy viejo. Es decir, era viejísimo, sí, pero normalmente no lo parecía.

—Dos años pueden parecer mucho tiempo —dijo—. Pero no es más que un abrir y cerrar de ojos. Aún tengo la esperanza de que tú no seas la criatura de la profecía, Percy. Pero si lo eres, la segunda guerra de los titanes está a punto de comenzar. El primer golpe de Cronos será contra el campamento.

—¿Cómo lo sabes? ¿Por qué ha de importarle el campamento?

—Porque los héroes son las herramientas de los dioses —dijo Quirón—. Destruye las herramientas y los dioses quedarán muy tocados. Las fuerzas de Luke acudirán aquí. Mortales, semidioses, monstruos... Tenemos que estar preparados. Las noticias que ha traído Clarisse tal vez nos den alguna pista sobre cómo piensan atacarnos, pero...

Llamaron a la puerta y Nico di Angelo entró en la sala resoplando y con las mejillas rojas de frío.

Venía sonriente, pero miró alrededor con inquietud.

—¡Eh! ¿Y mi hermana?

Se hizo un silencio mortal. Yo miré a Quirón. No podía creer que nadie se lo hubiera dicho. Y entonces comprendí por qué: habían esperado a que apareciéramos nosotros para decírselo en persona.

Era lo último que deseaba hacer, pero se lo debía a Bianca.

—Nico. —Me levanté de mi confortable asiento—. Vamos a dar una vuelta, ¿vale? Tenemos que hablar.

Escuchó la noticia en silencio, lo cual aún me lo hacía más difícil. Yo seguí hablando; traté de explicarle cómo había ocurrido, cómo se había sacrificado Bianca para que la búsqueda no fracasara. Pero a medida que hablaba tenía la sensación de estar empeorando las cosas.

—Ella quería que conservaras esto —le dije, y saqué la figura que Bianca había encontrado en la chatarrería. Nico la sostuvo en la palma de la mano y la contempló.

Estábamos en el pabellón del comedor, precisamente en el mismo sitio donde habíamos hablado antes de que yo partiera. A pesar de la protección mágica del campamento, el viento era helado. Nevaba levemente sobre los escalones de mármol, e imaginé que fuera de los límites del campamento debía de estar cayendo un auténtico temporal.

—Prometiste que la protegerías —dijo Nico.

Podría haberme apuñalado con una navaja oxidada y no me habría resultado tan doloroso como aquella manera de recordarme mi promesa.

—Nico —repuse—, lo intenté. Pero Bianca se sacrificó para salvarnos a los demás. Le dije que no lo hiciera. Pero ella...

—¡Me lo prometiste! —Me lanzó una mirada furibunda con los ojos enrojecidos y empuñó con fuerza la figura del dios—. No debería haber confiado en ti. —La voz se le quebró—. Me mentiste. ¡Mis pesadillas eran ciertas!

—¿Qué pesadillas?

Arrojó la pequeña figura, que rodó tintineando por el mármol helado.

—¡Te odio!

—Tal vez esté viva —dije a la desesperada—. No estoy seguro...

—¡Está muerta! —Cerró los ojos. Todo el cuerpo le temblaba de rabia—. Debería haberlo adivinado. Está en los campos de Asfódelos ahora mismo, de pie ante los jueces. Puedo sentirlo.

—¿Qué significa que puedes sentirlo?

Antes de que respondiera, oí un sonido a mi espalda. Un silbido y un rechinar de dientes que conocía muy bien.

Saqué mi espada y Nico sofocó un grito. Giré en redondo y me encontré frente a cuatro guerreros-esqueleto. Me dedicaron una sonrisa sin labios y avanzaron con sus espadas desnudas. No entendía cómo se las habían ingeniado para entrar en el campamento, pero eso ahora no importaba. No iba a conseguir ayuda a tiempo.

—¡Pretendes matarme! —chilló Nico—. ¿Tú has traído... estas cosas?

—¡No! Quiero decir... sí, me han seguido, pero no... ¡Corre, Nico! No es posible destruirlos.

—¡No me fío de ti!

El primer esqueleto se lanzó a la carga. Desvié su mandoble, pero los otros tres también se me echaban encima. Partí a uno por la mitad, aunque empezó a recomponerse de inmediato. Le corté a otro la cabeza, pero su cuerpo seguía luchando.

—¡Corre, Nico! —grité—. Ve a pedir ayuda.

—¡No! —respondió él, tapándose los oídos.

No podía luchar con los cuatro a la vez, sobre todo porque no había modo de matarlos. Lancé tajos a diestra y siniestra, giré a toda velocidad, paré un montón de golpes y los atravesé con mi espada, pero los esqueletos seguían como si nada. Era sólo cuestión de minutos. Los zombis acabarían derrotándome.

—¡No! —gritó Nico—. ¡Marchaos!

El suelo retumbó y los esqueletos se quedaron inmóviles. Yo me aparté rodando justo cuando se abría a sus pies una grieta y el suelo se desgarraba como una boca ávida. De la grieta surgió una llamarada y luego la tierra se tragó a los esqueletos con un gran crujido: *¡¡crunch!!*

Silencio.

En el lugar donde hacía unos segundos habían estado los esqueletos se veía ahora una marca de seis metros que recorría en zigzag el suelo de mármol del pabellón. No quedaba ni rastro de los guerreros-esqueleto.

Miré a Nico sobrecogido.

—¿Cómo has...?

—¡Vete! —chilló—. ¡Te odio! ¡Ojalá estuvieras muerto!

Y bajó corriendo las escaleras y se internó en el bosque. Me lancé en su persecución, pero resbalé y caí por los escalones helados. Cuando volví a levantarme, vi lo que me había hecho resbalar.

Recogí la figura del dios que Bianca había tomado de la chatarrería para llevársela a Nico. «La única que le falta», me había dicho. Un último regalo de su hermana.

La miré con pavor, pues ahora comprendía por qué su cara me resultaba familiar. La había visto en otra ocasión.

Era la figura de Hades, el señor de los muertos.

Annabeth y Grover me ayudaron a buscar por el bosque, pero no había ni rastro de Nico di Angelo.

—Tenemos que contárselo a Quirón —dijo Annabeth, jadeando.

—No —respondí.

Ella y Grover me miraron.

—Humm... —murmuró Grover, nervioso—. ¿Qué quiere decir ese no?

Yo mismo estaba intentando entender por qué lo había dicho. Me había salido instintivamente.

—No podemos dejar que se sepa. No creo que nadie se haya dado cuenta de que Nico es...

—Un hijo de Hades —remató Annabeth—. Percy, ¿te haces una idea de lo grave que es esto? ¡También Hades rompió su juramento! ¡Es terrible!

—No lo creo —contesté—. No creo que rompiera su juramento.

—¿Cómo que no?

—Él es su padre —dije—, pero Bianca y Nico llevaban fuera de circulación mucho tiempo, desde antes de la Segunda Guerra Mundial.

—¡El Casino Loto! —exclamó Grover. Y le contó a Annabeth la conversación que habíamos mantenido con Bianca—. Ella y Nico estuvieron encerrados en ese sitio durante décadas. Pero habían nacido antes de que se hiciera el juramento.

Yo asentí.

—¿Y cómo escaparon? —objetó Annabeth.

—No lo sé —reconocí—. Bianca dijo que fue a buscarlos un abogado y los llevó a Westover Hall. No sé quién podría ser ni por qué lo hizo. Tal vez forme parte del Gran Despertar. No creo que Nico sepa quién es. Pero no podemos contárselo a nadie, ni siquiera a Quirón. Si los olímpicos llegan a enterarse...

—Empezarían otra vez a pelearse entre ellos —dijo Annabeth—. Es lo último que nos hace falta ahora.

Grover parecía muy inquieto.

—Pero no se les pueden ocultar cosas a los dioses. No para siempre, al menos.

—No hace falta que sea para siempre —respondí—. Sólo dos años. Hasta que cumpla los dieciséis.

Annabeth palideció.

—Pero, Percy, eso significa que la profecía tal vez no se refiera a ti. Podría referirse a Nico. Hemos de...

—No —insistí—. La profecía me concierne a mí.

—¿Por qué estás tan seguro? —saltó—. ¿Es que pretendes hacerte responsable del mundo entero?

Era lo último que deseaba, pero no se lo dije. Sabía que tenía que dar un paso al frente y asumir la responsabilidad.

—No puedo permitir que Nico corra más peligros —dije—. Eso al menos se lo debo a su hermana. Les he fallado... a los dos. No permitiré que ese pobre chico sufra más.

—Ese pobre chico que te odia y que quiere verte muerto —me recordó Grover.

—Tal vez logremos encontrarlo —proseguí—. Podemos convencerlo de que no pasa nada y esconderlo en un lugar seguro.

Annabeth se estremeció.

—Si Luke lo encuentra...

—No lo encontrará —dije—. Yo me encargaré de que tenga otras cosas de que preocuparse. Concretamente, de mí.

No estaba muy seguro de que Quirón se hubiera tragado lo que Annabeth y yo le contamos. Creo que se daba cuenta de que le ocultaba algo sobre la desaparición de Nico. Pero finalmente aceptó nuestra versión. Por desgracia, Nico no era el primer mestizo que había desaparecido.

—Un chico tan joven... —suspiró, con las manos en la barandilla del porche—. Espero que lo haya devorado algún monstruo. Mejor eso que ser reclutado en el ejército del titán.

Esa idea me hizo sentir muy incómodo. Poco me faltó para cambiar de parecer y contarle la verdad. Pero no lo hice.

—¿De veras crees que el primer ataque se producirá aquí? —le pregunté.

Quirón contempló la nieve que caía sobre las colinas. Desde allí podía verse la columna de humo del dragón que vigilaba el pino y también el resplandor del Vellocino de Oro.

—No será hasta el próximo verano, por lo menos —respondió—. Este invierno será muy duro... el más duro desde hace siglos. Lo mejor es que te vayas a casa, Percy. Procura concentrarte en el colegio. Y descansa. Necesitas descansar.

Miré a Annabeth.

—¿Y tú?

Ella se ruborizó.

—Al final, voy a hacer un intento en San Francisco. Tal vez pueda vigilar el monte Tamalpais y asegurarme de que los titanes no intentan otra maniobra.

—¿Enviarás un mensaje Iris si pasa algo?

Ella asintió.

—Aunque creo que Quirón tiene razón. No será hasta el verano. Luke va a necesitar tiempo para recobrarse.

A mí no me gustaba la idea de aguardar. En agosto cumpliría quince. Estaría tan cerca de los dieciséis que prefería no pensarlo siquiera.

—Muy bien —dije—. Pero cuídate. Y nada de acrobacias salvajes con el Sopwith Camel.

Ella sonrió con cautela.

—Trato hecho. Por cierto, Percy...

No terminó la frase. Fuese lo que fuese, se vio interrumpida por la súbita aparición de Grover, que salió de la

Casa Grande tambaleante y muy pálido, como si hubiera visto un espectro.

—¡Ha hablado! —gritó.

—Calma, sátiro —dijo Quirón, arrugando el entrecejo—. ¿Qué ocurre?

—Estaba... tocando la flauta en la sala —balbuceó— y tomando café. Montones de café. ¡Y de repente habló en mi mente!

—¿Quién? —preguntó Annabeth.

—¡Pan! —gimió Grover—. El señor de la vida salvaje en persona. ¡Lo he oído! He de buscar una maleta.

—¡Uau...! —exclamé—. ¿Qué te ha dicho?

Grover me miró fijamente.

—Sólo tres palabras. «Te estoy esperando.»

Percy Jackson
y los dioses del Olimpo

¿Qué pasaría si un día descubrieras que, en realidad,
eres hijo de un dios griego que debe cumplir
una misión secreta? Pues eso es lo que le sucede
a Percy Jackson, que a partir de ese momento se
dispone a vivir los acontecimientos más
emocionantes de su vida.

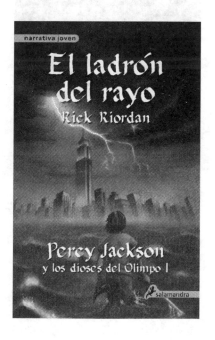

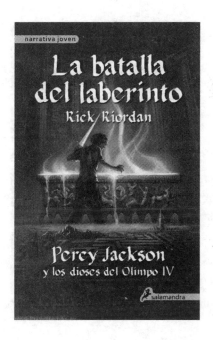

narrativa joven

El último héroe del Olimpo

Rick Riordan

Percy Jackson
y los dioses del Olimpo V

salamandra